航空大百科

從鳥人到超音速客機的飛機演進史

U0076916

安東尼‧伊文斯、大衛‧吉本斯——著

傅士哲、甘錫安、于倉和——譯

人人出版

兩個世代的前線戰鬥機：現代美國空軍F-16C戰隼式
（Fighting Falcon）與二戰老式 P-51野馬式（Mustang）
一起飛行。

航空大百科

從鳥人到超音速客機的飛機演進史

代表性飛機

目錄

Illustrations Alert5: Chengdu J-20. Arpingstone: A300, Canberra, Dassault Falcon, Embraer ERJ 135, Gloster Javelin, Boeing 747 rooftop. Dmitry Zherdin: Sukhoi Su-57. Dmottl: BA609, Rafale, Il-86. Esilvb: PAL-V flying car. G. Paktor: Airbus A380. Laurent Errera: Airbus A350, Airbus Beluga. Oliver Holzbauer: Boeing 787-8 Dreamliner. Indian Ministry of Defence: Tejas. US Air Force: A-10 Thunderbolt II, A-1E Skyraider, B-25 Mitchell, B-26 Marauder, B-29 Superfortress, B-36 Peacemaker, B-58 Hustler, C-46 Commando, C-47 Skymaster, C-82 Packet, Camel, F-100 Super Sabre, F-104 Starfighter, F-22 Raptor, F-35 Lightning II, F-86 Sabre, F-94 Starfire, Focke-Wolf 190, Fokker DVII, P-12, KC-135, Macchi C.200 Saetta, Messerschmitt Me 163, Messerschmitt Me 262, MiG-19, MiG-21, Mirage 2000, N1K2-J Shinden Kai, P-26 Peashooter, P-38 Lightning, P-40 Tomahawk/ Kittyhawk, P-47 Thunderbolt, P-80 Shooting Star, PBY Catalina, RQ-4A Global Hawk, S2F-1 Tracker, Sikorsky H-5, Sikorsky S-58. US Department of Defense: A3D-1 Skywarrior, A4D-1 Skyhawk, A-6 Intruder, A-7A Corsair, AGM-86 (ALCM), An-12 Cub, An-124 Condor, AV-8B Harrier, B-1B Lancer, B-2B Spirit, B-52 Stratofortress, Buccaneer, C-130 Hercules, C-141 Starlifter, C-17 Globemaster, C-5 Galaxy, CH-46 Chinook, CH-46 Sea Knight, CH-53 Sea Stallion, DHC-4 Caribou, Enola Gay, Etendard IV, Exocet/Super Etendard, F-101 Voodoo, F-102 Delta Dagger, F-104 Starfighter, F-105 Thunderchief, F-106 Delta Dart, F-117 Nighthawk, F-15 Eagle, F-16 Fighting Falcon and P-51 Mustang, F-16 Fighting Falcon, F-35 Lightning II, F-4 Phantom II, F6F Hellcat, Grippen, Il-76 Mainstay, Jaguar, Ka-25 Hormone, Mi-24 Hind, Mi-8 Hip, MIG-23, MIG-25, MIG-29, Mirage F-1, Mirage III, OV-10A Bronco, P-38 Lightning, P-51 Mustang, S-3A Viking, SA 341 Gazelle, SA.330 Puma, Sea Harrier, Sea King/Commando, Shackleton, SR-71 Blackbird, Super Etendard, Super Puma, T-16 Badger, T-38 Talon, T-4 Goshawk, Tornado, Tu-95 Bear, UH-1 Huey, UH-60 Blackhawk, V-22 Osprey, Victor, YUH-60A Black Hawk. US Navy: F-14 Tomcat, F-18 Hornet, F/A-18F Super Hornet. PageantPix: Airbus A300-600, Albatross, Antonov An-12, Apache, Argosy, Augusta A109, AWACS E-8, Betty, Boeing 247, Boeing 314, Boeing 707, Boeing 747, Britannia, C-54, Camel, Caravel, C-Class S-23, Chinook, Comet, Concord, Constellation, Dakota, Dornier Do X, Douglas DC-10, DR-1, Flying Fortress, Ford Tri-Motor, Fw 190, Hellcat, Hind, Hindenburg, Horsa, HP42, Hunter, Hurricane, IL-76 Mainstay, Ju-52, Lancaster, Lightning, Lockheed Martin 130, Me 109, Meteor, Mi-8, MiG-17, MiG-21, Nieuport 28, R101, Sea Harrier, Sikorsky S-76, Skyship, Spitfire, SR-71, Stratocruiser, Super Mystere, Transall, Tu-104, U-2, Viscount, Vulcan, Zeppelin, Zero. NASA: Tu-144 Conordski, New Horizons, Parker Solar Probe, Voyager 2. Other illustrations are from the Derek Wood collection and from certain individual manufacturers. While every effort has been made to trace copyright holders and seek permission to use illustrative material, the Publishers wish to apologise for any inadvertent errors or omissions and would be glad to rectify these in future editions.

一架澳航的波音747-400型飛機正準備降落在倫敦的希斯洛機場（Heathrow Airport），低空掠過默特爾大道（Myrtle Avenue）上的住家。希斯洛是世界上最繁忙的機場之一，很需要增設跑道，但因為它距離倫敦郊區太近而引發諸多爭議。從這張照片可以看出問題所在。

一百多年前，萊特（Orville Wright）達成人類史上的創舉，首度駕駛一架比空氣重的動力飛行器在空中翱翔。雖然當時已經有了熱氣球和滑翔翼，但是把引擎裝到載人飛行器上就可以加以操控，想飛到哪兒就飛哪兒。

從這邁出的一小步，航空業徹底改變了世界的交流──「世界的距離縮小了」聽來或許有點老生常談，但對大多數人而言的確是如此。遊客可以在半天之內從歐洲飛到世界另一端的澳大利亞；商人能夠跨越大西洋通勤；戰鬥機能夠掛載炸彈和飛彈飛越廣闊的海洋。在這個全球化的時代，航空位居世界經濟的核心位置。

本書按照時間順序，詳細介紹一百多年來的航空史全貌，列出飛機發展過程中的重大事件，以及數千種飛機類型的首航，包括客機、戰鬥機、轟炸機、直升機和比空氣輕的飛行器。亦挑選了八十多種重要飛機做細部展示，包括生產細節和完整的技術規格。

介紹完航空史之後，有幾個章節是關於包括飛行員、設計師與創新者在內，共七十多位偉大飛行先驅的小傳；詳細介紹王牌飛行員並列舉其事蹟；另外還有涵蓋飛機軍備武器的內容。

表面看起來，今天的航空發展似乎沒有一日千里的神速進步。任何一種主要客機或戰機在「首次飛行」這個緊張神奇的時刻來臨之前，可能需要許多年的時間來規劃、籌措資金、開發以及建造，接著是長達好幾個月、甚至好幾年的測試與改進，才得以正式啟用。不過，在這個漫長的過程中仍然可以見到技術層面不斷精進的戲劇性發展，像是引擎變得更有力而環保、控制系統轉變為由電腦控制的「線傳飛控」（fly-by-wire），以及軍用飛機製造商開發出進一步規避雷達的「匿蹤」（stealth）設計。一百多年來，飛機速度從每小時不到160公里增加到超過3,200公里。機身也變得更大：將1909年飛越英吉利海峽的小型單人布萊里奧單翼機（Blériot monoplane）與2007年正式投入營運、能搭載大約850人的空中巴士（Airbus）A380相比，差別非常明顯。

氣候變遷是影響當今世界的一個主要因素，減少碳排放的需求也是航空業必須面對的課題。製造商致力於引進更環保的科技，讓飛機變得更安靜、更有效率。麻省理工學院最新開發成果是一種沒有活動部件的飛機，採用電子空氣動力，可以達到幾乎完全靜音及零排放的效果。

在未來數十年內，想必會出現更多這類讓人吃驚的發展。我們現在可能很難想像另一個世紀的航空樣貌，就像20世紀初那些使用螺旋槳驅動木板與帆布雙翼飛機的偉大先驅一樣。唯一可以肯定的是航空業還會不斷進步，令人耳目一新且深深著迷。

回顧20世紀初，當時認為載人飛行是過去一百多年來影響世界最重大的發展，這種觀點似乎頗有道理。

它讓人類能夠真切了解地球的實際大小，讓我們能夠到任何想去的地方，橫越大陸或海洋只需要幾個鐘頭而不用幾個禮拜，甚至因此踏上了月球。商業性的航空交通讓已開發的西方世界得以看見和明瞭較為不幸的國度，並在乾旱、飢荒或洪水時期採取積極的行動，提供幫助。我們得以將病人儘快送往醫院，在數千平方公里的貧瘠土地上播種和施肥，在偏遠的農田和森林地區滅火。可悲的是，軍事空中力量能讓一個國家對原本相對安全的鄰國公民帶來巨大的破壞與傷害；不過，就比較正面的角度而言，它也讓威懾力量的部署成為可能，或許阻止了更嚴重的衝突爆發。

希望功過相抵之後，從1903年12月17日

1785年，布蘭查德（Jean-Pierre Blanchard）與傑弗里斯（John Jeffries）搭熱氣球飛越英吉利海峽，如當時的插畫所示。在後來的戰爭中，有「英格蘭木牆」之稱的皇家海軍挺立於英法之間。來自空中的威脅還要超過一個世紀才會成為具體的現實。

萊特兄弟搖搖晃晃飛上天空以來，航空業對世界是利大於弊的。回想那起劃時代的重大事件，我們永遠無法確認兩位偉大的先驅是否知道他們第一次載人飛行有多麼重要。

根據記載，達文西（Leonardo da Vinci）於1500年左右，在名為「機械飛行研究」的系列作品中提出了許多想法，但歷史學家認為他的想法並未開花結果。法國鎖匠勒貝尼耶（Monsieur Le Besnier）在1673年進行了一些嘗試；可惜德古茲曼（Bartholomew de Guzman）始終裹足不前，他在1709年展示了製造某種「飛行裝置」的計畫，以琥珀和磁鐵來幫助其下降，但接下來似乎只有紙上談兵，什麼也沒做。第一個飛上天的榮耀應可歸於「氣球駕駛員」，不過必須先設法「升空」。英國化學家普利斯特里（Joseph Priestley）對氫的應用進行了理論分析，但真正付諸實踐、促成首次飛行計畫的是約瑟夫-米歇爾（Joseph-Michael Mongolfier），1783年11月21日，他和弟弟雅克-艾蒂安（Jacques-Étienne）說服兩名志願者挺身挑戰。「航空」由此誕生。

「航空者」、「氣球駕駛員」或「飛行員」，無論如何稱呼，這些了不起的人物都是真正的英雄。讓我們看看阿蘭德侯爵（Marquis d'Arlande）對航行經驗的描述：

「我撥弄著火，用叉子叉起一捆稻草，它無疑綁得太緊了，不容易著火。我把它丟入火焰中。下一

刻，突然感覺自己的腋窩好像被舉了起來。我對同伴說：『現在要升空嘍！』」

顯然，高貴的侯爵和不知名的同伴飛上了天空。他繼續描述：

「然後，我聽見另一種噪音，似乎是繩子斷裂造成的。我看見這部飛行器朝南的部分佈滿圓孔，有些孔洞還變大的。我說：『我們必須下降。』同伴問說：『為什麼呢？』他並不知道火燒到氣球的傘體，多處已經著火。我們一著陸，我就從座位（籃子）站了起來，發現飛行器的上端似乎輕壓著我的頭。我將它推開，跳了出來。我轉身查看氣球，原本還預期它還會有點鼓鼓的，沒想到完全消氣了，平躺在那邊。」

重讀當時的日誌可以清楚知道，這些飛行員每次升空都冒著失去一切的危險，更別說在那個時代，公眾對此等奇妙的飛行器充滿了不信任。從1783年發生的事情可以窺知一二：當時有十萬人圍觀一個氫氣球從巴黎市中心附近的草原升空。氣球飄了大約二十幾公里之後，就掉落在一個小村落附近。某篇日誌如此記載：

「當它落地後，因為還有氣體殘留而持續動作。一小群人鼓起勇氣，花了一個鐘頭慢慢靠近，在過程中同時盼望這個怪物能夠自行飛走。最後，一名比其他人更大膽的勇者舉起槍，小心翼翼地走進射程範圍並開火。目睹怪物縮小，他發出勝利的歡呼，群眾拿著連枷和乾草叉衝了過來。有個人刮破了他認為是外皮的東西，發出惡毒的臭味，眾人再度退縮。沒

桑托斯-杜蒙於1906年進行歐洲首次公認的動力飛行，他早先的試驗都是使用比空氣輕的飛行器。上圖為他在巴黎香榭麗舍大道展示飛船。

多久，羞恥感又促使他們繼續前進。他們把這造成恐慌的禍因綁在馬尾上，馬匹四處奔馳將它撕成碎片。」

早期飛行無論有多麼危險，都阻擋不了一群自豪的飛行員執行任務。當時一名觀察員梅森（Monck Mason）指出，在前一千次氣球載人升空的過程中，只有八人死亡的紀錄，其中五人是被燒死的。

孟格菲兄弟和其他許多富有創造力的人都努力研究，希望讓飛行以受控的方式從一點飛到另一點。不過，讓人飛上天空始終是次要的課題，真正的難題在於如何起飛、抵達選定的目的地並安全降落。天公若是作美，氣球飛行就沒問題。只要有可以起飛的條件、風向也對，從A點飛到B點是可能的，只是要如何順利下降依然是個問題。

對可控飛行的探索持續進行。德國的李林塔爾（Otto Lilienthal）、英國的皮爾策（Percy Pilcher）、美國的沙努特（Octave Chanute）及世界各地對滑翔機的研究顯示，要讓飛行具有實用價值，真正的關鍵在於讓飛行員擁有控制動力的工具。

一直到1894年，才出現載人滑翔機的成功飛行，但是真正的可控飛行必須找到一種可掌控的推進形式才能實現。整個19世紀，相關探索不曾停歇。

舉例來說，史特林菲洛（John String-fellow）的模型蒸汽飛機在1848年問世，總重量不到4公斤，以微型蒸汽引擎驅動，飛行距離約為37公尺。

美國的蘭利（Samuel P. Langley）博士開始建造一系列的動力驅動模型，其中第一架於1896年試飛，動力來源為1馬力的引擎。不幸的是，他的「航空站」（Aerodrome）無人機在彈射升空時撞到發射臺，掉入波托馬克（Potomac）河中。受邀見證這架著名滑翔機

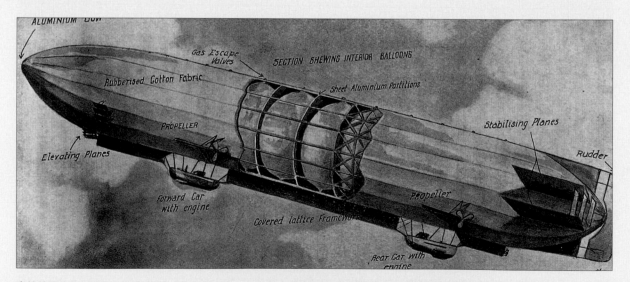

齊柏林飛船的剖面圖，可以看到內部的氣囊細部。這些巨大的飛船可以承載的乘客或炸彈遠遠超越比空氣重的飛行器。然而，飛船很容易受天候影響，造成許多事故。

首度飛行的記者評論：「他原本可以做得更好，如果將飛行器倒置發射，很可能就會向上而非向下飛行。」蘭利並不是唯一必須忍受媒體敵意的航空先驅。

撲翼機（ornithopter）及類似用槳划行的設計出現在其他地方，當然還有各種重建鳥類揮翅飛行的精彩嘗試。

雖然現在很容易去嘲笑過去的荒謬，像是反向旋轉的「旋轉器」、空氣螺旋槳及形似吐司架的多翼飛行器，但我們千萬別忘了，設計這些精妙飛行器的人都是獨立作業，除了自身的聰明才智以及對飛行的渴望之外，沒有其他指引。

今日的我們理所當然地以為只要按幾個鍵就能交換訊息。因為我們有電視、錄影機、照相機，當然還有網際網路，而得以接觸各種想法、看見其他人的作品，這些想法與作品為我們提供了思考的養分。不像喬伯

特（Jobert）、梅利科夫（J. Melikoff）、佩諾（Alphonse Penaud）、莫伊（Thomas Moy）、考夫曼（Joseph Kaufmann）及其他無數前輩，只能靠自己的想像力設法成功。

他們最大的障礙是沒有可靠的動力來源。發動機要足夠輕巧才能安裝在脆弱的飛行器上，而且必須比先前使用的第一代引擎（無論是電力還是蒸汽驅動都無法奏效）更可靠。要等到內燃機發明，才有可能進展。同時，氣球飛行員繼續嘗試開發一種可操控的機器。在德國，齊柏林（Ferdinand von Zeppelin）伯爵於1893年完成了他第一個「飛船」（airship）計畫LZ-1。某個德國委員會說他的想法「毫無價值」，但他並不氣餒，向公眾募集到建造飛船所需的資金，並在1900年7月進行首度飛行。事實證明齊柏林向前邁出了一大步，但就長遠而言，他並未成為世界第一。兩個在美國北卡羅萊納州努力工作的年輕人將贏

萊特飛行者及後續機型都很輕薄，可以輕易搬動。萊特飛機藉由方向舵與翹曲機翼（wing-warping）在空中轉向，機體表面用木布材質會相對容易操縱，但後續的發展偏向於襟翼和副翼的現代系統。

左：柯蒂斯早期飛機提供動力的八汽缸引擎。

中：萊特飛機的後視圖，顯示其原始而輕巧的傳動系統，以及用於轉向的翹曲機翼金屬線。

下：當年對萊特飛機的圖解，顯示其推進設計和前置鼻翼。

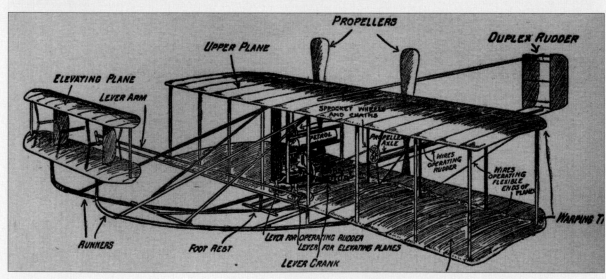

得這項殊榮。

美國航空先驅威爾伯·萊特（Wilbur Wright）與奧維爾·萊特分別生於1867和1871年。他們開了一間「自行車店」，在1899年知道李林塔爾的滑翔機在德國飛行之後，便製作出一個大型風箏，隨後又建造了自己的滑翔機，並設置一個小型風洞用以測試他們對動力學的計算。接著，萊特兄弟開發出一系列的滑翔機，並在1903年12月為最新機型安裝引擎，進行第一次動力飛行，總共持續了59秒。

在威爾伯的駕控之下，兄弟倆為所有追隨者設定了標竿，美國和全世界都為飛機瘋狂。1906年，巴西人桑托斯-杜蒙（Alberto Santos-Dumont）在法國升空，飛行了大約23公尺，這是歐洲第一次的飛機飛行。1907年，美國成立了航空實驗協會（Aerlal Experiment Association），創始成員包括貝爾（Alexander G. Bell）、鮑德溫（Frederick W. Baldwin）、柯蒂斯（Glenn Curtiss）、麥柯迪（John A. D. McCurdy）、塞爾弗里吉（Thomas Selfridge）等人。

打從一開始，萊特兄弟就相信飛機的未來在軍事。他們知道早在1794年，氣球就在戰場上空進行觀測，當時法國人在弗勒呂斯（Fleurus）戰役中使用「企業號」（L'Entrepenant）監測部隊的動向。

另外，美國南北戰爭時期，布萊恩（John R. Bryan）上尉的英勇事蹟也令人印象深刻。在1862年的半島會戰中，他搭繫留氣球（tethered balloon）升空觀察北軍的動向，但是氣球上升時一名士兵的腿不幸被繩子纏住，隨著氣球飛上天。一名同伴見狀連忙割斷繩索，救了士兵一命，但氣球因此飄離。風把氣球吹向北軍陣營，北軍向氣球開槍。布萊恩上尉為了保命，蜷縮在觀測籃裡。所幸，氣球越升越高，而且風向開始改變，氣球慢慢飄回南軍陣營。但是，地面的士兵無法辨識敵我，也對氣球展開攻擊，氣球最後掉入約克河。布萊恩上尉設法返回營地，此後再也沒有他空中探索的紀錄了。

所以，即使奧維爾和威爾伯看到美國戰爭部在1905年10月發送的信，應該也不會太過驚訝。信中表示：「建議讓萊特先生知悉，軍械與防禦工事委員會（Board of Ordnance and Fortification）並不打算為飛行器的性能訂立任何要求，也不會對此議題採取進一步的行動，除非生產出一臺經由實際操演證明能夠水平飛行並能搭載操作員的機器。」

戰爭部未能接受的是，雖然萊特兄弟已經完成了一趟38.6公里的飛行試驗，但卻無人觀察證實。

當地媒體確實報導了萊特兄弟「飛行者二號」（Flyer No.2）的首航狀況，遺憾的是引擎未能達到最高速度，且雙翼飛機竟然從發射軌道的末端向下俯衝，圍觀記者對此僅感到有趣而已。

毫不氣餒的萊特兄弟繼續研發，到了1908年美軍終於允諾支持。他們獲得25,000美金的資助，改善萊特A型飛機（Wright Model A）使其可以同時容納一名飛行員和一名觀察員。1909年，B型飛機順利交付；不幸的是，後來在奧維爾的一次試飛中墜毀，一名乘客下落不明。

萊特兄弟的輝煌事蹟迅速傳開。1908年，他們在美國和歐洲各地進行了一系列飛行，由威爾伯擔任萊特A型飛機的駕駛，而飛機先用輪船載運橫渡大西洋。

在這趟巡演當中，布魯爾（Griffith Brewer）曾經伴隨威爾伯飛行，成為第一位搭乘比空氣重之動力飛行器的英國人。同年，威爾伯以1小時31分25秒完成了58公里的飛行，速度遠遠超越以往的紀錄。

歐洲的航空先驅很快意識到美國機器的性能大大優於他們的飛機，於是尤斯塔斯（Eustace）、霍拉斯（Horace）和奧斯瓦德·休特（Oswald Short）三兄弟跟威爾伯簽約，要建造六架「萊特飛行者」（Wright Flyers），這是世界第一條飛機生產線。售價為每架200英鎊，買主都是航空俱樂部（Aero Club）的成員。當時俱樂部的會員包括勞斯閣下（Hon. Charles S. Rolls）和萊斯爵士（Sir Frederick H. Royce），兩人於1906年成立了勞斯萊斯有限公司（Rolls-Royce Ltd.,），製造汽車與航空引擎。

飛行史的下一個里程碑出現在1909年，一架飛機首度飛越兩國之間的海域。布萊里奧（Louis Blériot）駕駛自己的布萊里奧11號（Blériot XI）單翼機從英格蘭飛往法國，橫越了英吉利海峽，飛行時間為36分30秒。

布萊里奧、羅伊（Alliott V. Roe）和其他人正快速推進新的航空技術。早期的萊特機型必須使用彈射裝置從固定軌道發射以增加空速，但此時已開始建造可以靠輪子而不用滑軌來起飛、降落的飛機。這項重大變革為飛機開啟了一個新面向，不再需要仰賴固定的發射裝置。飛機的形狀也發生變化。現在普遍的設計是把螺旋槳放在前端，後邊有一個水平尾翼，而不像從前偏好在前方設置升降舵。

1909年7月25日，布萊里奧的飛行激發了全世界的想像；同年，有超過25萬人前往法國漢斯（Rheims）參加首次國際飛行會。展場上有23架飛行器，來自世界各地的飛行員參與速度、距離和持久的競賽，爭奪獎金。飛行紀錄不斷被打破。1910年，祕魯籍的查維茲（Georges Chavez）駕駛布萊里奧單翼機飛越阿爾卑斯山，這是第一次飛越山脈的紀錄。

回到美國的萊特兄弟對於飛機作為戰爭機器的信念逐漸成為現實，只是未照他們預期的方式進行。在他們的心目中，飛機可在觀測平臺上扮演重要角色。傳統上，軍隊要部署騎兵來確認敵人的動向，但萊特兄弟相信他們的飛行器可以更快完成這個工作，而且傷亡風險更小。然而，軍方卻有其他的計畫。

1910年6月，柯蒂斯首度從雙翼機上投擲炸彈，目標是紐約州庫卡湖（Lake Keuka）上的一艘假戰艦。同年8月，美國陸軍中尉菲克爾（Jacob E. Fickel）從柯蒂斯飛機的乘客座位上向地面目標開槍。1911年1月，從萊特雙翼機投下一枚炸彈；1912年6月，美軍從萊特B型飛機上發射機關槍。

世界其他地區的進展遠遠落後。英國陸軍部公開宣示不會用飛機進行進一步的實驗，其理由如下所述：「飛機對軍事目的毫無用處，畢竟任何人以超過60公里的時速移動時，是不可能看見任何東西的。」或許他們的判斷部分是來自他人的經驗。

美國在1898年的美西戰爭中已經有了戰

時航空的經驗，但那並不是一段愉快的回憶。7月1日，八千多名美國步兵在茂密的灌木叢中奮力前進，目標是鎮守聖胡安山的西班牙軍隊，那裡是通往古巴聖地牙哥的要塞。美方決定用繫留氣球進行觀察，達比（George M. Darby）中校搭乘觀測氣球，在大約離地30公尺處搜尋敵蹤。然而，樹叢茂密令他看不到西班牙人，但是敵人卻看得見他，因而推測氣球下方有美軍而展開砲擊。

伍茲（Leonard Woods）上校向指揮官報告：達比的任務是他所見過「最缺乏判斷、最愚蠢的行動之一」。許多美國士兵因為達比升空而死於聖胡安山，不過升空執勤的決定應是來自指揮官。儘管有這次可怕的經歷，美國戰

右：柯迪（Samuel F. Cody，1861～1913）是在英國建造飛機的美國人，經常被誤認成以狂野西部秀聞名的「水牛比爾」（Buffalo Bill）柯迪（William F. Cody）。他是第一位被公認在英國進行持續動力飛行的人。後來由於飛機事故命喪索爾茲伯里平原。

下：布萊里奧（左）於1909年飛越英吉利海峽，飛了38.6公里後緊急迫降，螺旋槳和兩個輪子都損毀，但他本人毫髮未傷，以勝利者的姿態下機。

爭部還是看出飛機在戰爭中的潛力，當然歷史也證明他們是正確的。

紀錄顯示，飛機首度用於實際戰爭是在1911年10月22日。當時義大利空軍皮耶薩（Carlo Piazza）上尉在北非駕駛一架布萊里奧單翼機從的黎波里飛往阿齊濟耶（Azizia），對土耳其軍隊進行偵察。幾天後，二級中尉加沃蒂（Giulio Gavotti）駕機向位於塔吉拉（Taguira）綠洲的土耳其陣地投擲手榴彈，正式宣告飛機作為戰爭機器的到來。

飛航紀錄持續刷新。1910年夏天，一位年輕的加拿大飛行員麥柯迪在美國準備駕駛自己的飛機，完成從佛羅里達西嶼（Key West）飛往古巴的歷史性飛行。如果成功的話，這將成為最長的水上飛行；但沒有人知道這項任務能否達成，所以他向美國海軍申請支援。

為了提供一道「安全網」，他們沿著飛行路線，每16公里部署一艘魚雷艇，麥柯迪起飛後，爬升到305公尺的高度，再依海軍艦艇排列的路線以最高時速80公里飛行。他坐在開放式駕駛艙裡向古巴前進。還剩十幾公里時，飛機燃料已經耗盡。幸好麥柯迪聽從朋友的建議為飛機裝設浮筒，以防這種事情發生，他才能安然降落在水面上。迫降後不久，一艘美國海軍驅逐艦隨即趕來，將他和飛機接走，送往哈瓦那。抵達時，他發現戈麥斯（José M. Gómez）總統正等著要恭賀他，畢竟這是古巴見到的第一架飛機。因為距離飛行任務的目的地已經非常靠近，加拿大家鄉的《多倫多星報》（Toronto Star）同意頒發8,000美金的獎勵給這位英勇的飛行員。隔日，麥柯迪再度起飛，並多次飛越哈瓦那，當地居民為之瘋狂。

即使被迫提前降落，他的海上飛行仍然寫下紀錄。此後沒有人嘗試這條路線，直到1927年林白（Charles Lindbergh）在佛羅里達和古巴之間開通了第一條航空郵件與運送乘客的服務。

那真是美好的時代。人們開始設想，飛機不再只是有錢人的玩具，應該可以認真考慮商業飛行的可能性。

1910年11月7日，帕馬利（Philip Parmalee）駕駛萊特雙翼機，將兩包絲綢從俄亥俄州的代頓（Dayton）運到哥倫布。這次飛行是受家用乾貨商店的委託，他們打算將絲綢分成小塊，以紀念品的方式出售。

在遙遠的印度，空運信件很快就出現了。1911年2月18日，法國人佩奎特（Henry Pequet）載運了6,500封信件飛越朱姆納河（Jumna River），可謂最早的航空郵件。

再過兩年，第一位付費乘客將會升空。1914年1月1日，詹努斯（Anthony Jannus）駕駛飛行船在佛羅里達州的聖彼得堡與坦帕之間開啟第一次的定期航班。首航乘客在拍賣場上以400美金競標購得票券。這項服務在4個月後就宣告停止，畢竟很少人敢在開放式座艙內面對坦帕灣上空半小時的飛行。

在大西洋彼岸，幾乎沒有人想到商業飛行，因為歐洲國家陷入第一次世界大戰的衝突中。各方主要勢力積極尋求各種方法來取得優勢，刺激了驚人的技術發展。戰爭於1914年8月爆發，即便德國擁有最強大的空軍——總共258架飛機，但仍然不受德國最高司令部（German High Command）作戰計畫的重視。敵對陣營的法國軍隊有156架飛機，英國

的皇家飛行隊有63架飛機,加上皇家海軍航空隊(Royal Naval Air Service)的39架陸基飛機、52架水上飛機和七艘飛艇。德軍除了數量上的優勢之外,可能也是裝備最好的,採用非常先進的梅賽德斯(Mercedes)引擎。早期的軍事飛機主要用於偵察,雖然第一次正式轟炸的任務已經在1914年8月30日出現,當時德國飛機對巴黎投下五顆炸彈。在飛機得以展現真本事之前,必須先說服懷疑者相信其潛在價值。正如美國戰爭部在1905年輕蔑萊特兄弟的計畫一樣,英國的軍事指揮官也還有很多課題要學習。

1914年時,持續在法國指揮當地英軍的黑格(Douglas Haig)將軍就曾對軍官宣示:「我希望你們不要有任何人蠢到認為飛機可以勝任空中偵察。指揮官透過偵察取得資訊的方法只有一種,那就是派遣騎兵。」然而,隨著飛機開始在軍事行動中扮演要角之後,已經無法否認擺在眼前的事實。

西歐各地的工廠開始製造飛機,包括福克(Fokker)、紐波特(Nieuport)和皇家飛機工廠(Royal Aircraft Factory)。由於時間緊迫,無法好好研發試飛,前線服役的飛行員只能硬著頭皮駕機參戰,經常得從致命的錯誤中學習所謂「優良」與「十足危險」之間的差別。到第一次世界大戰結束時,英國總共失去了14,166名飛行員。這些英勇的年輕人當中,有8,000名是在學習飛行時喪生,無疑是對訓練方法及飛機品質的一種控訴。

從偵察機轉換到轟炸機只是一個簡單的步驟:原本的觀察員先變成炸彈瞄準手,再變成空中砲手;另外,飛機多了機關槍的配備,裝

設在圍繞後座艙的環狀物上。一些早期的飛機搭配了向前射擊的機槍,但由於它安裝在雙翼飛機的上翼頂部(為了保護脆弱的螺旋槳),因此無法準確瞄準。真正的戰鬥機一直要到德國設計師福克(Anthony Fokker)發明射擊協調器(interrupter gear)之後才誕生。這種裝置可讓機槍的射擊與螺旋槳的旋轉同步,使飛行員可以沿著機頭的方向瞄準敵人。

1915年夏天,機槍首度出現在福克E.I型單翼機上,為德軍帶來巨大的優勢。接下來的半年,英法軍隊對德國戰鬥機毫無招架之力,損失慘重。戰後才知道,英國在1914年以成本考量拒絕了他們自己研發的斷續裝置設計。想想看,飛行員和觀察員坐在機艙裡,眼睜睜看著自己的飛機被敵人攻擊,這要付出多大的代價?

第一次世界大戰是個創造英雄的時代。第一代「王牌」飛行員就此誕生:波爾(Albert Ball)、畢曉普(William Bishop)、曼諾克(Edward Mannock)和麥卡登(James McCudden);美國人盧夫貝利(Raoul Lufberry)和里肯巴克(Eddie Rickenbacker);波爾克(Oswald Boelke)、方克(René Fonck)、蓋內默(Georges Guynemer)、英麥曼(Max Immelmann),當然還有綽號「紅男爵」(Red Baron)的傳奇人物里希特霍芬(Manfred von Richthofen)。

戰爭是海陸並行的。當時已有水上飛機、飛行艇、魚雷轟炸機和飛船。第一批載運飛機的航空母艦也出現在海上,因為同盟國要用飛機對德國U型潛艦執行反潛作戰任務。1918年,新組建的皇家空軍執行了第一次重型轟炸

機任務,值得慶幸的是戰爭即將結束。在交戰國簽署停戰協定時,英軍的飛機超過22,000架,法國有15,000架,美國也建造了將近15,000架,德國則擁有大約20,000架。那些預測飛機沒有未來的戰爭部門都看走眼了!

隨著戰爭結束,有多餘的飛行員和飛機可以運用。轟炸機改造成客機與貨機,商業航空迅速崛起。1919年5月,美國海軍少校瑞德(Albert C. Read)駕駛一艘柯蒂斯飛船,經由亞速群島完成首度獨自橫越大西洋的壯舉。同年稍後,艾爾卡克(John W. Alcock)和布朗(Arthur W. Brown)以一架改裝過的維克斯維米式(Vickers Vimy)轟炸機,第一次不間斷飛越大西洋。1922年,杜立德(James H. Doolittle)中尉駕駛一架德哈維蘭(de Havilland)DH.4B型的飛機,從佛羅里達州的巴布羅海灘(Pablo Beach)飛抵加州的聖

地牙哥,以21小時飛行了3,481公里,創下首度橫越美國的紀錄。1924年,四架道格拉斯世界巡航機(Douglas World Cruiser)從西雅圖起飛,在174天內完成環球飛行的任務。1925年,福特(Henry Ford)開啟第一條定期空運航線的服務,往返於底特律和芝加哥之間。1927年,林白駕駛瑞恩(Ryan)航空公司製造的單翼飛機,成為第一位獨自飛越大西洋的人;同年,泛美航空公司(Pan American Airways)開通了第一條航線,往返於佛羅里達西嶼和哈瓦那之間,重建17年前麥柯迪的歷史性飛行。

最能說明航空對20世紀所造成的影響莫過於郵政服務。1919年,美國宣布了一項雄心勃勃的計畫,打算開一條橫越大陸的航線;到1920年,全長4,313公里的航線準備就緒,開始營運。一開始只在白天飛行,到了1924

最著名的德國王牌飛行員里希特霍芬正在與一位軍官交談,當時一名技師正在檢查信天翁(Albatros)D.V.型戰機的駕駛艙。這可能是他1917年6月戰損迫降時所駕駛的飛機。

索普威斯駱駝式（Sopwith Camel）戰鬥機雖然機動性很強，卻難以駕馭。它在戰爭的最後兩年服役，擊殺了超過1,200人，超過第一次世界大戰中的其他戰鬥機。最高時速達193公里，機上配有兩挺固定向前射擊的維克斯（Vickers）機槍。

年才啟動夜間飛行，運輸時間也縮短至19小時。1933年，美國系統運送了3,489噸的航空郵件，這超越了世界其他航空系統的總和。當時，美國系統還增加了32,187公里的國外航線，由泛美航空公司營運，主要飛往中、南美洲。不過到了1933年，羅斯福（Franklin Roosevelt）政府因為懷疑有弊端而中止所有國內航空郵件的合約，美國郵政系統遭受重創。因此，有一段時間這些服務是由軍隊機組人員用軍機完成的。後來，合約再度開放給公營企業，新成立的公司以明顯低於昔日的價格取得合約，空運郵件與乘客逐漸變得司空見慣，國內的航空旅行就此誕生。

維克斯維米式重型轟炸機。1919年，艾爾卡克和布朗以一架改裝過的維米式機，首度不間斷飛越大西洋。

不到二十年，飛機賦予人貨移動神奇的力量，能在數小時而非數日跨越長遠的距離。從前仰賴火車和汽車，但現在有了飛機，能以更快的速度從頭頂飛過，不受制於軌道和道路的需求。建造飛機的材料也起了轉變，1920年代的木材、布料和金屬線消失了，取而代之的是鋁製結構。新的飛機是流線型，有收放式起落架、襟翼和封閉式駕駛艙；具備變距螺旋槳，並開始利用無線電測向和語音通訊等新技術來增進導航功能。

然而，大西洋另一端的歐洲又再度開戰。這一次，飛機在戰爭各個層面的重要角色已經不容懷疑。當德軍攻打波蘭時，強大的容克斯Ju 87型俯衝轟炸機（Junkers Ju 87 Stuka）打頭陣，當它朝目標急速俯衝時，其景象和聲音令人膽顫心驚。然而，儘管俯衝轟炸機的攻擊難以防禦，當它在進逼或飛離目標時即便遇到速度最慢的戰鬥機也顯得有些脆弱。

隨著第二次世界大戰的進展，護航任務將由許多不同類型的飛機執行，其中最成功的莫過於P-51野馬式戰鬥機了。一旦遠程轟炸成為優先事項，就需要專門製造重型轟炸機來加以應對。蘇聯有圖波列夫（Tupolev）TB-3型轟炸機，英國有阿夫羅蘭卡斯特式（Avro Lancaster）轟炸機，美國則有波音B-17空中堡壘式（Boeing B-17 Flying Fortress）轟炸機。依照目的專門製造的每款機型都成功滿足了特殊功能。另外，戰場上也需要滑翔機。它們被拖在改裝過的轟炸機或運輸機後面，載送人員和物資到戰場。使用滑翔機最著名的戰役當屬同盟國發起的首日攻擊（D-Day attacks），地點在德軍控制下的法國橋頭堡。

林白著名的瑞恩航空「聖路易斯精神號」（Spirit of St. Louis）。他於1927年駕駛這架飛機首次獨自飛越大西洋。這位25歲的飛行員在巴黎著陸，留下讓人驚嘆的深刻印象，被授予榮譽軍團勳章（Légion d'Honneur）。

1937年的興登堡號（Hindenburg）空難發生在紐澤西州的雷克赫斯特（Lakehurst），飛船時代就此結束。飛船的外觀引人注目，但是比空氣重的飛行器發展快速，遠遠超前。儘管如此，美國海軍在第二次世界大戰期間還是使用飛船，主要執行巡邏任務，在反潛工作上表現突出。關於現代飛船，有許多想法被提出，但迄今少有成效。

莫里森（Morrison）夫婦於1933年7月飛越大西洋所駕駛的德哈維蘭貓蛾式（Puss Moth）飛機。

1928年，查爾斯·史密斯爵士（Sir Charles K. Smith）、烏爾姆（Charles T. P. Ulm）、里昂斯（Harry W. Lyons）和華納（James W. Warner）飛越太平洋所駕駛的福克「南十字星」（Southern Cross）三引擎飛機。他們是分三階段完成的，從加州到夏威夷，再經斐濟到澳洲布里斯本。

德哈維蘭彗星式飛機，史考特（Charles W. A. Scott）和布列克（Thomas C. Black）在1934年以此贏得英國到澳洲的飛行競賽。

很難想像一名士兵被迫坐在沒有武裝的滑翔機上，只有風的呼嘯和砲彈聲迎面而來，這是多麼恐怖啊！

空對空作戰的成功需要高度專業化的飛機。究竟誰才是真正的贏家，至今尚無定論。專家一致認為美國的P-51野馬式、英國的超級馬林噴火式（Supermarine Spitfire）、德國的梅塞施密特（Messerschmitt）Bf 109型和福克-沃爾夫（Focke-Wulf）Fw 190型、日本的三菱A6M零式以及蘇聯的雅克列夫（Yakovlev）Yak-3型都是極為出色的戰鬥

左：1929年首飛的波音P-12型飛機，在1930年代初是美國首要的戰鬥機之一。

下：從1943年7月起，在二戰期間加入美國轟炸機編隊的共和P-47雷霆式（Republic P-47 Thunderbolt）戰機，生產數量比美國其他戰鬥機款都多。

機，但真正要進行比較的話，還得考量不同的因素。

例如在不列顛戰役（英倫空戰）中，統計數據顯示英國皇家空軍的噴火式和霍克颶風式（Hawker Hurricane）戰鬥機比德國的梅塞施密特戰鬥機更具優勢。但是我們要知道，德國飛機必須飛越英吉利海峽還要返回，過程中又會遭遇一些混戰。如果他們能像對手一樣有足夠燃料在原地長時間戰鬥，是不是更有優勢呢？每種飛機都有優劣之處，所有的戰鬥人員都付出巨大的努力，希望在對戰中勝出，發揮更優越的空中力量。

從1938到1944年之間，新的想法和解決方案不斷出現。任務本質都是一樣的：找出問題所在；檢視可能的解答；適時提供過渡性的「修復」，並儘快研發專用的解決之道。以反艦作戰為例：潛水艇和水面戰艦會在海上與敵人相遇和交戰，但只有飛機才能滿足巡邏大片區域、傳達目擊訊息並立即發動攻擊的需求。為了實現這一切，需要具備長距離飛行、承擔重荷載，並防禦來自空中和海上攻擊的能力。

在「大西洋戰役」開始時，德國人可以部署Fw 200兀鷹式（Condor）偵察機。其首度飛行是在1937年，原本作為客機使用，後來才執行海上偵察的任務，並進一步發展成布雷飛機。然而，當遇上射程更遠的英國蒲福式戰鬥機（Beaufighter）與解放者式（Liberator）轟炸機時，它就靠不住了。於是，過渡性的「修復」出現在容克斯Ju 290型轟炸機上，但這款飛機未能充分發揮效能。最後，德國部署了Me 410大黃蜂式（Hornisse），這是一款極為出色的戰鬥機，只可惜為時已晚，數量又

不夠，無法真正影響戰局。

在海上，也有許多創新的發展影響了戰爭的結果。魚雷轟炸機、俯衝轟炸機、空投水雷，以及從空中攻擊戰艦的能力都在不斷改進。但世界各國的海軍絕非毫無防備。巡洋艦、驅逐艦甚至潛水艇都可以攜帶偵察機來擴展遠距離的巡邏能力。也許最引人注目的是航空母艦發展出從遠端發動大規模先制攻擊的能力，日本偷襲珍珠港的行動就是明證。

飛機在第二次世界大戰的各個層面都扮演要角，甚至有人認為，美國空軍的一架飛機終止了戰爭。1945年8月6日，一架波音B-29超級堡壘式（Superfortress）轟炸機「艾諾拉·蓋號」（Enola Gay）在日本廣島投下了有史以來第一顆原子彈。蒂貝茨（Paul W. Tibbets）上校在凌晨2時45分從馬里亞納群島的天寧島起飛，發現目標上空的天氣良好，於早上8時15分投下炸彈。三天後投下第二顆原子彈，這次的目標是長崎，由同屬美國第20陸軍航空隊第509混編大隊的B-19型轟炸機「博克的車號」（Bock's Car）執行任務。

戰後，美國戰略轟炸調查委員會估計，若以整數計算，廣島原子彈造成了7萬到8萬名男女老少死亡，受傷人數大致相同。城市裡，12.2平方公里及80%以上的建築物遭到摧毀。

1945年8月15日，昭和天皇宣布日本政府接受同盟國的和平條款，戰爭正式結束。這兩起事件是否真如美國政府聲稱的那樣迫使日本投降，其實還有待商榷。因為在1945年5月中旬時，日本的空中力量已經所剩無幾，美國空軍的B-29型轟炸機對日本本土進行空襲時幾乎未遭攔截。名古屋、東京、濱松、大阪、

神戶、尼崎、富山等城市被多達470架重型轟炸機屢屢攻擊。1945年5月29日，超過450架超級堡壘式轟炸機空襲橫濱而引發大火，該市約有18平方公里遭到摧毀；1945年8月1日，美軍的單次空襲就讓富山市超過99%的建成區域被夷為平地。

值得注意的是，美國大規模的空襲導致日本無線電臺在1945年7月2日廣播要求東京600萬居民當中的580萬人撤離，這比第一顆原子彈的投擲還早了一個多月。

根據記載，盟軍在1945年7月26日呼籲日本全面投降，並發出警告：「日本的另一個選擇是徹底毀滅。」所幸，投降如期而至，緩解了世界對戰爭、死亡和破壞的疲倦。

然而，日本也成功做到其他軍力未曾實現的事情。儘管成效不彰，他們轟炸了美國本土。日本在二戰期間發射了30,000顆攜帶燃燒炸藥的小氣球，這些氣球隨強勁的風勢吹過太平洋。其中有一顆落在蒙大拿州，另外幾顆落入奧勒岡州的森林，不幸造成一對在湖邊野餐的母子死亡。天外飛來橫禍，或許說明了戰爭的荒謬。

與1919年戰後的狀況相同，大量的飛機和飛行員在1945年湧現，焦點再次落在民用航空上。然而，跟戰前相比，有幾項重大的轉變。受惠於要將軍機安置在靠近人口中心處，

P-38閃電式（Lightning）戰機可扮演多種角色，包括俯衝轟炸、水平轟炸、地面掃射、照相偵察任務，若在機翼下方配置可拋式副油箱，可用作遠程的護航戰鬥機。

北美和歐洲各地都留下許多混凝土跑道，飛機的黃金年代指日可待。

在美國，飛行員想方設法發揮飛行技能，私人飛行隨之流行。農用飛機和短程客機逐漸興起，直升機也開始發揮功能。戰爭時期誕生的直升機因為速度緩慢，容易在戰場上遭受攻擊；但是在前線後方，它能降落於幾乎任何地表，成為執行聯絡與輕型運輸任務的完美選擇。現在，飛機在提供消防、空中救護和警察工作的緊急服務上有了顯著的績效。「行政」專機服務如雨後春筍般湧現，新的航空公司陸續誕生，不過在激烈爭取新業務的割喉式競爭當中，也有許多公司不到幾個星期就倒閉了。

或許，最革命性的發展是噴射引擎的出現。雖然渦輪式噴射引擎是在1937年由英國的惠特爾（Frank Whittle）所開創，但是要到1942年7月10日實際用在德國的Me 262型戰鬥機上，世人才看到噴射動力的巨大潛能。事實上，早在1938年，德國空軍部（German Air Ministry）就著手進行噴射機的計畫，批准研發名為漢克（Heinkel）P.1065型的雙引擎戰鬥機，但因技術困難而延宕。盟軍部署的第一款噴射機是格羅斯特彗星式（Gloster Meteor）戰鬥機，不過並沒有紀錄顯示它曾與德國的噴射戰機交手。然而，它確實在對抗德國V-1飛行炸彈的威脅上扮演要角。

壯觀的桑德斯-羅伊公主號（Saunders-Roe Princess）是世界上最大的金屬飛船，也是世界上最大的加壓飛行器。建造於1952年，此時飛船時代已經結束，三艘成品中只有一架真正升空。

這些無人駕駛的脈衝噴射動力炸彈從歐陸發射到不列顛群島。引擎會在撞擊目標前定時關閉，讓武器滑向目標，有時會造成巨大傷亡。只有彗星式戰鬥機的直線速度追得上V-1，與之並排飛行，直到翼尖正好位於飛彈翼尖的下方，再「翻轉」炸彈使其偏離航道。當然，這不適合膽小的人去執行。

德國還有另外一種祕密武器V-2，尚無破解之道。這種從混凝土臺發射的火箭是馮布朗（Wernher von Braun）的心血結晶，他在戰後為美國太空計畫效力。對英國人而言，慶幸的是這款德國武器來得太晚、數量太少，不至於影響戰爭的結果。

在太平洋戰爭接近尾聲時，民航機市場正在擬定進一步的擴張計畫。商用飛機裝設噴射引擎的第一個提案出現在1945年7月。它至少會有兩個引擎，在最高9,144公尺處以超過724公里的時速飛行。到了10月，設計規格有所更動，要使飛機能夠使用4具德哈維蘭幽靈（Ghost）引擎並有效承載37,195公斤的重量飛越大西洋。

1945年底，國際航空運輸協會（IATA）正式成立，發布了該年的統計數據：全球定期航班總共載運了930萬位乘客，平均每架飛機有13.7位乘客。

1946年2月，泛美航空公司的洛克希德星座式（Lockheed Constellation）客機執行跨大西洋的首發定期航班，從紐約的拉瓜迪亞（LaGuardia）機場飛往英國伯恩茅斯（Bournemouth）附近的赫恩（Hurn）機

時尚的洛克希德星座式是當時最成功的客機，引入加壓機身而開闢了新天地。這使它能夠在6,096公尺的高度巡航，遠高於會讓航程極不舒服的亂流。有些曾在二戰期間以C-69型運輸機的型態服役，戰後經過改良，繼續生產直到1959年。

這架貝爾X-1型的火箭發動機有2,722公斤的推進力,讓葉格於1947年10月14日達成超音速飛行——1.06馬赫(時速1,127公里)。

場。它在紐芬蘭和愛爾蘭短暫停留,載有29名乘客以12小時9分的飛行時間完成旅程。

這趟歷史性的飛行預示了商業飛船的服務即將終結。1946年3月10日,英國海外航空公司(British Overseas Airways Corporation, BOAC)宣布終止飛往美國的航班。他們先前與泛美航空公司合作,以三架波音314飛行艇執行任務,但由於冬季盛行風從西面吹來,飛機無法滿載飛行北大西洋航線。顯然,該服務無法與新的美國商用陸上飛機競爭。同年5月,英國與澳洲之間的第一個定期客機航班啟動。這個航班由休特兄弟(Short Brothers)製造的海斯(Hythe)飛行艇執行,要花上整整五天半的時間。

位於西雅圖的波音公司宣布要將C-97型軍用運輸機商業開發後的產品首度外銷,而C-97的前身就是大名鼎鼎的B-29超級堡壘。名為同溫層巡航者(Stratocruiser)的新產品以四具普惠黃蜂(Pratt & Whitney Wasp)引擎為動力來源,注定在商用飛機的歷史上開創重要的里程碑。BOAC訂購了六架新款飛機,

打算讓它加入洛克希德星座式客機的行列,飛行跨大西洋的航線。

此時,噴射客機的開發工作仍持續進行。幽靈引擎獲得進一步的發展,兩架德哈維蘭DH.106原型噴射機於1946年9月開放訂購生產,為世界上第一款噴射引擎客機德哈維蘭彗星式(Comet)的誕生鋪了路。

驚人的紀錄持續刷新。指揮官戴維斯(Thomas D. Davies)與四名機組人員駕駛一架美國海軍洛克希德海王星式(Neptune)巡邏機,從澳洲伯斯(Perth)直飛俄亥俄州的哥倫布,航程18,083公里,耗時55小時18分。這架以兩具萊特(Wright)活塞引擎為動力來源的勇猛龜(Truculent Turtle)巡邏機於1946年9月29日起飛,10月1日抵達目的地,創下最長直線飛行距離的紀錄。但這個紀錄能保持多久,距離、速度和承載重量是成功與否的關鍵因素。往後的幾十年,還有新的因素納入考量,比如起飛與著陸的距離。不過,在戰後的熱潮中,動力攸關一切。誰能夠飛最遠、飛最快、載最重,誰就是商業世界的贏家。

1947年6月，美國航空公司（American Airlines）開通了紐約與洛杉磯之間的航線，並以芝加哥為中繼點。機型為道格拉斯DC-6，東西岸之間的旅程耗時10小時45分。幾天後，改名為泛美世界航空公司（Pan-American World Airways）的一架星座式客機從拉瓜迪亞機場起飛，展開首次環球飛行。

航空旅客逐年增加。1947年12月31日，國際民航組織（ICAO）公布當年的定期航班總共載運了2,100萬名乘客，平均每架飛機載送16.6名乘客。

1948年發生了一件前所未見的神奇事件——柏林空運。二戰結束時，同盟國之間的關係嚴重惡化。史達林（Joseph Stalin）要求英美盟友將德國領土割給蘇聯，但杜魯門（Harry Truman）總統和邱吉爾（Winston Churchill）首相拒絕。種種跡象顯示，昔日盟友之間的對抗在所難免。

德國在1945年5月8日無條件投降，蘇聯軍隊占領了德國的東半部，英、美兩國則駐守西半部，在柏林市也有部分的軍隊。就這樣，城市裡出現了人為的界線，蘇聯軍隊在東，其他國家（也包括法國）在西。為了補給軍隊，西方列強在紅軍控制的領土上維持一條通道。但這種和平並不安穩，接下來的幾年裡，蘇聯不斷要求西方的「占領」部隊撤離。

1948年3月20日，蘇聯駐守柏林的軍事總督索科洛夫斯基（Vasily Sokolovsky）元帥退出德國盟軍控制委員會（Allied Control Council for Germany）的會議，顯示事態嚴

令人印象深刻的B-36型轟炸機是在美國服役的最後一款螺旋槳轟炸機。後續版本在機翼下方的吊艙增加了四具噴射引擎。

上：這架旋翼機（autogiro）使用傳統的機頭螺旋槳向前推進，並用水平無動力的旋轉葉片升空，不像現代的直升機單用槳葉提供升力與推進力。切爾瓦（Clerva）公司於1920年代首度嘗試製造，並在1923年前完成。阿夫羅在英國生產的旋翼機在二戰服役，不過並未參與戰鬥。

下：貝爾47型機於1945年首飛，成為世界上第一架獲得民用飛行完全認證的直升機。該型號可追溯至1949年的47D-1型，是首度能搭載三名成員與227公斤貨物的機型。美國陸軍版本命名為H-13蘇族（Sioux），在韓戰中執行傷患後送的勤務。

美國陸軍使用的塞考斯基（Sikorsky）H-5型直升機，由取得授權的韋斯特蘭公司（Westland）建造，並將其命名為蜻蜓（Dragonfly）。英國歐洲航空公司（British European Airways）用來運送緊急郵件，而皇家海軍則用於航空母艦。

於1954年首飛的H-34型直升機，美國陸軍取名為喬克托（Choctaw）。可載運16名武裝兵員或八副擔架。

塞考斯基UH-60黑鷹式（Black Hawk）直升機，是美國目前標準的部隊運輸直升機，其原型機於1974年首飛。

洛克希德F-94星火式（Starfire）戰機是美國防空司令部（US Air Defense Command）第一架噴射攔截機，也是首度使用阻力傘著陸的機型。

重。索科洛夫斯基指控西方列強舉行祕密會議，卻未將會議結果正式通報蘇聯。在這起事件之後，柏林的蘇聯軍政府告知美國、英國和法國當局，他們將對通過蘇聯占領區的「西方通道」（Western Corridor）運輸貨物實施更嚴格的限制。幾天後，蘇聯關閉了從西部進入柏林的客運鐵路，又中止位於蘇聯與英國占領區之間的易北河駁船運輸。同年6月24日，蘇聯更以路線的「技術性問題」為由，停止柏林與西部間的鐵路交通。美、英和法軍的後勤線被切斷，食物或補給都運不進來。兩天後，美國空軍的雙引擎道格拉斯C-17型運輸機從法

洛克希德公司的首席工程試飛員帕克（William C. Park）站在SR-71型偵察機前。SR-71黑鳥（Blackbird）執行了許多作戰間諜機的任務，是有史以來最快的常規飛機（conventional aircraft）。

33

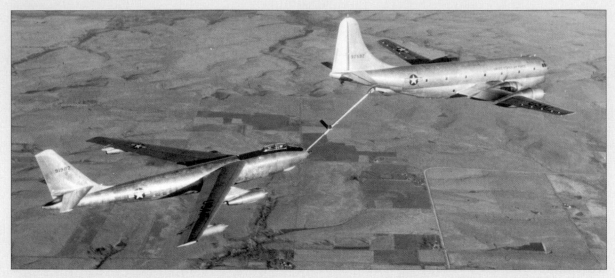

與B-36型同時期推出、時速達900公里的B-47型轟炸機由噴射引擎推動，引領出大型噴射機的現代外型——掠翼、掠尾翼面，以及安裝在翼柱吊艙中的引擎。1948年，開始藉由空中加油來延續這些早期噴射轟炸機的航程，隨後衍生為常規程序。

蘭克福附近的萊茵-美茵基地起飛，用32架次運送了80噸食物。柏林空運就此展開。

西方強權不僅要養活自己的軍隊，還要照顧成千上萬仰賴他們的德國難民。被切斷供給的人數高達210萬人，現在必須完全依賴空運補給。這將成為史上最引人注目的民航合作案例。源源不絕的運輸機持續為陷入困境的西柏林運送物資，包括食物、煤炭、煤油、汽油、柴油、建築材料、衣服，甚至還有一臺蒸汽壓路機，以及建造新發電站所需的一些3.5噸大梁。美國空軍大約有200架道格拉斯C-54空中霸王式（Skymaster），英國皇家空軍有40架阿夫羅約克式（York）、40架道格拉斯達科塔式（Dakota）和14架亨德利·佩吉黑斯廷斯式（Handley Page Hastings）運輸機，另外還有一大票民航業者投入空運服務。柏林的蘇聯軍政府意識到封鎖無濟於事，最後還是重新開放了鐵路和公路路線，並於1949年5月12日

正式解除封鎖。事實上，美國空軍與英國皇家空軍繼續向柏林空運補給品，直到1949年10月6日，最後一班載運煤炭的英國黑斯廷斯式飛機降落在柏林的加托（Gatow）。飛機在人道援助上扮演的角色已確實建立。

戰後的美國隨著「自製」（homebuilt）飛機迅速增長，私人飛機在空中的能見度也提高了不少。所謂的自製飛機，有些是從頭到尾自行製造，有些是由許多創新設計師提供的套件組裝而成。不過，最大宗的私人飛機仍來自於比奇（Beech）、派珀（Piper）和西斯納（Cessna）的工廠，這三家公司主宰了美國市場，直到1960年代中期的集體訴訟才徹底改變了輕型機的製造業務。

第一份航空保險單出現在1924年，但在私人飛行初期，很少飛機所有者或飛行員願意為自己投保。然而，製造商還是要為疏忽或過失的索賠尋求一定的保障，到了1970年代，

美國空軍F-104星式戰鬥機（Starfighter）。使用最多這款飛機的其實是德國空軍。它在1958年創下時速2,260公里的紀錄，但在空中作戰的性能並不出色。後來證實它在低階攻擊與偵察方面表現得更好，也服役於美國太空總署（NASA）的測試機隊。

不斷上升的保險費成本急劇削減利潤。與其將責任移轉到他們身上，還遠遠不如讓準飛行員購買部分組裝套件。

　　從1940年代後期到1950、1960年代，飛機的發展早已超越了早期先驅夢想的各種可能性。以速度為例即可看出。

◆**1939年4月26日**：溫德爾（Fritz Wendel）駕駛梅塞施密特Bf 109R型戰鬥機，平均時速達到755公里，刷新世界空速紀錄。

◆**1945年11月7日**：英國皇家空軍威爾森（Hugh J. Wilson）上校以格羅斯特彗星式戰鬥機將紀錄推升到時速975.66公里。

◆**1946年9月7日**：英國皇家空軍多納森（Edward M. Donaldson）上校再次以格羅斯特彗星式戰鬥機達到平均時速991公里，飛行距離為3公里。

◆**1947年8月20日**：美國海軍中校考德威

（Turner F. Caldwell）於加州莫哈維沙漠的愛德華空軍基地駕駛道格拉斯D-558-1天空閃光式（Skystreak）試驗機，創下平均時速1,031公里的紀錄。

◆**1947年8月25日**：美國海軍陸戰隊的卡爾（Marion E. Carl）少校駕駛五天前才刷新紀錄的同款飛機，在同一條3公里的航線上達到平均時速1,047.6公里。

　　最後，神奇的時刻到來：1947年10月14日，葉格（Charles E. Yeager）中尉平飛時速達到1,127公里，成為第一位超越音速的飛行員。暱稱「查克」（Chuck）的葉格中尉以一架貝爾（Bell）X-1型火箭推進試驗機，在愛德華空軍基地上方完成突破音障的歷史性飛行。就在15個月前，英國供應部（British Ministry of Supply）的（航空）科學研究主管才公開表示：「超越音速的飛行會引發新的問

題，我們不知道問題有多嚴重。抱有超音速飛機即將問世的印象其實大錯特錯。」在1953年年底之前，葉格中尉又有新的突破，以一架貝爾X-1A型試驗機在高度21,336公尺時達到時速2,655公里——差不多是音速的2.5倍。

這絕非第一次掌權者對設計師、工程師、建造者和飛行員達成任務的能耐渾然不解。現在冒出的新興機型，讓原本被視為具有驚人威力的戰時轟炸機顯得十分弱小。團結沃提飛機公司（Consolidated Vultee Aircraft Corporation，後來的康維爾〔Convair〕）的XB-36型轟炸機於1946年8月8日首飛。翼展達70公尺，機身為50公尺，是當時世界上最大的轟炸機。以六具普惠推式活塞引擎提供動力，日後再改良升級；最終的生產版本B-36D型於1949年3月26日首飛，為了能讓這頭巨獸騰空而起，還在翼下吊艙中增加了四具奇異（General Electric）J-47噴射引擎。

雄偉的諾斯洛普（Northrop）XB-35型轟炸機才在不久前升空，造型古怪，只有1988年問世的諾斯洛普B-2型隱形轟炸機堪比。這款別名飛翼（Flying Wing）的活塞引擎重型轟炸機，確實與現存的其他飛機大不相同。不過，還是接獲了14筆訂單，其中三架會改為八具噴射引擎的型式，並重新命名為YB-49型轟炸機；另外三架會重新配置六具噴射引擎。這是個令人目不暇給的時代，一個又一個嶄新的設計不斷在跑道上滾動。其他地方如洛杉磯，也有北美航空工業公司（North American Aviation）正在開發後來成為美國空軍第一款多引擎的噴射轟炸機。以四具奇異J-45引擎提供動力，XB-45原型機於1947年3月17日從加州的穆羅克（Muroc）首飛。

飛機飛得更快，也飛得更高。德哈維蘭吸血鬼式（Vampire）戰鬥機於1948年3月創下18,119公尺的紀錄，打破了義大利空軍佩齊（Mario Pezzi）中校於1938年以一架卡普羅尼（Caproni）飛機達成的17,083公尺。1951年8月15日，道格拉斯公司的試飛員布里吉曼（William Bridgeman）少校駕駛美國海軍的道格拉斯D-558-2空中火箭式（Skyrocket）試驗機，飛到24,230公尺的高度。兩年後，美國海軍陸戰隊的卡爾上校於1953年8月31日，駕駛另一架從波音B-29型超級堡壘上發射的空中火箭（在10,363公尺的高空發射），將最高紀錄推升至海拔25,370公尺。

世界強權重新武裝。美、蘇、英、法繼續研發原子彈和氫彈。西方與蘇聯之間的關係更加惡化，「鐵幕」背後的蘇聯正著手進行一場跟西方世界同樣野心勃勃的競賽，以製造更先進、更強大的武器。戰後，許多原本為納粹德國進行噴射推進和火箭等開創性計畫的德國科學家與工程師轉而投效蘇聯。關於他們活動的資訊並不容易取得，但性能卓越的米格-15（MiG-15）戰鬥機開發故事在1952年廣為人知。戰後的英國政府於1946年授權勞斯萊斯公司出售十具尼恩（Nene）引擎給蘇聯。將西方最好的引擎之一用在前衛的後掠翼設計（無疑是在前德國工程技能的協助下生產），讓米格-15原型機得以在1948年7月順利飛行。從接獲尼恩引擎後不到兩年半的時間，一架以該引擎為動力來源的高效能戰鬥機就開始量化生產並正式服役。

西方世界很快就在軍事行動中看到米

對比不同戰鬥機的外形

具有可變機翼的F-111型戰機，此為低速模式。與高速所需的後掠樣態相比，需要更多升力。

三角翼的法國空軍幻象式（Mirage）2000C型戰機。

紳寶獅鷲式（Saab Gripen）戰機是瑞典最新的多功能戰鬥機，具有獨特的機翼前置設計。

洛克希德C-141舉星者式（Starlifter）戰略運輸機於1964年加入美國空軍。除了四名機組乘員之外，還可以搭載154名武裝士兵或123名傘兵或80副擔架加八名醫護人員，或承載超過32噸的貨物。

最左與左：洛克希德C-5銀河式（Galaxy）是一種軍用運輸機，設計用來執行洲際戰略重型空運。它是美國最大的軍用運輸機，也是世界上最大的軍用飛機之一，用來運送超大型貨物。1969年12月開始在美國空軍服役。

格-15，因為空軍火力再度上場，這次的地點在韓國。1950年6月，杜魯門總統命令美國空軍協助遭受攻擊的南韓軍隊。7月時，聯合國同意派兵支援南韓，麥克阿瑟（Douglas MacArthur）將軍被任命為聯合國駐韓部隊最高指揮官。沒多久，英國、澳大利亞、紐西蘭、加拿大等國的軍隊也都捲入戰爭，大家很快發現蘇聯和中共的軍隊與北韓並肩作戰。停戰談判於1951年7月10日在開城市展開。韓戰結束後，美國空軍參謀長范登堡（Hoyt S. Vandenburg）於1951年11月21日宣稱：「米格-15是一款上乘的戰鬥機，在許多方面都勝過我們自己的F-86（北美軍刀式〔Sabre〕戰鬥機）。不過F-86是當今生產的飛機中唯一能與米格抗衡的機種，差不多每個層面都有挑戰的能力。」

相隔沒多久，越戰爆發，東南亞的天空再次充滿空軍武力，美國空軍在越南進行了規模空前的轟炸。在中東──無論是以阿戰爭、兩伊戰爭或波灣戰爭──空軍武力對重大衝突的影響往往是決定性的。自1945年以來，空軍武力幾乎無役不與，持續在各個戰區作戰。

冷戰期間，一架蘇聯的圖波列夫Tu-95熊式（北約代號：Bear）海上巡邏機（最上方）被英國皇家空軍的閃電式戰機（最下方）及其勝利者式（Victor）加油機盯上。這類對抗不斷在北海上空發生。

在這段時期，航太世界的每一個面向都起了變化。如果說昔日有「經驗與直覺性的」創新設計者拿著鐵鎚敲打金屬，現在則有大量人力和機器來計算每一個細節，甚至在你還沒摸到金屬之前就已經完成作業。海涅曼（Ed Heinemann）、米高揚（Artem Mikoyan）或坎姆（Sydney Camm）之類的設計才華若是搬到今日，恐怕英雄無用武之地。測試飛行員的傑出技能曾經是成功與否的重要關鍵，當今世界卻很少聽聞像特維斯（Peter Twiss）或葉格這類先驅人物的出現。從前的飛行員可以只

帶一個指南針就飛上天空，現在則有衛星精確定位每架飛機在空中的移動，救援團隊也能被直接引導到需要他們的地方。

在過去的半個世紀裡，我們見證了許多宏偉的新機器飛上天空。波音747型客機、AV-8B獵鷹式（Harrier）攻擊機、F-16型戰鬥機、Su-27型戰鬥機、協和式（Concorde）

上：革命性的英國獵鷹II型躍升噴射機（Jump Jet）能夠垂直起降，並具備前線戰鬥機的所有能力。
下：美國的F-35閃電II型聯合攻擊戰鬥機（Joint Strike Fighter）體現了相同的概念。最新一代的聯合攻擊戰鬥機於2000年首飛，有生產常規起降的版本，也有短距起降（Short Take Off and Landing，STOL）的版本，兩者皆具匿蹤功能。

噴射客機等，只是眾多創新發展中的一小部分而已。當我們為商務旅行或假期擬訂計畫時，或是需要在幾小時內從世界各地取得包裹時，已經將航空飛行視為理所當然。我們也經常忘記，大氣層中充斥著預測天氣與傳遞訊息的人造衛星。如今政府、製造商和飛機營運業者之間的合作，是半個世紀前想像不到的。在1945年，誰會相信空中巴士的產業會因為法國人、德國人、英國人與西班牙人之間的合夥關係才得以存在？誰又會相信前東方集團的國家（中歐及東歐的前社會主義國家）與北約（NATO）成員國之間的聯合軍演會變成家常便飯？

一架KC-135型同溫層加油機（Stratotanker）正在為F/A-18C大黃蜂式（Hornet）攻擊戰鬥機加油。

協和飛機消亡15年之後，飛機製造商再次投資於超音速客機的設計與生產，下一代的同類型飛機將會在未來十年內加入服務行列。為了因應空中交通的增加，製造商著手製造更大型的飛機，例如可載運335名乘客的波音787型夢幻客機（Dreamliner）和可搭載555名乘客的空中巴士A380。不過，設計和建造這些龐然大物的成本很高，而且波音和空中巴士都因為接受政府不當補貼而與世界貿易組織（WTO）發生衝突。

航空業正面臨許多問題。其中之一是飛行員短缺，肇因於法規縮減了飛行員的飛行時間以降低疲勞。或許可寄望於機器人。現在，因為3D列印輕量零件的運用，加上採行物聯網技術而能以規範性維護取代預測性維護，讓繁瑣的維護流程獲得改善。與此同時，多語言的聊天機器人也改善了客戶服務。

隨著乘客更多、飛機更大，機場也奮力跟上腳步。2018年，伊斯坦堡開啟了第三座機場，以成為世界上最大的機場為目標，一年的旅客容納量可達9,000萬人次。位於胡志明市以西40公里處的越南的隆城國際機場預計2026年完工，一年的旅客容納量為2,500萬人次。另一方面，英國對於是否要在希斯洛或蓋威克（Gatwick）機場增建新跑道爭論不休。

當我們回顧載人飛行的誕生時，應該向那些貢獻者的技術、決心以及運氣致敬，讓我們能夠過著更安逸、更富生產力的生活。

最後，再看一些統計數據：1956年——也就是第二次世界大戰結束後11年，國際民航組織公布當年全球定期航班的乘客人數為7,800萬人，自1945年以來呈現大幅度成長。再來比較2018年，全世界的天空塞滿了43.58億名乘客！國際航空運輸協會更預測，到了2036年這個數字會增加到78億人，亦即這個堪稱20世紀最先進的技術發展將讓超過80億人受惠。

航空史

無人飛行載具（Unmanned Aerial Vehicle，UAV）是由地面人員使用電腦控制駕駛。未來的戰爭可能會看到像美國海軍RQ-4A全球鷹（Global Hawk）這種飛機承擔全面的戰鬥任務。巡航時速為650公里，高度可達19,812公尺，並能滯空34小時。不同於最初用於小規模的偵察任務、通常很難從地面上察覺的UAV，全球鷹的長度超過13.5公尺、翼展為35公尺，規模相當大。

現代航空運輸的面貌

上：革命性的波音747型客機（最上）於1969年首航，可搭載超過400名乘客。引入寬體概念，在航空經濟學上呈現量子力學般的大躍進──每個座位的成本大幅下降，長途旅行變得更便宜。甚至還有乘客載運量超過560人的機型。

蘇聯對波音747的回應之一是伊留申（Ilyushin）IL-96-300型客機（上）。它是一種遠程寬體客機，最多可容納300名乘客。垂直翼尖有助於提高升阻比（lift-drag ratio）。

下：歐洲對美國主宰航線的成功挑戰來自於空中巴士產業的結盟，這是歐陸各大航空公司的策略聯盟，各自針對特定市場的需求量身打造。照片中是一架A300-660型的中程寬體客機，可搭載267名乘客。

空中巴士產業的陣容還有：A319型（上）短程窄體噴射機，是家族中最小的型號，共有124個座位；A330型（中）為大運載量的中遠程客機，可搭載335名乘客；以及家族中最新、最壯觀的A380型客機（下）。它是一架四引擎雙層飛機，為世界上最大的客機，可搭載超過850名乘客。首架服役的A380型客機於2007年10月加入新加坡航空公司的新加坡-雪梨航線（照片中的客機屬於阿聯酋航空公司）。

●早期的飛行傳說

約西元前850年 傳說中的不列顛國王布拉杜德（Bladud）在手臂上繫附翅膀試圖飛行，結果墜於阿波羅神廟而亡。

西元前4世紀 希臘塔倫托（Tarentum）的阿爾庫塔斯（Archytas）製作模型木鴿，藉由「內部的……氣流」來運作。

約西元60年 一名演員在羅馬皇帝尼祿（Nero）的盛宴上，疑似利用羽毛手臂試圖飛行時身亡。

約875年 據說安達魯西亞人（Andalusian）阿布-卡西姆・阿巴斯（Abu'l-Kasim 'Abbas）運用羽毛翅膀和覆有羽毛的身體飛了「相當長的距離」。

約1020年 英國威爾特郡（Wiltshire）馬姆斯伯里（Malmesbury）的修道士艾爾默（Eilmer）在

在巴黎升空的孟格菲（Mongolfier）氣球。

手腳上綁著翅膀從塔頂一躍而下，所幸只摔斷了腿。

約1420年 威尼斯人達方塔納（Giovanni da Fontana）以形似鴿子的火箭提供動力，飛了30.5公尺。

約1505年 達文西繪製了撲翼機的草圖。

1507年 義大利人達米安（John Damian）用母雞羽毛製成的翅膀，從蘇格蘭斯特靈（Stirling）城堡的城牆飛出一小段距離。

1536年 義大利人博洛里（Denis Bolori）使用彈簧動力的撲翼，從法國特魯瓦（Troyes）大教堂躍下，墜地身亡。

1540年 托爾托（João Torto）身上繫著兩對翅膀，從葡萄牙的維塞烏（Viseu）大教堂起飛，但是鷹頭型頭盔滑落遮住了他的眼睛，以致飛撞附近教堂的屋頂後墜落地面。

約1589年 英國威爾斯的康威鎮（Conway）七歲小男孩威廉斯（John Williams）用一件長外套當翅膀，卻重重跌落大石頭上。

約1600年 薩格雷多（Giovanni F. Sagredo）在威尼斯佩戴以獵鷹為原型的翅膀。

約1640年 英國一名十歲的孩子被放置在一輛用農業機械改裝的帶翼雙輪車上，據說飛了一個穀倉的距離。

1647～1648年 波蘭的布拉蒂尼（Tito L. Burattini）駕駛外型像龍的撲翼機在室內飛行。

17世紀 荷蘭的巴爾詹斯（Adriaen Baartjens）利用蝙蝠形狀的皮革翅膀，從鹿特丹最高的塔上飛下來。

1672～1673年 伯諾恩（Charles Bernoiun）利用一對繃緊的翅膀，借助火箭在德國雷根斯堡（Regensburg）飛行。

約1770年 德斯福吉（Canon P. Desforges）為一名法國農夫綁上羽毛翅膀，但他拒絕嘗試飛行。

1783年 法國孟格菲兄弟的熱氣球升空。9月19

1784年，熱氣球首次在英格蘭升空。

日，搭載一隻公雞、鴨子和一頭羊在凡爾賽宮升空後飛行了3公里。11月21日，德羅齊爾（Jean-François Pilâtre de Rozier）、洛朗（François Laurent）和阿蘭德侯爵進行首次載人飛行，飛越巴黎布洛涅（Boulogne）森林達16公里遠。

1783年 法國人雷諾曼（Louis-Sébastien Lenormand）借助兩把遮陽傘從樹上飛下來。

1783年6月5日 孟格菲兄弟的約瑟夫和艾蒂安在法國阿諾奈（Annonay）展示了一個直徑11公尺的熱氣球。

1783年8月27日 法國人查爾斯（Jacques A. C. Charles）、安-讓‧羅伯特（Anne-Jean Robert）和尼可拉-路易‧羅伯特（Nicolas-Louis Robert）在巴黎香榭麗舍大道複製了一個孟格菲氣球。他們製作的是直徑4.6公尺的「查里埃」（Charlière）氣球，以氫氣充氣而非熱空氣。

1783年 法國陸軍的梅斯尼爾（Jean-Baptiste Meusnier）將軍設計了飛船，但距離實際運用還有很長一段距離。

1783～1809年 法國人布蘭查德在歐洲大部分的首都進行飛行。

1785年1月7日 布蘭查德和傑弗里斯博士乘坐氫氣球飛越英吉利海峽。

1791年 布蘭查德從氣球上用降落傘空投動物。

1792～1815年 法國大革命和拿破崙戰爭。

1792～1857年 英國爵士凱萊（George Cayley）率先利用模型實驗，開創了空氣動力學理論。他被視為飛機的「發明者」，其運用原理與早期理論家的撲翼設計有些矛盾。凱萊在三個主要領域進行實驗：升力與阻力、總體設計和流線型，堪稱為空氣動力學和飛機設計奠定了基礎。

1793年1月9日 法國人布蘭查德在總統華盛頓（George Washington）的見證下，進行美國首次的熱氣球升空。懷茲（John Wise）成為美國第一位熱氣球駕駛員。

1794年 德國美茵茲（Mainz）圍城戰使用了觀察用的繫留氣球。

1794年4月2日 法國的軍事繫留氣球組織「氣球駕駛員」（Aérostiers）成立。1794年6月，在莫伯日（Maubeuge）第一次從氣球進行軍事偵察。1799年該組織解散。

1794年6月26日 法國陸軍上尉庫特勒（Jean-Marie-Joseph Coutelle）在弗勒呂斯戰役中使用填充氫氣的觀察氣球。

1797年10月22日 法國人加納林（André Garnerin）使用帆布的傘體進行第一次跳傘。

早期的氣球實驗者包括：愛爾蘭的薩德勒（James and Windham Sadler）父子、義大利的盧納爾迪（Vincenzo Lunardi）和贊貝卡里（Francesco Zambeccari）、法國的蓋-呂薩克（Joseph Gay-Lussac）和畢歐（Jean-Baptiste Biot），以及英國的格林（Charles Green）和考克斯威爾（Henry T. Coxwell）。

英國皇家沃克斯豪爾氣球，亦稱拿索氣球。

1808年7月24日 法國的孟格菲熱氣球著火，庫帕蘭托（Jordaki Kuparanto）成為史上第一位從損壞飛行器中跳傘逃生的人。

1809年 英國爵士凱萊設計的無人駕駛全尺寸滑翔機順利飛行。

1809年 在維也納，德根（Jakob Degen）的撲翼機實際上依靠氣球升空。

1812年10月1日 愛爾蘭的薩德勒乘坐氫氣球飛越愛爾蘭海，但被風吹回海上，必須等待救援。

在孟格菲氣球發明後的半個世紀內，有超過470名「氣球駕駛員」飛上天空，其中包括49名女性。

1836年 英國的格林燃煤氣球「皇家沃克斯豪爾號」（Royal Vauxhall）從倫敦飛往德國拿索（Nassau），飛行距離772公里。

1837年7月24日 柯金（Robert Cocking）使用錐形設計的傘體，嘗試在英格蘭肯特郡的李村（Lee）降落，卻不幸失敗而身亡。

1842年 英國人菲利普斯（William H. Phillips）建造了蒸汽動力的模型直升機。

1843年 在倫敦展示上發條的模型飛船。

1843年4月 英國人漢森（William Henson）「空中蒸汽客車」（Aerial Steam Carriage）的專利是「現代配置之固定機翼螺旋槳飛機」的第一款設計。

1849年 一名小男孩在在凱萊建造的滑翔機上進行繫留飛行。

1850年 法國人朱利安（Pierre Jullien）製作了一架以發條驅動的非剛性飛船模型，命名為「先行者」（Le Précurseur）。

1852年9月24日 基法德（Henri Giffard）駕駛一艘由蒸汽驅動的雪茄形飛船，從巴黎飛往特拉佩斯（Trappes）附近的埃朗庫爾（Elancourt），航程27公里。這是第一次真正的可駕駛飛行，不過，基法德並沒有嘗試回程的逆風飛行。

法國人布蘭查德與傑弗里斯的「浮空器」（aerostat）。該詞是由法文的aero與希臘文的statos組合而成，意指比空氣輕的器具。

早期的氣球由於方向無法操控而無法駕駛。方向性導航的發展需要雪茄形外殼與合適的發動機。

1853年 英國爵士凱萊的車夫駕駛一架滑翔機，達成首次的載人飛行。

1857年 法國人勒布里斯（Jean-Marie Le Bris）完成了滑翔機的飛行。

1857～1858年 法國人杜坦普（Félix du Temple）開發了蒸汽動力模型。然而，他在1874年製作的全尺寸載人單翼機卻未能飛離地面而宣告失敗。

1858年 法國人納達爾（Nadar；本名Félix Tournachon）從繫留氣球上拍攝了第一張航空照片。1863年，他在有兩層吊籃、可容納14人的巨大氣球「巨人號」（Le Géant）上裝設了完整的攝影暗房。

1858年3月29日 氫氣球在澳洲墨爾本首度升空。

1859年7月2日 在美國，懷茲、蓋格（O. A. Gager）和勒蒙登（John La Mountain）乘坐氫氣球，飛行了1,800公里。

1861年6月18日 美國人洛威（Thaddeus S. Lowe）的熱氣球「企業號」（Enterprise）首度發送空中電報。

1861～1865年 美國南北戰爭。

1862～1863年 邦聯軍的航空部隊部署了由康乃迪克州的洛威設計的四個氣球。

1863年5月 美國南北戰爭期間，北軍氣球上的觀察員偵察到李將軍（Robert E. Lee）率領邦聯軍前往蓋茨堡（Gettysburg）戰役的首次行動。

南方邦聯軍僅嘗試發射觀測氣球兩次，皆以失敗收場。

1868年 英國航空協會（Aeronautical Society of Great Britain）在倫敦水晶宮舉辦第一次航空展。

1870～1871年 普法戰爭期間，有66次的氣球飛行將人員、信件、訊息等帶出被圍困的巴黎。

1871年 佩諾（Alphonse Pénand）在巴黎展示了一架51公分長的橡皮筋動力模型飛機「移動載體」（Planophore）。

1872年 德國人海恩萊茵（Paul Haenlein）利用內燃引擎驅動的半剛性飛船由於動力不足而失敗。

1873年 美國人懷茲嘗試乘坐氫氣球飛越大西洋，但未成功。

1875年 法國人加斯頓・蒂桑迪爾（Gaston Tissandier）試圖藉助氧氣刷新高度，但是他到了7,620公尺便昏倒了。加斯頓撿回一條命，但是兩個同伴卻不幸身亡。

1883年10月8日 加斯頓・蒂桑迪爾和哥哥艾柏特（Albert）嘗試駕駛電動飛船，但因動力不足且電池太重而失敗。

1884年 俄國人莫扎伊斯基（Aleksandr Mozhaysky）的蒸汽驅動單翼機只飛了幾秒鐘。

1884年 英國人菲利普斯（Horatio Phillips）開始為帶有彎曲上下翼面的厚翼設計申請專利。1893年，他測試了一架多翼飛機模型，機翼看起來有點像是百葉窗。

1884年 法國人古皮爾（Alexandre Goupil）設計了一種帶有副翼的蒸汽動力單翼機，用於橫向控制。到了1917年，美國人柯蒂斯製作出相同概念的飛行器（改以汽油引擎提供動力），避免侵犯萊特兄弟橫向控制裝置的專利。

1884年8月9日 雷納（Charles Renard）和克雷布斯（Arthur C. Krebs）駕駛「電動」（La France），完成23分鐘的飛行後返回出發點。這是可控制機械飛行的開始。

1885年 普魯士飛船部隊（Prussian Airship Arm）成立。

1886～1904年 美國人蘭利的開創性實驗：在賓州大學和史密森學院從事空氣動力學研究；1890年代，他建造了名為「航空站」（Aerodrome，源自希臘語「空行者」）的蒸汽動力模型飛機；1894～1896年間，在波托馬克河進行彈射器的實驗。

1888年8月12日 德國人沃爾弗特（Friedrich H. Wölfert）博士駕駛一架裝設戴姆勒型（Daimler）汽油引擎的氣球飛行。

1890年10月9日 法國人阿德（Clément Ader）駕

在美國南北戰爭期間為洛威氣球充氣。

駛一架形似蝙蝠的「風神」（Éole）單翼機，飛躍了50公尺。

1893年　澳洲的哈格雷夫（Lawrence Hargrave）發明了箱型風箏。

1893～1896年　德國人李林塔爾死於1896年8月9日，生前總共進行了兩千多次的滑翔飛行。他的飛行開創了滑翔機穩定性與操控性的先河，為萊特兄弟的重要先驅。

1894年7月　英國爵士馬克沁（Hiram Maxim，機槍的發明者）製作測試裝置協助航空實驗，一架巨大的蒸汽動力雙翼機帶有兩個螺旋槳，在圓形軌道上運行。

1896～1897年　法裔美國人沙努特的團隊在密西根湖進行了一千多次的滑翔機飛行，以橋桁架雙翼機的配置開發穩定性。

1897年6月　皮爾策在英格蘭滑翔了229公尺。

1897年6月14日　沃爾弗特和克納貝（Hans Knabe）是最早在飛船事故中喪生的人，當時引擎燒到「德國號」（Deutschland）的外殼，進而引爆氣體。

1897年7月11日　瑞典人安德烈（Salomon A. Andrée）、斯特林堡（Nils Strindberg）和弗蘭克爾（Knut Fraenkel）乘氣球飛越北極，但並未成功。他們墜毀後失蹤，屍體、筆記和照片到1930年才被發現。

1897年11月　匈牙利人舒瓦茲（David Schwarz）率先使用薄鋁板作為飛船的外殼材料。

1898年12月　美國戰爭部提供蘭利50,000美金的資金用於開發載人飛機，他開始尋找合適的發動機。其助手曼利（Charles Manley）研發出一具50馬力、85公斤重的引擎。

到了19世紀末，實現可控制動力飛行的方法迅速整合，包括航空穩定性、控制性的科學以及輕型內燃引擎。

1898～1904年　旅居法國的巴西人桑托斯-杜蒙是世界上最偉大的非剛性飛船建造者。

1899～1902年　英國氣球部隊在布爾戰爭（Anglo-Boer War）中成功運作，從事砲兵偵察和一般情報觀察。一具氣球在氫氣耗盡之前，在被圍困的雷迪史密斯城（Ladysmith）滯空了一個月。觀測氣球在馬格斯方丹（Magersfontein）和帕德貝格（Paardeburg）戰役中做出重大貢獻。

克諾特爾（Richard Knote）繪於1900年的《布爾戰爭中的氣球偵察》。（Mary Evans Picture Library）

航空事件時間表

1900～1937年 齊柏林飛船時代。

1900～1910年 齊柏林飛船的發展曾遭遇許多困難和災難而受阻。1908年8月LZ-4被大火燒毀，令德國民眾悲痛，隨後大批捐款湧入以資助建造新的齊柏林飛船。

1900年 美國萊特兄弟建造一號滑翔機（Glider NO.1）。該架雙翼飛機雖然稱得上是成功的，但被認為翼展過小。

1900年 英國氣球分隊（British Balloon Section）於義和團之亂八國聯軍時成立並服役，隨後繼續在印度運作。

1900年7月2日 德國齊柏林硬式飛船（Luftschiff）LZ-1全長128公尺。由於資金短缺的緣故，只飛行過三次。

齊柏林LZ飛船 1900年7月2日首飛

發動機：見說明

主要角色：戰略轟炸機

尺寸：長128～245公尺

酬載量：2.8～60噸

速度：秒速9～40公尺

航程：最遠16,000公里

產量（所有型式）：大約120架

變異型：a～i、k～z

　　當初設計是供民用運輸的飛船，於第一次世界大戰期間為德國陸軍與海軍服役。戰時，總共有88艘齊柏林飛船建造給軍隊。它們是強大的武器，可以在防空火力與戰鬥機到不了的高度飛行，並攜帶大量炸彈在目標上空盤旋。它們對英國構成了真正的威脅，直到改良過的攔截機與燃燒彈開發出來。由齊柏林伯爵指揮建造的LZ-1於1900年7月2日首飛，其後型號的資金來自全國發行的彩券。1909年成立的德國飛船旅遊公司（Deutsche Luftschiffahrts-Aktiengesellschaft, DELAG）接管了齊柏林飛船的建造，生產飛行器將近30年。早期型號是由兩具戴姆勒型引擎提供動力；1911年

一號滑翔機，1900年。

10月2日首飛的LZ-9，則首度配置三具邁巴赫型（Maybach）引擎。發動機的數量和輸出穩步增加，後期型號最多搭載七具邁巴赫MB IV型引擎。燃油容量從LZ-1的11,300立方公尺到最後兩款型號「興登堡」與「齊柏林伯爵二號」（Graf Zeppelin II）的200,000立方公尺。戰後，一些齊柏林飛船被移交給其他國家，在英國、法國、義大利及美國等地服役。盟軍原本在戰後停止建造大型飛船，但隨著LZ127「齊柏林伯爵」的誕生（1928年9月18日首飛），一些跨大西洋的大型飛船開始出現。

1901年 萊特兄弟建造二號滑翔機，有新的翼型、更大的翼展，遺憾的是測試結果令人失望。

1901年 奧地利鋼琴製造商克瑞斯（Wilhelm Kress）嘗試駕駛一架使用汽油引擎與細鋼管結構的水上飛機，從圖爾內爾巴赫湖（Lake Tullnerbach）起飛。

1901年6月 美國人蘭利試飛四分之一大小的「航空站」汽油引擎飛機。這是第一架成功完成水平飛行的汽油引擎飛機，總共飛了三次。

1901年7月31日 德國人伯森（Arthur Berson）和蘇林（Reinhard Süring）一起乘坐熱氣球進行大氣測量，飛行高度達10,668公尺。這個紀錄維持了30年未被其他人打破。

1902～1904年 與美國相比，歐洲在重於空氣的動力飛行方面進展緩慢。在桑托斯-杜蒙1906年的傑出飛行和威爾伯‧萊特的訪問造成風潮之後，法國成為航空活動的主要中心。

法國飛船「共和號」。

美國人蘭利1903年試飛失敗的飛機。

1902年9月～10月 萊特兄弟的三號滑翔機成功飛行了好幾次，其設計並非取材於過去發表的資料，而是基於自己的研究。

1902年11月 法國的朱利奧（Henri Julliot）為勒博迪（Paul und Pierre Lebaudy）兄弟設計的飛船，於1903年創下98公里飛行距離、6.5小時的紀錄。法國軍隊於1908年採購使用。

1902年～1908年 法國勒博迪兄弟建造了令人印象深刻的半硬式飛船「金黃號」（La Jaune）、「國家號」（La Patrie）、「共和號」（La République）和「自由號」（La Liberté）。

1903年10月7日、12月8日 蘭利和曼利的原型機起飛失敗。蘭利飽受揶揄後抽離資金退出。不過，距離成功只差臨門一腳的蘭利仍被公認為美國最偉大的航空先驅之一，美國第一艘航空母艦就以他命名。

1903年12月17日 首次由人駕駛重於空氣的動力飛機萊特飛行者成功飛行。

1905年 鮑德溫-柯蒂斯（Baldwin-Curtiss）SC-1型飛船是第一架美國軍用飛船。

桑托斯-杜蒙的14-bis雙翼機，1906年11月12日。

法國科爾紐完成第一次的直升機自由飛行，1907年11月13日。

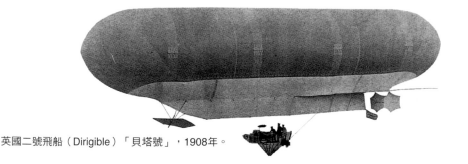

英國二號飛船（Dirigible）「貝塔號」，1908年。

美國「萊特飛行者」
1903年12月17日首飛。

1906年1月9日　德國齊柏林飛船LZ-3進行45次飛行後，由德國軍隊接收。

1906年1月17日　齊柏林飛船LZ-2只飛行過一次，就在暴風雨中被摧毀。

1906年9月30日　第一次國際熱氣球比賽在巴黎舉行。

1906年11月12日　桑托斯-杜蒙在法國完成歐洲首度被認證由飛行員駕駛動力飛機的持久飛行，以220公尺的距離寫下世界紀錄。

1906年～1911年　帕塞瓦爾（August von Parseval）在德國建造一系列半硬式飛船。

1907年　法國人勒瓦瓦瑟（Léon Lavavasseur）的安托瓦內特型（Antoinette）引擎有八汽缸、50馬力，為歐洲許多成功的飛機提供動力。

1907年8月1日　美國通信兵團航空分隊（Aeronautical Division, US Signal Corps）成立。

1907年9月10日　1號飛船「唯我獨尊號」（Nulli Secundus）成為英國陸軍第一艘飛船。不久之後，又出現「貝塔號」（Beta）和「伽瑪號」（Gamma）。

1907年11月13日　科爾紐（Paul Cornu）在法國利雪（Lisieux）完成第一次直升機自由飛行。這架雙旋翼的飛行器以24馬力的安托瓦內特型引擎為動力來源，飛行持續20秒，高度為0.3公尺。

1907年11月30日　柯蒂斯在美國成立第一家飛機公司。

1907年、1909年　美國人威爾曼（Walter Wellmann）嘗試駕駛半硬式飛船飛越北極上空，但並未成功。

萊特兄弟

1899年～1900年　測試風箏。

1900年　實驗繫留式滑翔機。

1901年～1902年　在自由飛行中測試滑翔機。

1902年　製作風洞實驗裝置。

1902年　二號滑翔機飛行了1,000次。

1903年12月17日上午10時35分　奧維爾·萊特進行了12秒的飛行，這是世界上第一次使用比空氣重的動力飛行器完成受控制的持續載人飛行。當日，飛行者一號再多飛行三次，最後一次維持了59秒，飛行距離達260公尺。

1903年～1904年　建造了飛行者二號。

1904年9月20日　威爾伯描述了繞完整圓圈的飛行。

1904年11月9日　威爾伯在空中超過5分鐘，完成將近四次迴圈飛行。

1905年6月23日　飛行者三號開始飛行。截至該年10月為止，總共飛了39公里。其後，他們基於安全理由暫停飛行，並為他們的創新發明整理專利，直到1908年。

1907年～1908年　與美國戰爭部協商談判。

1907年　威爾伯到歐洲訪問，奧維爾則繼續研發。

1908年 在法國,法爾曼(Henri Farman)、布萊里奧以及迪拉格蘭傑(Léon Delagrange)陸續完成持久飛行;但是在其他歐洲國家,只有嘗試性的探索而沒有重大成果。

1908年 美國人貝爾位於美國紐約、加拿大新斯科細亞省(Nova Scotia)的航空實驗協會延攬了輕型引擎設計師柯蒂斯。眾多飛行活動中,柯蒂斯於1908年以「六月金龜子號」(June Bug)雙翼機進行超過1公里的公開飛行,贏得美國首項航空獎;「銀鏢號」(Silver Dart)於1909年2月23日完成加拿大第一次比空氣重的飛行。

1908年2月10日 美國陸軍簽約採購萊特A型雙翼機作為第一架軍用飛機。

1908年8月5日 德國齊柏林飛船LZ-4降落維修引擎時燒毀。

1908年9月17日 以乘客身分坐在萊特飛機裡的塞爾弗里吉中尉成為第一位動力飛機空難罹難者,駕駛員奧維爾·萊特則身受重傷。

1908年10月16日 柯迪完成英國的第一次飛行。

1908年12月31日 威爾伯·萊特以2小時20分鐘飛行125公里的紀錄贏得米其林獎(Michelin Prize)。

1908年～1914年 柯蒂斯成為萊特團隊最大的競爭對手與宿敵,雙方激烈爭奪的主要目標為取得橫向控制的專利。

英國人羅伊1909年的三翼機。

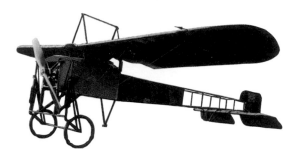

法國布萊里奧XI型飛機1909年1月23日首飛。

1909年 英國人羅伊的三翼機首飛。

1909年 德國發明硬鋁合金,一種超輕但非常堅固的金屬,非常適合用於飛船構架。

1909年1月23日 法國布萊里奧XI型飛機首飛。

1909年5月26日 齊柏林飛船LZ-5首飛。這是德國陸軍的第二艘飛船,在威堡(Weiburg)墜毀之前進行過16次飛行。

1909年7月17日 柯蒂斯駕駛「金龜子號」以時速56公里飛行40公里,贏得第二座在紐約頒發的美國科學獎。

1909年7月25日 法國人布萊里奧成為世界上第一位飛越英吉利海峽的人。

1909年7月30日 美國通信兵團接獲萊特依其規格製造的B型軍用飛機。

1909年8月 美國人柯蒂斯駕駛「黃金飛行者」(Golden Flyer)贏得在法國漢斯舉行的戈登·班尼特盃(Gordon Bennett Cup)比賽。

1909年8月25日 齊柏林飛船LZ-6首飛。它總共進行了73次飛行,其中34次是德國飛船旅遊公司(DELAG)的航班。

1909年11月16日 齊柏林成立全世界第一家商業航空公司DELAG。

1909年～1910年 美國人柯蒂斯設計水上飛機。

1909年～1910年 俄國人塞考斯基(Igor Sikorsky)進行直升機的實驗,但沒有進展。

德國齊柏林飛船LZ-10「施瓦本號」1911年6月26日首飛。

1910年 柯蒂斯進行轟炸與炸彈瞄準器的實驗。

1910年 德國鴿式（Taube）單翼機首飛，後來由蘭普勒公司（Rumpler）製造。

1910年6月13日 美國人漢米爾頓（Charles K. Hamilton）在完成往返紐約與費城之間的航班後，獲頒10,000美金的獎金。

1910年6月19日 齊柏林飛船LZ-7「德國號」首飛。總共飛行七趟DELAG的航班，只服役九天後就墜毀在條頓堡森林。

1910年7月10日 布魯金（Walter Brookin）在美國印第安納波利斯（Indianapolis）駕駛一架萊特雙翼機，高度達1,900公尺，成為第一位飛行高度超過1英里的人。

1910年7月31日 英國布里斯托「箱型風箏」（Bristol Boxkite）雙翼機首飛。

德國鴿式單翼機1910年首飛。

1910年8月27日 美國人麥柯迪發送、接收飛機與地面之間的無線電訊息。

1910年9月8日 發生首起有紀錄的空中碰撞事件，一對兄弟在奧地利分別駕駛兩架飛機發生碰撞。

1910年11月14日 埃利（Eugene B. Ely）創下第一次從船艦起飛的紀錄，起飛處為美國伯明罕號巡洋艦（USS Birmingham）。

1911年1月18日 埃利創下第一次降落在船艦的紀錄，降落處為美國賓夕法尼亞號巡洋艦（USS Pennsylvania）。

1911年3月30日 德國齊柏林飛船LZ-8在飛行24次後碰撞機庫。

1911年4月1日 英國成立皇家工兵航空營（Air Battalion of the Royal Englneers）。

1911年5月 英國陸軍接收一架布里斯托「箱型風箏」以配合聯合作戰勤務。

1911年6月26日 德國齊柏林飛船LZ-10「施瓦本號」（Schwaben）首飛。總共224次飛行。

1911年10月2日 德國齊柏林飛船LZ-9首飛。

1911年10月22日 戰爭中第一次使用飛機：義大利上尉皮耶薩開著一架布萊里奧單翼機，從的黎波里飛往阿齊濟耶，對土耳其軍隊進行偵察。

1911年11月1日 義大利中尉加沃蒂向土耳其軍隊投擲手榴彈，這是第一次在戰爭中從飛機上投炸彈。

航空事件時間表

1911年合格的飛行員有：法國353名、英國57名、德國46名、義大利32名、比利時27名、美國26名。

1912年 美國人柯蒂斯的「飛魚」（Flying Fish）是水上飛機的原型。

1912年 威爾伯·萊特死於傷寒。其弟奧維爾則活到1948年。

1912年2月14日 德國齊柏林飛船LZ-11「維多利亞·路易斯號」（Victoria Luise）首飛。總共載過22,000多名乘客。

1912年3月1日 貝里（Albert Berry）上尉在美國創下首次從飛機跳傘的紀錄。

1912年4月25日 作為軍用飛船的德國齊柏林飛船LZ-12首飛。

1912年6月10日 飛船首度被用來運送德國航空郵件。

1912年7月30日 德國齊柏林飛船LZ-13首飛。為DELAG飛行44,437公里後由軍方接收。

1910年～1912年的航空娛樂

大型飛行表演活動會頒發高額獎金給競賽優勝者、創紀錄的飛行員，吸引了大量參與者。1910年10月22日～31日在長島貝蒙特公園（Belmont Park）的表演吸引了40架飛機參與，活動包括環繞自由女神像的飛行比賽。1911年～1912年期間，從一個城鎮到另一個城鎮的「巡迴賽」蔚為風潮。

1913年7月 英國阿夫羅504型（Avro 504）雙翼機首飛。

1913年9月21日 法國人佩古德（Adolphe Pegoud）以一架布萊里奧單翼機進行首次倒飛。

1913年11月1日 在墨西哥發生空戰，兩架飛機以手槍互相射擊。

英國阿夫羅504型雙翼機
1913年7月首飛。

德國福克E.I型單翼戰鬥機
1914年4月14日首飛。

法國莫蘭-索尼耶N型戰鬥機
1914年5月14日年首飛。

英國維克斯F.B.5「槍巴士」戰鬥機
1914年7月17日首飛。

1910年～1914年 德國DELAG共載運乘客達34,028人次，飛行1,588次航班，總航程172,535公里。然而，LZ-14和LZ-18於執行軍事任務時被摧毀，造成50人死亡。

截至1914年，德國陸軍擁有六艘飛船，德國海軍擁有一艘。

1914年 法國瓦贊III型（Voisin III）轟炸機首飛。

1914年 美國人史派利（Lawrence Sperry）在巴黎航空展中展示可降低和消除飛機搖晃的陀螺（迴轉）穩定器（gyrostabilizer）。

1914年初 英國「轟動小報」（Tabloid）水上飛機首飛。

1914年1月1日 美國人詹努斯在佛羅里達州飛行首次的定期客運航班。

1914年2月23日 英國布里斯托偵察式（Scout，又稱Baby）戰鬥機首飛。

1914年4月14日 德國福克E.I型（Fokker Eindecker）單翼戰鬥機首飛。

1914年5月14日 法國莫蘭-索尼耶（Morane-Saulnier）N型戰鬥機首飛。

1914年7月17日 英國維克斯F.B.5「槍巴士」（Gunbus）戰鬥機首飛。

第一次世界大戰爆發（7月28日）

1914年8月6日 德國飛船LZ-21轟炸列日（Liège），造成九名平民死亡。

1914年8月30日 德國鴿式單翼機轟炸巴黎，這是第一次轟炸任務的官方紀錄。

1914年9月2日～3日 第一次飛船突襲行動：德國LZ-17在安特衛普（Antwerp）投下三顆炸彈。

1914年9月22日 英國「轟動小報」水上飛機首次攻襲德國，目標是科隆和杜塞道夫的齊柏林機庫。

1914年10月5日 第一次飛機被另外一架飛機擊落：法國中士弗蘭茨（Joseph Franz）在漢斯上空擊落德國飛行家（Aviatik）BI偵察機。

1914年11月21日 三架英國皇家海軍航空隊的阿夫羅504型雙翼機向德國腓特烈港的齊柏林機庫進行長程攻擊。

1914年12月9日 德國轟炸華沙。

1914年12月24日 德國飛機首度向英國進行空襲，轟炸多弗（Dover）的一處花園。

1914年12月25日 從母艦恩加丁號（Engadine）和里維耶拉號（Riviera）起飛的英國水上飛機突襲德國庫克斯港，由於天氣惡劣而失敗。

1914年末 法國紐波特10型（Nieuport 10）雙翼機首飛。

※ 機型標示的是首飛日期，通常要幾個月後才會正式服役。

1915年 德國信天翁（Albatros）C型軍機首飛。

1915年 信天翁C-II系列偵察機首飛。

1915年 信天翁C-III型多用途軍機首飛。

1915年 德國通用電氣（Allgemeine Elektricitäts-Gesellschaft, AEG）G-系列轟炸機首飛。

1915年 法國寶璣-米其林（Bréguet-Michelin）BM型系列轟炸機首飛。

1915年初 英國休特（Short）184型轟炸機首飛。

1915年初 英國皇家飛機工廠製造的F.E.2型轟炸機首飛。

1915年1月19日 德國齊柏林飛船首次轟炸英格蘭。

1915年4月1日 法國人加洛斯（Roland Garros）駕駛在螺旋槳葉片上裝有折流板（deflector）的莫蘭單翼機，成為第一位使用固定前向射擊機槍擊落敵機的飛行員。

英國休特184型轟炸機1915年初首飛。

英國皇家飛機工廠F.E.2型轟炸機1915年初首飛。

航空事件時間表

1915年4月19日　法國人加洛斯的莫蘭L型單翼機落入德國手中。

1915年4月19日　荷蘭工程師福克（Anthony Fokker）在E.1戰鬥機上設計機關槍的機槍射擊協調器。

1915年5月27日　法國首度轟炸德國，擊中路德維希港（Ludwigshaven）的毒氣工廠。

1915年6月1日　英國德哈維蘭DH.2型戰鬥機首飛。

1915年6月6日～7日　英國中尉瓦納福德（Reginald Warneford）擊落齊柏林LZ-37。

1915年6月22日　法國轟炸德國卡爾斯魯厄（Karlsruhe）造成266名平民死亡。

1915年7月11日　兩架水上飛機探查因為遭英國砲艦不斷攻擊，躲在東非魯菲吉河（Rufiji）的德國「柯尼斯堡號」（Königsberg）巡洋艦。

1915年8月　德軍駭人的「福克災難」（Fokker Scourge）戰鬥機正式參戰，英麥曼駕駛配有機槍射擊協調器的E.1單翼機取得首場勝利。

1915年8月12日　船艦被空射魚雷擊中的首例：土耳其輪船遭受從英國皇家海軍「心儀女郎號」（Ben-My-Chree）起飛的水上飛機攻擊。

1915年9月　德國福克E.IV型單翼機首飛。

1915年10月1日　德國載客飛船LZ-11在停入機庫時失事。

1915年10月3日　第一次帶有輪子的飛機從航母甲板起飛：英國布里斯托偵察式雙翼機從「文德克斯號」（Vindex）起飛。

1915年11月5日　第一次用蒸汽彈射器從船上發射飛機：柯蒂斯水上飛機從美國北卡羅萊納號（USS North Carolina）上起飛。

信天翁D.III型戰鬥機 1916年8月16日首飛

英國德哈維蘭DH.2型戰鬥機1915年6月1日首飛。

英國索普威斯1 1/2型翼柱機1915年12月首飛。

1915年12月 英國索普威斯1 1/2型翼柱機（Strutter）首飛。

1915年12月12日 德國容克斯（Junkers）J.1布雷塞爾式（Blechesel，有「錫驢」之意）單翼機

首飛。

1915年12月15日 英國亨德利‧佩吉O/100型轟炸機首飛。戰爭爆發後，英國皇家海軍將恩加丁號、里維耶拉號和女皇號（Empress）這三艘橫越海峽的郵輪改裝成水上飛機的母艦。

1916年 法國莫蘭-索尼耶P型偵察機首飛。

1916年 法國瓦贊I型～X型軍機首飛。

1916年 德國戈塔（Gotha）G型轟炸機首飛。

1916年初 英國索普威斯幼犬式（Pup）戰鬥機首飛。

1916年初 德國信天翁D-1型戰鬥機首飛。

1916年初 德國哈爾伯施塔特（Halberstadt）D-II型戰鬥機首飛。

1916年1月 俄羅斯軍官開發的史卡夫-迪博夫斯基（Scarff-Dibovski）機槍同步裝置用於英國索普威斯1 1/2翼柱機、布里斯托偵察式雙翼機等等。

1916年4月 法國斯帕德（SPAD）S.VI型戰鬥機首飛。

1916年5月 英國阿姆斯壯-惠特沃斯（Armstrong Whitworth）F.K.8型偵察轟炸機首飛。

1916年5月28日 英國索普威斯三翼機首飛。

1916年6月18日 研發戰鬥機作戰策略的英麥曼在駕駛福克E.III型戰鬥機行動中陣亡。

1916年6月19日 法國對柏林空投傳單。

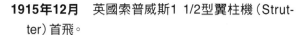

發動機：一具170/175馬力的梅賽德斯D.IIIa型引擎

主要角色：戰鬥機

尺寸：翼展9.05公尺；機身長7.33公尺

武器裝備：機身上方兩挺斯潘道（Spandau）機槍

重量：空機661公斤；滿載886公斤

速度：最高時速166公里

航程：2小時

機組員：1人

　　D.III是D.I、D.II雙翼機的變異型，三者皆服役於14架飛機組成的戰鬥機中隊。它於1917年初生產，特色是採用V型支柱機翼，模仿自俘獲的法國紐波特戰機。1917年11月時，約有446架飛機在前線服役，但之後被D.V.型取代。雖然D.III的下翼有點脆弱，在俯衝時容易扭曲或折斷，但整體而言是一款成功的戰鬥機。

航空事件時間表

英國布里斯托F.2A/B型戰鬥機1916年9月9日首飛。

1916年夏季　法國昂里歐（Hanriot）HD-1型戰鬥機首飛。

1916年7月1日　索姆河（Somme）戰役。雙方爭奪空中優勢，最後由同盟軍掌控戰局。

1916年7月14日　英國布里斯托M.1A型戰鬥機首飛。

1916年8月　英國德哈維蘭DH.4型轟炸機首飛。

1916年8月16日　德國信天翁D.III型戰鬥機首飛（參見第62頁專欄）。

1916年8月23日　德國組建第一支正規的戰鬥機中隊（Jasta 1）。

1916年9月9日　英國布里斯托F.2A/B型戰鬥機首飛。

1916年9月15日　首艘潛艇遭飛機擊毀：兩架奧地利洛納（Lohner）飛船擊毀法國潛艇傅柯號（Foucault），迫使它靠岸以拯救船員。

1916年10月8日　德國空軍成立。

英國皇家飛機工廠SE.5型戰鬥機1916年11月22日首飛。

紐波特17～28型戰鬥機 1916年末首飛

發動機：一具160馬力的諾姆型（Gnome）引擎
主要角色：戰鬥機
尺寸：翼展9.08公尺；機身長6.4公尺
武器裝備：兩挺維克斯向前發射的機槍
重量：空機374公斤；滿載701公斤
速度：最高時速206公里
航程：2.25小時
機組員：1人

　　紐波特17型戰鬥機於1916年初開始服役，一直使用到1917年夏天，為第一次世界大戰期間的偉大戰鬥機之一。它是紐波特11型「寶貝」（Bèbè）戰鬥機更大、更強的替代品，被法國、英國、比利時、義大利與蘇聯中隊採用，恐怕只有德國信天翁D.I型戰鬥機能與之匹敵。晚期較不成功的紐波特28型戰鬥機速度快、機動性強，但性能受到機翼結構嚴重缺陷的影響。

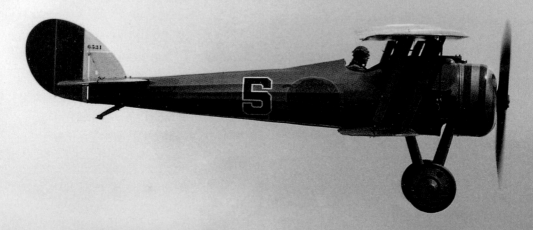

索普威斯F.1駱駝式戰鬥機 1916年12月22日首飛

發動機：一具130馬力的克勒傑特型（Clerget）引擎或150馬力的賓利（Bentley）B.R.1型引擎

主要角色：戰鬥機

尺寸：翼展8.53公尺；機身長5.71公尺

武器裝備：兩挺維克斯機槍裝在前機身的上方；選配四顆11公斤的炸彈裝在機身下方

重量：空機421公斤；滿載659公斤

速度：最高時速185公里

航程：2.5小時

機組員：1人

變異型：F.1、2F.1

　　駱駝式戰鬥機為幼犬式的繼任者，威力更強大、更具機動性，於1917年中期開始服役，堪稱戰爭期間最偉大的戰鬥機，據稱總共擊殺了1,294人，其中包括德國的王牌飛行員里希特霍芬。在伊普爾（Ypres）與康布雷（Cambrai）戰役中，這款機型被賦予地面攻擊與戰鬥機的角色，於大多數前線和海上都能見其蹤影。各種變異型有不同的引擎和武器裝備。海軍使用的2F.1駱駝式軍機具有可拆卸的後機身，供額外裝載之用。

1916年11月　法國寶璣-米其林14型轟炸機首飛。

1916年11月21日　寶璣14（XIV）型轟炸機首飛。

1916年11月22日　英國皇家飛機工廠SE.5型戰鬥機首飛。

1916年12月22日　英國索普威斯駱駝式戰鬥機首飛。

1916年末　英國德哈維蘭DH.5戰鬥機首飛。

1916年末　法國紐波特17型戰鬥機首飛。

1917年　德國齊柏林飛船L-55的飛行高度達到7,315公尺，這是飛船的最高紀錄，之後無人能出其右。

1917年2月　法國紐波特24型戰鬥機首飛。

1917年2月　德國容克斯J.4型軍機首飛。

福克Dr.I型戰鬥機 1917年7月1日首飛

發動機：一具110馬力的奧伯烏瑟爾（Oberursel）URII型引擎或瑞典製勒羅納型（Le Rhône）引擎

主要角色：戰鬥機

尺寸：翼展7.19公尺；機身長5.77公尺

武器裝備：機身上方兩挺斯潘道機槍

重量：空機405公斤；滿載585公斤

速度：最高時速185公里

航程：1.5小時

機組員：1人

總產量：320架

　　王牌飛行員里希特霍芬最喜歡的機型。原型機翼間無斜撐桿的革命性設計導致機翼振動。後來在每邊各加裝一根支柱，不過還是發生了幾起空中解體的案例。此款機型享有很高的聲譽，但性能表現平平，主要因為引擎的功率較低。D.I於1917年8月到1918年中期服役。

1917年3月8日　齊柏林伯爵過世。

1917年4月　法國斯帕德S.XIII型戰鬥機、薩姆森2型（Salmson 2）偵察機首飛。

1917年4月　被稱為「血腥四月」。英國皇家飛行隊在兩週內失去了140架飛機，主要來自德國信天翁D.III型戰鬥機的攻擊。德國在技術與訓練上的優勢壓倒了經驗不足的同盟軍飛行員，英國飛行員的平均存活日只有23天。

1917年4月24日　德國戰鬥中隊執行第一次近距離空中支援，支援步兵的特殊地面攻擊。

英國維克斯維米式轟炸機1917年11月30日首飛。

德國福克D.VII型戰鬥機1917年12月首飛。

1917年4月26日　美國波音飛機公司成立。

1917年5月　英國索普威斯5F.1海豚式（Dolphin）戰鬥機首飛。

1917年5月　德國信天翁D.V型戰鬥機首飛。

1917年5月25日　德國戈塔轟炸機開始空襲英國。

1917年5月25日　21架德國戈塔轟炸機對英國進行首次白天大規模轟炸。

1917年6月　德國法爾茨（Pfalz）D.III型戰鬥機首飛。

1917年6月　英國索普威斯杜鵑式（Cuckoo）戰鬥機首飛。

1917年6月13日　14架德國戈塔轟炸機對倫敦進行首次大規模轟炸。

1917年7月　英國德哈維蘭DH.9轟炸機首飛。

1917年7月1日　德國福克Dr.I型戰鬥機首飛。

1917年7月2日　英國人鄧寧（Edwin H. Dunning）首度將飛機降落在移動的船上——皇家海軍「激情號」（Furious）。

1917年7月31日　德軍飛船部（Army Airship Service）解散，共失去26架飛船。

1917年秋季　英國索普威斯鵪式（Snipe）戰鬥機首飛。

1917年9月　英國亨德利·佩吉O/400型轟炸機首飛。

1917年10月1日　倫敦的氣球阻攔網（balloon barrage）開始運作。

1917年11月　首次洲際飛行：德國齊柏林L-59型飛船將15噸補給品從保加利亞運到德屬東非，飛行了95小時、6,759公里。

1917年11月30日　英國維克斯維米式轟炸機首飛。

1917年12月　德國福克D.VII型戰鬥機首飛。

1918年1月　英國布萊克本袋鼠式（Blackburn Kangaroo）偵察魚雷轟炸機首飛。

1918年1月30日　德國戈塔機開始轟炸巴黎。

1918年2月16日～17日　巨大的德國齊柏林-斯塔肯（Zeppelin-Staaken）R.VI型轟炸機首度將重達1,000公斤的炸彈投向英格蘭。

1918年3月4日　英國德哈維蘭DH.10型轟炸機首飛。

英國亨德利‧佩吉V/1500型轟炸機1918年5月18日首飛。

1918年4月 德國容克斯D-I（容克斯J.9）型戰鬥機首飛。

1918年4月12日 德國齊柏林飛船最後一次空襲英國。飛船空襲總共造成557人死亡、1,358人受傷。

1918年4月21日 德國頂尖王牌里希特霍芬在駕駛福克Dr.I型戰鬥機行動時身亡。

1918年5月18日 英國亨德利‧佩吉V/1500型轟炸機首飛。

1918年5月18日 德國法爾茨D.XIII型戰鬥機首飛。

1918年5月19日～20日 德國在第一次世界大戰期間最後一次轟炸英國本土。

1918年6月 法國紐波特29型戰鬥機首飛。

1918年6月6日 英國費爾雷（Fairey）IIIA型偵察機首飛。

1918年6月27日 德國中尉史坦布雷徹（Helmut Steinbrecher）成為第一位從戰鬥機成功跳傘逃生的飛行員。

荷蘭福克F.II型單翼機1919年10月首飛。

英國亨德利‧佩吉W.8型雙翼客機1919年12月2日首飛。

1918年8月7日 法國布萊里奧-斯帕德S.XX型戰鬥機首飛。

1918年8月21日 法國紐波特-德拉吉（Nieuport-Delage）NiD 29型戰鬥機首飛。

德國在第一次世界大戰中部署了超過100架齊柏林飛船，總共投下196噸炸彈。空襲英國的行動造成557人死亡、超過千人受傷；齊柏林飛船的機組人員則有500名身亡。戰後，同盟國特別沒收了齊柏林飛船和福克D.VII型戰鬥機。

第一次世界大戰見證了軍用飛機的成熟，從偵察任務演變為空對空作戰、地面攻擊、戰略轟炸和空中補給。為了成功扮演這些角色，許多特殊型飛機正逐步開發，包括海軍的魚雷轟炸機和水上飛機等等。

1919年 義大利薩伏依（Savoia）S.16型水上飛機首飛。

1919年 德國DELAG的波登湖號（Bodensee）飛船創下時速132公里的紀錄。

1919年2月 德國通用電氣（AEG）J.II型攻擊機首飛。

1919年2月8日 法國法爾曼哥利亞式（Farman Goliath）系列機型首飛。

1919年3月 英國德哈維蘭DH.16型客機首飛。

1919年3月 美國海軍德克薩斯號（USS Texas）運用空中定位的方式測試大砲的射擊。

1919年3月22日 第一個國際客機定期航班正式開通，由法國法爾曼航空（Aériennes Farman）的法爾曼F.60哥利亞式飛機首飛，往返於巴黎與布魯塞爾之間。

1919年4月 阿富汗戰爭中，一架英國皇家空軍的亨德利‧佩吉V/1500型機轟炸喀布爾。

1919年4月13日 英國維克斯維米式商用機首飛。

1919年5月 美軍中校瑞德經由亞速群島，首度獨自飛越大西洋。

1919年5月10日 英國阿夫羅534型「寶貝」（Baby）雙翼機首飛。

1919年6月14日～15日 英國人艾爾卡克（John Alcock）和布朗（Arthur Brown）以一架改裝過的維克斯維米式轟炸機，第一次不間斷地飛越大西洋。

1919年6月25日 德國容克斯F.13型客機首飛。

1919年6月28日 凡爾賽條約禁止德國擁有空軍。

德國多尼爾海豚式水上飛機1920年11月24日首飛。

1919年7月2日 英國R-34型飛船成為首架橫越大西洋的飛船,在空中飛行時間超過108個小時。

1919年10月 荷蘭福克(Fokker)F.II型(高翼)單翼機首飛(參見第68頁圖說)。

1919年10月 英國維克斯維京式(Viking)水陸兩用機首飛。

1919年10月7日 荷蘭皇家航空公司(Royal Dutch Airlines;KLM)成立。

1919年11月 法國布萊里奧-斯帕德27型客機首飛。

1919年11月16日 瑞格里(Henry Wrigley)上尉和墨菲(Arthur Murphy)中尉成為首度橫越澳大利亞的飛行員,以B.E.2e型雙翼機從墨爾本到達爾文,總共耗時46小時。

1919年12月1日 德國DELAG往來腓特烈港與柏林之間的飛船服務遭盟國管制委員會(Allied Control Council)勒令中止。

1919年12月2日 英國亨德利‧佩吉W.8型雙翼客機(特製專用機)首飛(參見第69頁圖說)。

1919年12月5日 哥倫比亞航空公司(Aerovias Nacionales de Colombia SA;Avianca)成立。截至本書執筆為止,保有全世界連續服務的最長紀錄(歷史最久的荷航在二次世界大戰時因荷蘭被納粹併吞而一度停業)。

1919年12月27日 美國波音B-1型水上飛機首飛。

第一次世界大戰的需求對航空業造成巨大的推動力,進而刺激技術突飛猛進、優秀飛行員輩出,民航的快速發展階段已經準備就緒。先驅飛行員屢創距離紀錄、客機蓬勃發展,各條航線陸續建立。

1920年 在美索不達米亞的部落起義中,四支英國皇家空軍中隊飛行超過4,000小時,投下大約98噸的炸彈,總共失去16名機組人員和11架飛機。

1920年2月7日 法國人勒孔特(Joseph Sadi-Lecointe)以一架紐波特-德拉吉29型戰鬥機締造飛行時速的世界紀錄──275.22公里。

1920年3月29日 法爾曼F.60哥利亞式客機進軍法國勒布爾熱-克羅伊登(Le Bourget–Croydon)航線。該款機型稱霸歐洲航空業十年。

1920年6月4日 美國陸軍航空勤務隊(US Army Air Service)成立。

1920年8月1日 英國費爾雷IIID型偵察機首飛。

1920年9月~10月 土耳其爆發恰納克危機(Chanak Crisis)。在一觸即發的情勢中,小型皇家空軍部隊穩定了局面。

1920年11月24日 德國多尼爾海豚式(Dornier Delphin)水上飛機首飛。

1920年12月12日　法國布萊里奧-斯帕德33型客機首飛。

1920年12月14日　英國定期商業航班首度發生致命事故，一架亨德利‧佩吉O/400型飛機在濃霧中墜毀於克里克伍德（Cricklewood），兩名機組人員和六名乘客中的兩名乘客不幸身亡。

1921年　美國道格拉斯（Douglas）飛行器公司成立。

1921年4月19日　英國休特N.3克羅馬蒂式（Cromarty）水上飛機首飛。

1921年6月~7月　美軍米契爾（Billy Mitchell）執行馬丁（Martin）MB-2型轟炸機的試驗，在20分鐘內就將老舊的德國戰艦東菲士蘭號（Ostfriesland）擊沉。

1921年8月24日　英國R-38型飛船在飛行中解體，造成44人死亡。

1921年10月　英國布萊克本飛鏢式（Dart）魚雷轟炸機首飛。

1921年12月1日　美國海軍固特異-固力奇（Goodyear Goodrich）C7型飛船首飛。

1922年2月~3月　英國皇家空軍參與鎮壓伊拉克的叛亂。

1922年3月26日　英國德哈維蘭DH.34型客機首飛。

1922年4月7日　兩架民航客機首次在空中相撞。一架戴姆勒航空公司的DH.18A型飛機在法國蒂約盧瓦聖安托萬（Thieuloy-Saint-Antoine）上空，與格蘭德快捷航空公司（Grands Express Aériens）的法爾曼哥利亞式飛機發生碰撞，機上七人全部罹難。

1922年5月　法國寶璣19型轟炸機首飛。

1922年8月22日　英國維克斯維多利亞式（Victoria）轟炸機首飛。

1922年9月27日　美國安納卡斯蒂亞（Anacostia）的海軍飛機無線電實驗室首度展示雷達特徵。

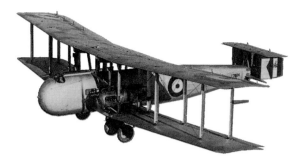

英國維克斯維多利亞式轟炸機1922年8月22日首飛。

1922年10月13日　美國柯蒂斯R.6競速者式（Racer）飛機首飛。

1922年10月23日　美國螺旋槳公司（American Propeller Company）展示一種反距螺旋槳（reversible pitch propeller）。

1922年11月6日　德國多尼爾Do J鯨式（Wal）水上飛機首飛。

1922年11月11日　法國艾蒂安‧厄米琴二號直升機（Etienne Oehmichen No.2）首飛。

1922年11月18日　法國地瓦丁（Dewoitine）D.1型戰鬥機首飛。

1922年11月24日　英國維克斯維吉尼亞式（Virginia）轟炸機首飛。

1922年11月28日　英國費爾雷鶲式（Flycatcher）戰鬥機首飛。

1922年12月2日　英國亨德利‧佩吉W.8型客機首飛。

英國費爾雷鶲式戰鬥機1922年11月28日首飛。

1923年 英國格羅斯特鷺鷈式（Gloster Grebe）戰鬥機首飛。

1923年1月9日 英國切爾瓦C.4型旋翼機（Gyroplane）首飛。

英國切爾瓦C.4型旋翼機1923年1月9日首飛。

1923年3月 英國費爾雷幼鹿II式（Fawn II）轟炸機首飛。

1923年3月5日 蘇聯出生的塞考斯基1919年移居美國，四年後成立塞考斯基航空工程公司（Sikorsky Aero Engineering Corporation）。

1923年4月29日 美國波音PW-9型戰鬥機首飛。

1923年5月2日～3日 美國陸軍航空勤務隊的凱利（Oakley G. Kelly）中尉和麥克瑞迪（John A. Macready）中尉首度以不間斷的飛行方式橫越美國。

1923年5月7日 英國阿姆斯壯-惠特沃斯的金翅雀III式（Siskin III）戰鬥機首飛。

英國阿姆斯壯-惠特沃斯的金翅雀式III型戰鬥機
1923年5月7日首飛。

1923年5月14日 美國柯蒂斯PW-8型戰鬥機首飛。

1923年6月 義大利飛雅特（Fiat）B.R.1型轟炸機首飛。

1923年6月 英國超級馬林（Supermarine）海鷹式（Sea Eagle）水上飛機首飛。

1923年6月2日 美國波音FB型戰鬥機首飛。

1923年6月27日～28日 美國陸軍航空勤務隊展示空中加油。

1923年7月30日 英國德哈維蘭DH.50型運輸機首飛。

1923年8月22日 美國巴林（Barling）XNBL-1型轟炸機首飛。

1923年8月23日 蘇聯波利卡爾波夫（Polikarpov）I-1型（IL-400型）戰鬥機首飛。

1923年9月4日 美國海軍仙納度號（Shenandoah）飛船首飛（使用氦氣升空）。

美國仙納度號飛船1923年9月4日首飛。

1923年9月9日 美國柯蒂斯R2C-1型競速機首飛。

1923年10月2日 英國德哈維蘭DH.53型競速機首飛。

1923年11月4日 美國海軍以柯蒂斯R2C-1型競速機締造飛行時速的世界紀錄——429.96公里。

1924年 義大利號（Italia）與挪威號（Norge）飛船首飛。

1924年 美國道格拉斯O-2系列機型首飛。

1924年 美國海軍DT-2魚雷轟炸機首度環球飛行。

1924年3月31日 英國帝國航空公司（Imperial Airways）成立。

1924年5月 荷蘭福克C.V型偵察機首飛。

1924年7月 英國格羅斯特鬥雞式（Gamecock）戰鬥機首飛。

1924年7月1日 從舊金山到紐約的每日郵件航班開始運作。

1924年10月15日 美國齊柏林公司將洛杉磯號（Los Angeles）飛船交付美國海軍。

1925年 義大利薩伏依-馬爾凱蒂（Savoia-Marchetti）S.55型水上飛機首飛。

1925年 英國超級馬林南安普敦式（Southampton）水上飛機首飛。

1925年 義大利卡普羅尼Ca.73型轟炸機首飛。

1925年 法國空軍參與鎮壓敘利亞叛軍。

1925年 法國空軍參與鎮壓摩洛哥叛軍。

1925年1月3日 英國費爾雷狐式（Fox）戰鬥機首飛。

1925年2月 德國多尼爾水星式（Merkur）客機首飛。

1925年4月13日 亨利·福特（Henry Ford）在底特律–密西根–芝加哥航線上首度開啟定期的航空貨運服務。

1925年5月10日 英國阿姆斯壯-惠特沃斯亞特拉斯式（Atlas）軍機首飛。

1925年6月 法國利奧雷-奧利維耶（Lioré et Olivier）LeO 20型轟炸機首飛。

1925年7月6日 美國道格拉斯DAM-1型郵政機首飛。

1925年7月7日 美國波音40型郵政機首飛。

1925年7月29日 法國布萊里奧155型客機首飛。

1925年9月3日 美國海軍仙納度號飛船墜毀，14人罹難。

1925年9月4日 荷蘭福克VII型客機首飛。

1925年11月24日 蘇聯圖波列夫TB-1（ANT-4）型轟炸機首飛。

1926年 英國亨德利·佩吉海德拉巴式（Hyderabad）轟炸機首飛。

1926年 法國法爾曼F.170賈比魯式（Jabiru）客機首飛。

1926年 美國沃特（Vought）O2U海盜式（Corsair）偵察機首飛。

法國法爾曼F.170賈比魯式客機1926年首飛。

1926年1月6日 德國漢莎航空公司（Lufthansa）成立。

1926年3月16日 英國阿姆斯壯-惠特沃斯大船式（Argosy）運輸機首飛。

英國阿姆斯壯-惠特沃斯大船式運輸機
1926年3月16日首飛。

1926年3月19日 英國費爾雷IIIF型偵察機首飛。

1926年5月9日 飛機首度飛越北極。

1926年5月11日～14日 挪威的阿蒙森（Roald Amundsen）探險隊首度以飛船飛越北極。

1926年6月11日 美國福特4-AT三引擎（Trimotor）運輸機首飛。

1926年6月19日 英國布萊克本虹彩式（Iris）水上飛機首飛。

1926年6月30日～10月1日 英國人科巴姆（Alan Cobbham）完成首度往返英國與澳洲的航程。

1926年7月1日 一架英國布萊克本飛鏢式機首度在夜間降落於航空母艦HMS「激情號」。

1926年9月30日 英國德哈維蘭DH.66海克力斯式（Hercules）客機首飛。

1926年9月30日 德國多尼爾Do R超級鯨式（Super Wal）水上飛機首飛。

福特5-AT三引擎運輸機 1928年夏季首飛

發動機：三具420馬力的普惠黃蜂SC-1型引擎

主要角色：短／中程客機

尺寸：翼展23.72公尺；機身長15.32公尺

酬載量：17名乘客／5,317公斤的貨物

重量：滿載19,732公斤

速度：巡航時速196公里

航程：885公里

機組員：2人

變異型：2-AT～13-A

　　1920年代的經典機款。三引擎運輸機的演進歷程如下：從具有高翼懸臂金屬設計與波紋金屬蒙皮的2-AT普爾曼式（Pullman），到成效不彰的3-AT型（用三具無罩星型引擎取代單一的直列式引擎），再到經過改良、於1926年6月首飛的4-AT型。

　　4-AT型總共建造了84架，採用200馬力的萊特J-4星型引擎，可搭載兩名機組人員和8～12名乘客。更強大的5-AT型有更長的翼展、更多的座位，總共建造了117架。綽號為「錫麗茲」（Tin Lizzie）或「錫鵝」（Tin Goose）的三引擎運輸機，在1930年代為許多美國航空公司及拉丁美洲、墨西哥和阿拉斯加的營運業者提供飛行服務。

1926年10月　美國沃特FU型戰鬥機首飛。

1926年10月27日　法國布萊里奧165型客機首飛。

1926年11月3日　美國波音F2B-1型戰鬥機首飛。

1927年　美國柯蒂斯A-3隼式（Falcon）戰機首飛。

1927年　美國楔石式（Keystone）轟炸機系列首飛。

1927年　英國霍克霍斯利式（Hawker Horsley）轟炸機首飛。

1927年　美國柯蒂斯B-2兀鷹式（Condor）轟炸機首飛。

1927年2月28日　美國柯蒂斯F7C海鷹式（Seahawk）戰鬥機首飛。

1927年3月　英國韋斯特蘭麋鹿式（Westland Wapiti）多用途軍機首飛。

1927年3月2日　美國波音F3B-1型戰鬥機首飛。

1927年3月5日　英國比爾德莫爾堅毅式（Beardmore Inflexible）轟炸機首飛。

1927年3月14日　泛美航空公司成立。

1927年5月17日　英國布里斯托鬥牛犬式（Bulldog）戰鬥機首飛。

1927年5月20日　卡爾（Charles R. Carr）上尉與吉爾曼（Leonard Gillman）上尉駕駛霍克霍斯利式轟炸機締造飛行距離的世界紀錄——5,505公里。

1927年5月20日～21日　林白完成獨自飛越大西洋的壯舉，航程5,778公里、耗時33小時39分鐘。

美國「聖路易斯精神號」（瑞恩NYP：New York to Paris）單翼機1927年5月20日～21日首度完成單人飛越大西洋的紀錄。

1927年7月17日　美國海軍陸戰隊的DH.4飛機，在尼加拉瓜海軍陸戰隊駐防地周圍俯衝轟炸敵軍。

1927年7月29日　英國切爾瓦C.6D型旋翼機首飛。

1927年10月14日～15日　飛機首度不間斷地飛越南大西洋。

1928年　美國柯蒂斯P-6型戰鬥機首飛。

1928年　美國波音80型客機首飛。

1928年2月　美國波音F3B型戰鬥機首飛。

1928年2月15日　英國休特加爾各答式（Calcutta）水上飛機首飛。

1928年2月26日　德國梅塞施密特M.20型客機首飛。

1928年3月30日　義大利上校貝爾納迪（Mario de Bernardi）駕駛馬基（Macchi）52bis水上飛機締造飛行時速的世界紀錄——512.69公里。

1928年4月　英國維克斯牛羚式（Vildebeest）魚雷轟炸機首飛。

1928年5月15日　澳洲飛行醫生服務隊（Australian Flying Doctor Service）設立。

1928年5月23日　在義大利將軍諾比爾（Umberto Nobile）的指揮下，義大利號飛船試圖飛越北極，但在回程途中墜毀。趕赴救援的挪威探險家阿蒙森不幸罹難，但諾比爾將軍生還。

1928年夏季　福特5-AT三引擎運輸機首飛。

1928年6月　英國霍克哈特式（Hart）雙翼機首飛。

英國霍克哈特式雙翼機1928年6月首飛。

1928年6月11日　德國鴨式（Ente）滑翔機成為第一架火箭驅動的飛機。

1928年6月25日　美國波音F4B型戰鬥機首飛。

1928年6月25日　美國塞考斯基（Sikorsky）S-38型水陸兩用機首飛。

1928年9月18日　德國齊柏林LZ-127「齊柏林伯爵號」飛船首飛。

1928年10月11日　德國飛船LZ-127「齊柏林伯爵號」飛越北大西洋。

1928年11月14日　英國費爾雷長距單翼機（Long Range Monoplane）首飛。

1928年12月　美國波音95型郵政飛機首飛。

1928年12月20日　澳大利亞人威爾金斯（Hubert Wilkins）和艾爾森（Carl Ben Eielson）飛越南極。

1928年12月20日　波蘭波德拉謝飛機廠（Podlaska Wytwórnia Samolotów）PWS.5型聯絡機首飛。

1928年12月23日～1929年2月25日　英國皇家空軍的八架維克斯維多利亞式運輸機和一架亨德利·佩吉希奈迪式（Hinaidi）轟炸機，在部落騷亂中從阿富汗的喀布爾撤離586人。

美國波音P-12型戰鬥機1929年4月首飛。

多尼爾Do X型水上飛機 1929年7月25日首飛

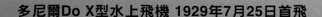

發動機：12具600馬力的柯蒂斯-萊特（Curtiss-Wright）征服者型（Conqueror）引擎

主要角色：客機

尺寸：翼展48公尺；機身長40公尺

酬載量：100名乘客

重量：滿載56,000公斤

速度：巡航時速190公里

航程：1,700公里

機組員：5人

總產量（所有型式）：3架

Do X型水上飛機於1929年10月21日首次商業飛行時，載有十名機組人員、150名乘客和九名偷渡者，是當時世界上最大的飛機。原本裝設12具西門子-布里斯托（Siemens-Bristol）木星型（Jupiter）引擎，但因為冷卻問題而改用征服者型引擎；第二型與第三型則採用飛雅特引擎。1930年11月2日，一架Do X從腓特烈港前往紐約，中間經過英格蘭、葡萄牙、加納利群島和巴西，歷時將近十個月，途中需要兩次維修。這款水上飛機從未在德國漢莎航空公司擔當全面性的服務。二戰期間，全數毀於轟炸。

1929年 蘇聯圖波列夫ANT-9型客機首飛。

1929年 英國R100型飛船升空。

1929年 美國航空母艦「薩拉托加號」（Saratoga）在海軍演習中成功「襲擊」巴拿馬運河。

1929年1月1日 LOT波蘭航空公司成立。

1929年4月 美國波音P-12型戰鬥機首飛。

1929年7月3日 美國海軍高登（A. W. Gordon）上尉成功將一架改裝過的沃特VO-I型雙翼偵察機鉤上洛杉磯號飛船。

1929年7月25日 德國多尼爾Do X型水上飛機首飛。

1929年8月8日～29日 德國LZ-127「齊柏林伯爵號」成為第一架環球飛行的飛船。

1929年9月25日 波蘭國家航空工程（PZL）P.1型戰鬥機首飛。

1929年9月27日～29日 法國飛行員科斯特（Dieudonné Costes）與貝隆特（Maurice Bellonte）駕駛寶璣19型轟炸機「超級比登」（Super Bidon）締造飛行距離的世界紀錄——7,905公里。

1929年9月28日 美國團結准將式（Consolidated Commodore）水上飛機首飛。

1929年11月6日 德國容克斯G.38型運輸機首飛。

1929年11月28日～29日 美國上尉伯德（Richard E. Byrd）和三位同伴首度飛越南極。

1930年1月 美國道格拉斯Y1B-7型轟炸機首飛。

1930年4月29日 蘇聯波利卡爾波夫I-5型戰鬥機首飛。

1930年5月5日～24日 英國人艾米·強森（Amy Johnson）成為首位從英國飛抵澳洲的女性。

1930年5月6日 美國波音200型單翼郵政機（Monomail）首飛。

1930年5月15日 艾倫·丘奇（Ellen Church）成為世界上第一位空姐，她首次執勤是在波音航空運輸公司的舊金山–夏安（Cheyenne）航線。

1930年6月12日 英國亨德利·佩吉海福德式（Heyford）轟炸機首飛。

1930年7月16日 美國跨大陸與西部航空公司（Transcontinental and Western Air；為環球航空Trans World Airlines的前身，簡稱TWA）成立。

1930年7月29日 英國R101型飛船在英格蘭與加拿大之間首次載客飛行（參見第78頁專欄）。

1930年9月24日 英國休特仰光號（Rangoon）水上飛機首飛。

英國休特仰光號水上飛機1930年9月24日首飛。

1930年10月5日 R101從英國飛往埃及與印度途中墜毀，機上54人僅六人生還。

1930年10月13日 德國容克斯Ju 52型運輸機首飛。

1930年11月14日 英國亨德利·佩吉H.P.42型客機首飛（參見第79頁專欄）。

1930年11月25日 英國費爾雷亨頓式（Hendon）轟炸機首飛。

英國費爾雷亨頓式轟炸機1930年11月25日首飛。

R101型飛船 1930年7月29日首飛

發動機：五具比爾德莫爾龍捲風（Tornado）柴油引擎

主要角色：客機

尺寸：長236.95公尺；高42.4公尺；寬40.16公尺

酬載量：100名乘客

　　R101型的建造計畫於1924年首次提出，英國政府意圖打造一架能與R100商業飛船相匹敵的大型長程飛船：可搭載100名乘客，希望連結整個大英帝國。R101由空軍部在貝德福（Bedford）附近的卡丁頓（Cardington）建造，鋁梁骨架上覆蓋一層塗料織布的外殼。其高度是波音747的兩倍，其長度超過三倍，整個外層織物的面積達20,234平方公尺。

　　1929年，飛船進行徹底的改造設計以解決幾個生產問題：引擎證實比原先計畫更為沉重無力，必須降低酬載負荷，並增加氣囊；氣囊被剛性金屬框架磨損，導致氣體外洩；為了增加容量與上升力，氣囊必須繫得鬆散一點。

　　R101原本預計1930年秋季開啟前往印度的正式航班，但只在10月1日進行了一次試飛。儘管機頭有過重的疑慮，再加上一具引擎故障，它仍然於10月4日從卡丁頓飛往巴基斯坦喀拉蚩。接近法國波威（Beauvais）時，機頭部位的織布在惡劣天候中撕裂，導致氣囊破損造成機頭下垂。為了防止機頭損壞，引擎降低運轉速度，結果造成升力不足，進而發生致命的機頭俯衝。

　　R101於10月5日凌晨2時9分墜毀，接觸地面時縮疊擠壓並起火燃燒。機上54人中有46人當場死亡，另外兩人送醫後不治。部分鋁框零件保留下來，後來用於建造興登堡號。

亨德利・佩吉H.P.42型客機 1930年11月14日首飛

發動機：四具555馬力的布里斯托木星XBFM型引擎

主要角色：短程／中程客機

尺寸：翼展39.62公尺；機身長27.36公尺

酬載量：38名乘客

重量：滿載13,381公斤

速度：巡航時速161公里

航程：805公里

機組員：4人

總產量（所有型式）：8架

變異型：H.P.42E

　　H.P.42為金屬結構，後機身和飛行面覆蓋織布，機翼改用華倫式桁架（Warren truss）支撐而非鋼絲。下翼梁並未穿入機艙，而是由上方越過，內側的角度向上傾斜。

　　這款專為英國帝國航空公司開發的客機於1930年11月首飛，設計著重小酬載量的舒適性與可靠性，而非速度和高乘載量。四架配置490馬力木星XIF型引擎的H.P.42E負責飛行帝國航空公司的東方航線，前艙搭載六名乘客（後來增為12名）、後艙搭載12名，中間隔有14立方公尺的行李／郵件空間。另外四架H.P.42W為歐洲航線提供服務，前載18名乘客、後載20名乘客，行李空間為7立方公尺。

1930年12月22日　蘇聯圖波列夫TB-3（ANT-6）型轟炸機首飛。

1931年　德國阿拉多（Arado）Ar 65型戰鬥機首飛。

1931年　蘇聯別里耶夫（Beriev）MBR-2型海上偵察機首飛。

1931年　美國塞考斯基S-40型水陸兩用機首飛。

1931年　美國柯蒂斯-萊特F9C雀鷹式（Sparrow-hawk）戰鬥機首飛。

1931年3月3日　英國費爾雷高登（Gordon）轟炸機首飛。

1931年3月20日　齊柏林伯爵號飛船在巴西與德國之間開啟定期航班。

美國柯蒂斯-萊特雀鷹式戰鬥機1931年首飛。

1931年3月25日 英國霍克怒火I式（Fury I）戰鬥機首飛。

1931年4月 美國波音B-9型轟炸機首飛。

1931年4月13日 美國波音215型轟炸機首飛。

1931年5月26日 美國團結P2Y型海上巡邏機首飛。

1931年6月 美國柯蒂斯-萊特伯勞鳥式（Shrike）攻擊機首飛。

1931年7月1日 美國聯合航空（United Airlines）成立。

1931年8月 波蘭國家航空工程（PZL）P.11型戰鬥機首飛。

1931年9月 德國漢克（Heinkel）59型轟炸機首飛。

1931年9月20日 英國霍克寧錄式（Nimrod）戰鬥機首飛。

1931年9月29日 英國上尉史坦福斯（George H. Stainforth）駕駛超級馬林S.6B型水上飛機締造最高飛行時速的世界紀錄——654.9公里。

1931年10月18日 美國格魯曼（Grumman）F2F型戰鬥機首飛。

1931年10月26日 英國德哈維蘭虎蛾式（Tiger Moth）教練機首飛。

義大利飛雅特CR.32型戰鬥機1932年首飛。

1932年 義大利飛雅特C.R.32型戰鬥機首飛。

1932年 義大利卡普羅尼Ca.133型運輸機首飛。

1932年 美國航空母艦「萊辛頓號」（Lexington）和「薩拉托加號」在演習中升空了152架飛機，成功「突襲」珍珠港。

1932年2月24日 美國陸軍航空兵團（US Army Air Corps）向美國海軍索取25台諾頓（Norden）Mk XV型投彈瞄準器。

1932年3月 德國容克斯Ju 52/3m型運輸機首飛。

1932年3月20日 美國波音P-26型「玩具槍」（Peashooter）戰鬥機首飛。

美國波音P-26型「玩具槍」戰鬥機1932年3月20日首飛。

容克斯Ju 52/3m型運輸機 1932年3月首飛

發動機：三具830馬力的BMW 132T-2型引擎

主要角色：中型運輸機

尺寸：翼展29.2公尺；機身長18.9公尺

武器裝備：機背一挺口徑7.9公厘的MG 15機槍（或13公厘的MG 131機槍）；（選配）前上方及兩側位置各一挺7.9公厘的MG 15機槍

酬載量：18名武裝士兵或12副擔架

重量：空機6,500公斤；滿載11,030公斤

速度：高度1,400公尺時最高時速286公里；巡航時速257公里

航程：1,500公里

機組員：3人

總產量（所有型式）：4,850架

從綽號「容克大嬸」（Tante Ju）的Ju 52/3m g3e發展到g7e的變異型，幾乎在二戰期間每個戰區的每場戰役都能見到其蹤影。它是德軍的運輸主力，在入侵低地國、法國、挪威及克里特島的過程中損失慘重。戰爭後期也作為補給之用，並在史達林格勒與突尼西亞戰役中用於疏散人員。

蘇聯將史達林格勒的80架戰利品投入準軍事的俄羅斯航空（Aeroflot）服務。Ju 52在戰後同時作為軍用和民用的運輸工具，事實上，戰後的生產型號轉變為法國的AAC.1巨嘴鳥（Toucan）及西班牙的航空建造公司（CASA）352型。

1932年3月26日　俄羅斯航空啟航。

1932年4月27日　英國帝國航空公司開啟英國克羅伊登與南非開普敦之間的定期航班。

1932年5月20日～21日　美國的愛蜜莉亞·艾爾哈特（Amelia Earhart）成為首位獨自飛越北大西洋的女性。

1932年5月26日　法國法爾曼F.222型轟炸機首飛。

1932年6月6日　英國阿姆斯壯-惠特沃斯亞特蘭大式（Atlanta）客機首飛。

1932年6月18日　法國地瓦丁D.500戰鬥機首飛。

1932年6月30日　英國休特薩拉凡德式（Sarafand）水上飛機首飛。

1932年8月13日　美國格蘭維爾兄弟吉比式（Granville Brothers Gee Bee）R1型競速機首飛。

1932年8月18日　瑞士人皮卡德（Auguste A. Piccard）和寇辛斯（Max Cosyns）在瑞士升空，締造氣球飛行高度的世界紀錄──16,201公尺。

1932年9月　德國福克-沃爾夫Fw 44型教練機首飛。

1932年11月　德國漢克He 51型戰鬥機首飛。

德國漢克He 51型戰鬥機1932年11月首飛。

1932年11月4日　美國比奇17型交錯翼飛機（Staggerwing）首飛。

1932年11月14日～18日　英國女子艾米·強森創造新的單飛紀錄：以4天6小時54分鐘，從英國林普尼（Lympne）飛抵南非開普敦。

1932年～1933年　祕魯和哥倫比亞之間因為萊蒂西亞（Leticia）地區的爭端產生軍事衝突。美國與歐洲的各種飛機被廣泛使用。

1932年～1935年　玻利維亞和巴拉圭之間的查科戰爭（Chaco War）使用大量的空中武力。玻利維亞主要採用義大利的飛機，巴拉圭則以美國和德國的機款為主。

截至1933年，美國出現四家強大的航空公司：波音擁有的聯合航空主導北方航線；環球航空經營中央航線；美國航空經營南方航線；東方航空（Eastern Air Lines）往返紐約與佛羅里達之間。

1933年2月8日　美國波音247D型客機首飛。

1933年4月4日　美國海軍的阿克倫號（Akron）飛船在紐澤西沿岸墜海，造成73人死亡。

1933年5月14日　美國格魯曼JF和J2F鴨式（Duck）水陸兩用機首飛。

1933年6月22日　蘇聯圖波列夫ANT-25型轟炸機首飛。

1933年6月23日　美國海軍的馬坎號（Macan）飛船首飛。

1933年7月　美國柯蒂斯F-12C-1型戰鬥機首飛。

1933年7月1日　美國道格拉斯DC-1型客機首飛。

1933年7月15日　由義大利將軍巴爾博（Italo Balbo）指揮的24架水上飛機在世界博覽會中降落於密西根湖。這趟橫越大西洋的航程分成幾個階段進行，總共耗時14天。

1933年7月15日～22日　美國人波斯特（Wiley Post）駕駛洛克希德織女星式（Vega）單翼客機，首度獨自完成環球飛行，航程總計25,099公里。

1933年9月11日　法國寶璣521型比塞特（Bizerte）水上偵察機首飛。

1933年9月28日　法國人勒莫恩（Gustave Lemoine）駕駛波特茲（Potez）50型軍機締造飛行高度的世界紀錄──13,661公尺。

1933年10月　蘇聯波利卡爾波夫I-15/153型戰鬥機
首飛。

1933年10月31日　法國航空公司成立。它是由幾家
小型航空公司合併而成，繼承了35種機款259架
飛機。

1933年12月　美國波音斯提爾曼式（Stearman）
教練機首飛。

1933年12月30日　蘇聯波利卡爾波夫I-16（TsKB-
12）型戰鬥機首飛。

1934年　義大利薩伏依-馬爾凱蒂SM.79雀鷹式
（Sparviero）轟炸機首飛。

1934年　荷蘭福克C.X型偵察機首飛。

蘇聯波利卡爾波夫I-16型戰鬥機1933年12月30日首飛。

波音247D型客機 1933年2月8日首飛

發動機：兩具550馬力的普惠黃蜂S1H-1G型
引擎

主要角色：中程客機

尺寸：翼展22.56公尺；機身長15.72公尺

酬載量：10名乘客

重量：滿載6,190公斤

速度：巡航時速304公里

航程：1,200公里

機組員：3人

總產量（所有型式）：75架

247型機於1933年2月首飛，全金屬及低翼懸臂的單翼機配置、收放式起落架，以及機翼前緣的氣動除冰套，徹底改變了客機的設計。波音航空運輸公司（後來併入聯合航空公司）取得60架同款飛機，其中15架轉給其他航空公司與個人。較早的型號後來經過改裝以匹配247D型，具有向後傾斜而非前傾的擋風玻璃、可變距螺旋槳，以及低阻力的NACA引擎整流罩。然而，該設計欠缺日後成為標準配備的後緣襟翼，而且對許多航空公司而言很快就顯得太小了。

1934年 美國塞考斯基S-42型水上飛機首飛。

1934年2月 德國戈塔Go 145型教練機首飛。

1934年2月1日 南非航空公司（South African Airways）啟航。

1934年2月7日 義大利亞得里亞海聯合造船廠（Cantieri Riuniti dell'Adriatico, CRDA）坎特（Cant）Z.501型水上飛機首飛。

1934年2月17日 紐西蘭與澳洲之間首次航空郵件的空運飛行，耗時14小時10分鐘。

1934年4月 法國阿米奧特（Amiot）143型轟炸機首飛。

1934年4月 美國柯蒂斯-萊特海鷗式（Seagull）水上偵察機首飛。

1934年4月17日 英國德哈維蘭DH.89速龍式（Dragon Rapide）客機首飛。

義大利薩伏依-馬爾凱蒂S.73型客機1934年7月4日首飛。

英國格羅斯特格鬥士式戰鬥機1934年9月12日首飛。

英國德哈維蘭DH.89速龍式客機1934年4月17日首飛。

1934年4月17日 英國費爾雷劍魚式（Swordfish）轟炸機首飛。

1934年5月13日 美國航空公司成立。

1934年5月19日 蘇聯圖波列夫ANT-20高爾基式（Maxim Gorky）運輸機首飛。

1934年7月4日 義大利薩伏依-馬爾凱蒂S.73型客機首飛。

1934年7月4日 美國達美航空公司（Delta Air Lines）啟航。

1934年9月12日 英國格羅斯特格鬥士式（Gladiator）戰鬥機首飛。

1934年9月12日 英國霍克雌鹿式（Hind）轟炸機

首飛。

1934年9月28日 德國漢莎航空載運了第一百萬名乘客。

1934年10月7日 蘇聯圖波列夫SB-1/SB-2（ANT-40）型轟炸機首飛。

1934年11月4日 德國容克斯Ju 86型轟炸機首飛。

1934年12月30日 美國馬丁M-130型水上飛機首飛。

1935年 蘇聯伊留申Il-4型轟炸機首飛。

1935年 美國塞維爾斯基（Seversky）P-35型戰鬥機首飛。

1935年 蘇聯雅克列夫UT-2型教練機首飛。

1935年 義大利薩伏依-馬爾凱蒂SM.81蝙蝠式（Pipistrello）轟炸機首飛。

1935年1月 美國道格拉斯TBD-1毀滅者式（Devastator）魚雷轟炸機首飛。

1935年1月7日 英國阿夫羅安森式（Anson）教練機首飛。

1935年1月17日 法國拉提克埃爾（Latécoère）521、522、523型客機首飛。

1935年2月4日　日本三菱A5M型「克勞德」（Claude）戰鬥機首飛。

1935年2月12日　美國海軍馬坎號飛船在加州沿岸墜海，兩名機組人員身亡。

1935年2月24日　德國漢克He 111型轟炸機（參見第86頁專欄）首飛。

1935年3月9日　德國宣布建立新的國家空軍（Luftwaffe）。

馬丁M-130型水上飛機 1934年12月30日首飛

發動機：四具800馬力的普惠R-1830雙黃蜂型引擎

主要角色：長程客機

尺寸：翼展39.62公尺；機身長27.7公尺

酬載量：43名乘客

重量：滿載23,702公斤

速度：巡航時速253公里

航程：5,150公里

總產量（所有型式）：3架

　　這是美國製造的第一架具有機翼形狀之海翼與機側浮緣（Sponson，提供水面穩定性）的水上飛機，另外還有附加油箱與升力面（lifting surface）。全金屬構造的機款，專為泛美航空的跨太平洋航線所設計。

　　1934年12月30日，由「中國快艇號」（China Clipper）完成首飛。這架飛機打破了19項國際紀錄，包括1935年11月22日至12月6日途經檀香山、中途島、威克島和關島，從舊金山飛抵馬尼拉，首度執行從美國到菲律賓的郵件往返航班。

　　「菲律賓快艇號」（Philippine Clipper）與「夏威夷快艇號」（Hawaii Clipper）分別於1935年12月9日、1936年5月2日投入泛美航空的服務。「夏威夷快艇號」於1936年10月開啟客運服務，卻於1938年7月28日在關島與馬尼拉之間失蹤。

　　剩下的兩架M-130一直在泛美航空服役，直到1942年由美國海軍接收。兩架飛機在二戰期間被摧毀。

漢克He 111型轟炸機 1935年2月24日首飛

發動機：（111H-16）兩具1,350馬力的容克斯巨魔（Jumo）211F-2型引擎

主要角色：（111H-16）中型轟炸機

尺寸：（111H-16）翼展22.6公尺；機身長16.4公尺

武器裝備：（111H-16）機頭一門口徑20公厘的MG FF機砲，機脊艙口一挺13公厘的MG 131機槍，橫杆位置一或兩挺7.9公厘的MG 81機槍，腹側吊艙兩挺7.9公厘的MG 81機槍；最高可掛載2,500公斤的炸彈

重量：（111H-16）空機8,690公斤；滿載14,000公斤

速度：（111H-16）最高時速435公里

航程：（111H-16）1,930公里

機組員：4～5人

總產量（所有型式）：7,300架

變異型：A～H、J、P、R、Z

He 111於1935年問世時偽裝成民用運輸機。早期的轟炸機版本則在1936年末開始服役，1937年首次在西班牙與禿鷹軍團（Condor Legion）作戰。

1939年9月前，帶有階梯式座艙的早期型號逐漸退出第一線任務，不過戰爭期間還是留在西班牙與土耳其的空軍服役。中國總共採用了十架He 111A-0型機。

He 111P及111H重設引擎的主要變異型出現在戰爭初期，隨後又服役於地中海與東方戰區。P型機的生產壽命很短，因為戴姆勒-賓士集團（Daimler-Benz）開始把重心放在戰鬥機引擎。111H後來在1942年還被用作對抗北極船團（Arctic convoys）的魚雷轟炸機；1944年6月21至22日在蘇聯波爾塔瓦（Poltava）的地面攻擊任務中，摧毀了將近60架美國戰鬥機和轟炸機。1944至1945年間，V-1飛彈由111H-22向英國發射。

美國團結PBY卡特琳娜式水上飛機1935年3月28日首飛。

1935年3月15日 德國多尼爾Do 18型水上飛機首飛。

1935年3月16日 德國展開大規模的重新武裝計畫。

1935年3月20日 美國格魯曼F3F型戰鬥機首飛。

1935年3月28日 美國團結PBY卡特琳娜式（Catalina）水上飛機首飛。

1935年4月 美國北美航空工業T-6德州佬式（Texan，又稱哈佛〔Harvard〕）教練機首飛。

1935年4月12日 英國布里斯托布倫亨式（Blenheim）轟炸機首飛。

英國布里斯托布倫亨式轟炸機1935年4月12日首飛。

1935年5月 美國柯蒂斯-萊特鷹式（Hawk）75型（P-36莫霍克〔Mohawk〕）戰鬥機首飛。

1935年5月8日 德國亨舍爾（Henschel）Hs 123型俯衝轟炸機首飛。

1935年5月18日 蘇聯ANT-20高爾基式運輸機與另一架飛機相撞後墜毀，造成56人死亡，這是截至當時世界上最嚴重的空難。

1935年5月28日 德國梅塞施密特Bf 109型戰鬥機首飛（參見第88頁專欄）。

1935年6月6日 法國寶機-多羅（Bréguet-Doraud）試驗型旋翼機首飛。

1935年6月19日 英國維克斯衛斯理式（Wellesley）轟炸機首飛。

1935年7月 日本三菱G3M型「尼爾」（Nell）轟炸機首飛。

1935年7月 美國道格拉斯SBD/A-24無畏式（Dauntless）轟炸機首飛。

1935年7月23日 第一份無線電測向（日後稱為雷達）的報告提交給英國防空研究委員會（Air Defence Research Committee）。

1935年7月28日 美國波音299型轟炸機首飛。

1935年7月28日 美國波音B-17空中堡壘式轟炸機首飛（參見第89頁專欄）。

1935年8月 美國道格拉斯B-18大刀式（Bolo）轟炸機首飛。

1935年8月8日 法國莫蘭-索尼耶MS.406型戰鬥機首飛。

航空事件時間表

1935年9月17日 德國容克斯Ju 87俯衝轟炸機首飛。

1935年10月3日 義大利入侵阿比西尼亞（衣索比亞），使用飛機近距離支援。

1935年11月6日 英國霍克颶風式戰鬥機首飛（參見第90頁專欄）。

德國容克斯Ju 87俯衝轟炸機1935年9月17日首飛。

梅塞施密特Bf 109型戰鬥機 1935年5月28日首飛

發動機：（109E-1）一具1,100馬力的戴姆勒-賓士DB 601A型引擎

主要角色：戰鬥機

尺寸：（109E-1）翼展9.87公尺；機身長8.64公尺

武器裝備：（109E-1）兩門口徑20公厘的MG FF機砲，兩挺7.9公厘的MG 17機槍

重量：（109E-1）空機2,005公斤；滿載2,505公斤

速度：（109E-1）最高時速570公里

航程：（109E-1）663公里

機組員：1人

總產量（所有型式）：30,500架

Bf 109在1937年的西班牙內戰中服役。它也參與了波蘭、挪威、低地國和法國的戰事，並積極涉入1940年的不列顛戰役（折損了610架戰機）。在北非和蘇聯侵略行動中服役，後來於東線戰場（Eastern Front）加入志願護衛空軍。數量最多的109G於1942年夏天在海峽戰線（Channel Front）中服役；後來在所有戰線中擔任各種角色——攔截、偵察和戰鬥轟炸。接近戰爭結束的最後幾個月，Bf 109犧牲慘重，但仍持續服役於芬蘭空軍直到1950年代。

B-17空中堡壘式轟炸機 1935年7月28日首飛

發動機：（B-17G）四具1,200馬力的萊特R-182-97型引擎

主要角色：（B-17G）高海拔重型轟炸機

速度：（B-17G）高度7,620公尺時最高時速486公里；巡航時速257公里

航程：（B-17G）5,470公里

重量：（B-17G）空機16,391公斤；滿載32,660公斤

尺寸：（B-17G）翼展31.62公尺；機身長22.78公尺

武器裝備：（B-17G）13挺口徑12.7公厘的白朗寧（Browning）機槍，裝設在機頭下部與前側、機腹、機背、機身中部及機尾位置；理論上炸彈掛載量最高可達7,900公斤，但在實際作戰任務中很少超過2,300公斤

機組員：10人

　　B-17是美國最著名的二戰轟炸機。B-17D於太平洋戰爭爆發之初在菲律賓服役，雖然有一半以上被日本的地面攻擊摧毀，其餘存留下來的加入菲律賓對澳洲的後衛部隊戰鬥行動。英國皇家空軍的空中堡壘I中隊於1941年7月正式亮相，但遭到德國戰鬥機的嚴重損傷。

　　有四架飛機隨後在中東進行夜間轟炸，其他則轉往海岸司令部執行海上偵察任務。B-17E初期在太平洋地區取代了D型機，但其實多數都在英國加入新組建的美國第八航空隊。首次出擊為1942年8月17日，對盧昂（Rouen）的駐軍地進行轟炸。

　　改良過的F型機很快就取代早期的型號，並於1943年1月對德國進行第一次攻擊，也裝備了位於義大利的美國第15航空隊。B-17G出現於1943年末，在機頭下方加裝一具雙槍砲塔。某些E型和F型機被拆卸改裝成無線電控制的BQ-17飛彈，於1944年夏季使用。B-17G在1943年末開始服役，很快成為同盟軍在歐洲進行日間轟炸攻擊的要角。1944年8月，B-17在美國陸軍航空兵團服役的數量達到4,574架的巔峰。

　　G型機主要使用於以英國為基地的軍團和義大利，另外也有擔任照相偵察的角色。英國皇家空軍的空中堡壘III中隊被海岸司令部用於海上偵察，也被轟炸機司令部用於無線電反制、情報與誘餌的任務。在戰後初期，B-17被美國海軍和美國海岸防衛隊作為預警機之用，該機型在國外也被廣泛使用。

霍克颶風式戰鬥機 1935年11月6日首飛

發動機：(Mk I) 一具1,030馬力的勞斯萊斯梅林 (Merlin) III型引擎

主要角色：戰鬥機

尺寸：(Mk I) 翼展12.19公尺；機身長9.73公尺

武器裝備：(Mk I) 八挺口徑7.7公厘的白朗寧機槍

重量：(Mk I) 空機2,118公斤；滿載2,993公斤

速度：(Mk I) 最高時速522公里

航程：(Mk I) 685公里

機組員：1人

總產量（所有型式）：14,232架

變異型：Mks I～IV、海颶風（Sea Hurricane）

　　Mk I型颶風戰鬥機於1937年晚期開始服役，在二次世界大戰前投入19個中隊。1939年10月30日，創下英國皇家空軍首次擊落敵機的紀錄；1940年8月8日，在不列顛戰役中開啟第一輪戰火。它可以說是英國皇家空軍在不列顛戰役期間的中流砥柱，囊括了多數的空中勝仗。其軍事行動擴及中東戰事（1940年秋天）、希臘與敘利亞戰役，以及遠東地區。芬蘭（1939～1940年）、比利時（1940年5月）和南斯拉夫（1941年4月）的空軍也使用了Mk I型。

　　1940年9月，改良過的Mk II型首次見於軍事行動。1941年，在倫敦大轟炸期間及跨英吉利海峽的掃射行動中，擔當夜間戰鬥機的角色。1941年8月，兩支中隊被派往北俄羅斯，飛機後來移交給蘇聯。Mk IIC型主要服役於英國基地（1942～1944年）；Mk IID型則在北非和緬甸使用，擔任坦克破壞與地面攻擊的角色。1943至1944年間，Mk IV型見於西西里島和義大利的軍事行動。總計有98支英國皇家空軍戰鬥機中隊採用了霍克颶風式機。

道格拉斯DC-3達科塔式運輸機 1935年12月17日首飛

發動機：兩具1,200馬力的普惠R-1830-92型引擎

主要角色：人員／貨物運輸機

尺寸：翼展28.9公尺；機身長19.63公尺

酬載量：4,536公斤／28名武裝士兵或18副擔架

重量：空機7,705公斤；滿載11,805公斤

速度：最高時速368公里；巡航時速296公里

航程：2,400公里

機組員：3人

總產量（所有型式）：10,349架（加上蘇聯與日本的產量）

變異型：空中列車（Skytrain；美國陸軍航空兵團為C-47，美國海軍為RD-4，英國皇家空軍為達科塔）、空騎兵（Skytrooper；美國陸軍航空兵團為C-53，美國海軍為R4D-3，英國皇家空軍為達科塔II）、空中霸王（Skymaster；美國陸軍航空兵團為C-54，美國海軍為R5-D）

該系列的飛機最初是以DC-3民航客機問世，其後以各種型態服役於每個戰區，成為同盟軍最重要的貨物與部隊運輸工具。該機型總共加入50支英國皇家空軍與大英國協（Commonwealth）的中隊，以及34支美國陸軍航空兵團。日本和蘇聯也使用了獲得授權製造的同款飛機。C-47/DC-3寫下戰後服役壽命的最長紀錄（包括柏林空運、韓國和越南），民用變異型至今仍持續使用。

1935年11月11日 史蒂芬斯（Albert W. Stevens）和安德森（Orvil A. Anderson）締造氣球飛行高度的世界紀錄──22,066公尺。

1935年12月17日 美國道格拉斯DC-3（C-47）達科塔式運輸機首飛。

1936年1月 美國沃特SB2U維護者式（Vindicator）俯衝轟炸機首飛。

1936年2月10日 義大利飛雅特B.R.20鸛式（Cicogna）轟炸機首飛。

1936年2月17日 澳洲國內線安捷航空（Ansett）開啟定期航班。

1936年3月 美國柯蒂斯-萊特SBC地獄俯衝者式（Helldiver）轟炸機首飛。

1936年3月4日 德國齊柏林LZ-129興登堡號飛船首飛（參見第92頁專欄）。

齊柏林LZ-129興登堡號飛船 1936年3月4日首飛

發動機：四具1,300馬力的戴姆勒-賓士LOF 6型引擎

主要角色：客機

尺寸：長245公尺

酬載量：50名乘客，後期可達72名

速度：秒速30.6公尺

航程：大約10,000公里

　　興登堡號是為了延續德國在跨大西洋航線上的霸主地位而開發。最初設計是採用可燃性較低的氦氣，但是在1930年代德國重建武力之後，世界主要氦氣供應國美國拒絕出售，興登堡號只好重新設計，改採用氫氣。1936年，興登堡號飛行航程超過300,000公里，完成17次跨越大西洋的商業往返（其中十次前往美國，七次前往里約熱內盧），總共載運2,800名乘客及170噸的郵件與貨物。

1936年3月5日　英國超級馬林噴火式戰鬥機首飛。

1936年3月10日　英國費爾雷巴特爾式（Battle）轟炸機首飛。

1936年3月17日　英國阿姆斯壯-惠特沃斯惠特利式（Whitley）轟炸機首飛。

1936年3月27日　荷蘭福克D.XXI型戰鬥機首飛。

1936年4月4日　德國費瑟勒（Fieseler）Fi 156鸛式（Storch）聯絡觀測機首飛。

1936年4月10日　環加航空公司（Trans Canada Air Lines；1965年1月1日改名為加拿大航空〔Air Canada〕）成立。

1936年4月25日　法國波特茲63型戰鬥機首飛。

1936年5月6日～14日　德國LZ-129興登堡號飛船首度飛越大西洋。

1936年5月12日　德國梅塞施密特Bf 110型戰鬥機首飛（參見第94頁專欄）。

1936年5月27日　愛爾蘭航空公司（Aer Lingus）開啟博多恩諾（Baldonnel）-布里斯托航班。

1936年6月　日本三菱F1M型「皮特」（Pete）水上偵察機首飛。

1936年6月15日　英國韋斯特蘭的里山德式（Lysander）聯絡機首飛。

超級馬林噴火式戰鬥機 1936年3月5日首飛

發動機：一具1,565馬力的勞斯萊斯梅林61型或1,650馬力的梅林63型引擎

主要角色：戰鬥機／戰鬥轟炸機

重量：空機2,545公斤；滿載4,309公斤

尺寸：翼展11.22公尺；機身長9.46公尺；高3.85公尺；機翼面積22.48平方公尺

武器裝備：一門口徑20公厘的希斯潘諾（Hispano）機身砲，四挺白朗寧.303機槍；某些改裝機型可掛載最多454公斤的炸彈

速度：高度7,620公尺時最高時速655公里；巡航時速521公里

航程：最遠1,576公里

爬升率：初始爬升率每分1,204公尺；實用升限（service ceiling）13,106公尺

機組員：1人

服役狀態：澳洲、加拿大、英國（皇家空軍／艦隊航空隊）、紐西蘭、南非、美國（16架Mk IX型、8架P.R.Mk XI型）、蘇聯（1,186架L.F.Mk IX型、2架H.F.Mk IX型）

總產量：20,351架（共26型）

變異型：Mk IX、F.IX、L.F.IX、H.F.IX、Mk.IXE、F.IXE、L.F.IXE、H.F.IXE、Mk IX教練機、P.R.Mk IX、P.R.Mk XI

二次世界大戰開始時，有十支噴火式Mk I型戰機中隊在英國皇家空軍服役。到1940年夏天，共有19支中隊服役，在不列顛戰役中發揮重大功用。噴火式Mk IX戰機於1942年6月服役，一開始只是為了暫時應對德國空軍的福克-沃爾夫Fw 190型戰鬥機，最後總共投入將近100支英國皇家空軍與大英國協的戰鬥機中隊。

大戰末期（1945年5月）依然有八支英國本土防禦中隊、五支在歐洲的第二戰術空軍中隊（殲滅了好幾架Me 262噴射戰鬥機）以及22支沙漠與巴爾幹空軍中隊採用。另外，還大量供應給蘇聯和美國陸軍航空兵團，戰後也在大英國協與國外廣泛使用。

梅塞施密特Bf 110型戰鬥機 1936年5月12日首飛

發動機：（110C-4）兩具1,100馬力的戴姆勒-賓士DB 601A型引擎

主要角色：（110C-4）日間長程護航戰鬥機

尺寸：（110C-4）翼展16.28公尺；機身長12.1公尺

武器裝備：（110C-4）兩門口徑20公厘的MG FF機身砲，四挺7.9公厘的MG 17機槍，一挺活動式的7.9公厘MG 15機槍

重量：（110C-4）滿載6,939公斤

速度：（110C-4）最高時速562公里；巡航時速485公里

航程：（110C-4）850公里

機組員：2人

總產量（所有型式）：6,000架

變異型：A～F、G、H

Bf 110C於1936年5月首飛，二戰開始時裝備了三支中隊。該機型現身於波蘭、挪威、低地國、法國和不列顛戰役，在1940年8月至9月期間總共折損了200架。此後它充當夜間戰鬥機一直到大戰結束，起初還沒有使用雷達。

Bf 110D被開發成遠程的重型戰鬥機，曾參與不列顛戰役，並在巴爾幹與地中海服役。在東線戰場，它與存留的110C被當作戰鬥轟炸機來使用。1942年，配備雷達的三人座F-4夜間戰鬥機開始服役。

Bf 110系列機型被Me 210取代，但後者被證實成效不彰，於是110機型重新生產。1942年底，引擎更強大的110G/H型夜間戰鬥機問世。轟炸驅逐機型可以配備空對空火箭。該機型用於防衛德國及東線戰場，1944年春天在德國空軍的夜間戰鬥機中占了60%。

休特S.23型C級水上飛機 1936年7月3日首飛

發動機：四具920馬力的布里斯托飛馬式（Pegasus）XC型引擎

主要角色：客機

尺寸：翼展34.75公尺；機身長26.82公尺

酬載量：24名乘客／3,556公斤的貨物

重量：滿載19,732公斤

速度：巡航時速266公里

航程：1,220公里

總產量（所有型式）：31架

變異型：S30、S33

　　設計上採用了許多先進的技術，例如全金屬硬殼式結構、帶有電動襟翼的錐形懸臂翼，以及可變距螺旋槳。其他創新設計包括一間臥艙、中庭酒吧和膳務室。旗艦老人星號（Canopus）於1936年7月3日首飛，共有28架飛機加入英國帝國航空的亞歷山卓–義大利布林迪西（Brindisi）航線服務。在英國海斯運營的C級水上飛機接掌了帝國航空從克羅伊登到澳洲、東非、埃及、馬來亞和南非的航線。澳洲帝國航空公司（Qantas Empire Airways）在1938年以前，共採用六架C級水上飛機。結束戰場服務之後，該機型於1947年退役。

1936年6月15日　英國維克斯威靈頓式（Wellington）轟炸機首飛。

1936年6月21日　英國亨德利·佩吉漢普登式（Hampden）轟炸機首飛。

1936年6月26日　德國福克-沃爾夫Fw 61型直升機首飛。

1936年7月1日　美國大陸航空公司（Continental Airlines）成立。

1936年7月3日　英國休特S.23型C級水上飛機首飛。

1936年7月14日　日本川西H6K「瑪菲斯」（Mavis）水上飛機首飛。

1936年7月18日～1939年4月1日　西班牙內戰。戰爭開始後兩天，容克斯Ju 52型運輸機將國民軍從摩洛哥運往西班牙，這是世界上首次大規模的空運。

福克-沃爾夫Fw 200A兀鷹式客機 1937年7月27日首飛

發動機：四具720馬力的BMW 132G-1型引擎

主要角色：中程客機

尺寸：翼展32.84公尺；機身長23.85公尺

酬載量：26名乘客

重量：滿載14,600公斤

速度：巡航時速335公里

航程：1,450公里

機組員：4人

　　為了開發北大西洋航線的陸上客機，福克-沃爾夫計畫將兀鷹式客機設計成全金屬的低翼單翼機。Fw 200 V1原型機於1937年7月首飛，採用的是875馬力的普惠星型引擎。下一架生產的飛機提供給希特勒私人使用。

　　Fw 200A則由BMW 132G-1星型引擎提供動力，服役於漢莎航空（四架）、丹麥航空（兩架）和巴西的神鷹集團（Condor Syndikat；四架）。接著生產的是Fw 200S-1長程客機，可以在不加油的情況下完成柏林到紐約25小時的航程。變異型包括配置850馬力132Dc星型引擎的Fw 200B-1，以及配置830馬力132H型引擎的Fw 200B-02。

1936年8月7日　德國提供漢克He 51型戰鬥機給西班牙國民軍。

1936年8月19日　義大利坎特Z.506B蒼鷺式（Airone）水上飛機首飛。

1936年10月13日　蘇聯提供波利卡爾波夫I-15和I-16戰鬥機給西班牙共和軍。

1936年10月15日　日本中島Ki-27型「內特」（Nate）戰鬥機首飛。

1936年11月　日本三菱Ki-21「莎莉」（Sally）轟炸機首飛。

1936年11月6日　西班牙國民軍轟炸馬德里。

1936年11月7日　德國多尼爾Do 17型轟炸機首飛。

1936年11月15日　德國禿鷹軍團開始在西班牙運作。

1936年12月21日　德國容克斯Ju 88型機首飛。

1936年12月27日　蘇聯佩特利亞科夫（Petlyakov）Pe-8（ANT-42）型轟炸機首飛。

1937年1月　日本中島B5N「凱特」（Kate）魚雷轟炸機首飛。

1937年2月　日本三菱Ki-30「安」（Ann）轟炸機首飛。

1937年2月9日　英國布萊克本賊鷗式（Skua）戰鬥轟炸機首飛。

英國布萊克本賊鷗式戰鬥轟炸機1937年2月9日首飛。

1937年2月26日　義大利飛雅特G.50箭式（Freccia）戰鬥機首飛。

1937年3月16日　荷蘭福克G.I型戰鬥機首飛。

1937年3月30日　泛美航空的機組人員以一架塞考斯基S-42B的水上飛機，從美屬薩摩亞的帕果帕果（Pago Pago）飛往紐西蘭的奧克蘭，完成一趟長達11,265公里的勘查飛行。

1937年4月26日　德國空軍轟炸西班牙中北部的格爾尼卡（Guernica），造成巨大傷亡。

1937年4月30日　西班牙國民軍的戰艦「埃斯帕里亞號」（Esparia）被共和軍空襲擊沉。

1937年5月6日　LZ-129興登堡號飛船在紐澤西州的雷克赫斯特（Lakehurst）被燒毀。

1937年5月11日　義大利坎特Z.1007翠鳥式（Alcione）轟炸機首飛。

1937年6月18日～20日　蘇聯圖波列夫ANT-25遠程試驗機不間斷地從莫斯科經北極飛抵美國。

1937年6月19日　英國空速飛機製造公司（Airspeed）AS.10牛津式（Oxford）教練機首飛。

1937年6月22日　英國德哈維蘭DH.94小蛾式（Moth Minor）教練機首飛。

1937年7月2日　美國的愛蜜莉亞·艾爾哈特在試圖環球飛行的過程中，於南太平洋上空失蹤。

1937年7月27日　德國福克-沃爾夫Fw 200兀鷹式客機首飛。

1937年7月29日　美國洛克希德14型超級伊萊翠式（Super Electra）客貨運輸機首飛。

1937年8月　蘇聯蘇愷（Sukhoi）Su-2型偵察轟炸機首飛。

1937年8月11日　英國博爾頓-保羅（Boulton-Paul）無畏式（Defiant）戰鬥機首飛。

1937年8月23日　飛機首次全自動著陸於俄亥俄州的萊特空軍基地（Wright Field）。

1937年9月2日　美國格魯曼F4F-3野貓式（Wildcat）戰鬥機首飛。

美國格魯曼F4F-3野貓式戰鬥機1937年9月2日首飛。

1937年10月1日　法國布洛赫（Bloch）152C-1型戰鬥機首飛。

1937年10月15日　美國波音XB-15型轟炸機首飛。

1937年12月17日　美國團結-沃提（Vultee）PB2Y科羅納多式（Coronado）水上飛機首飛。

1937年12月24日　義大利馬基C.200閃電式（Saetta）戰鬥機首飛。

義大利馬基C.200閃電式戰鬥機1937年12月24日首飛。

1938年　義大利雷吉安（Reggiane）Re 2000型戰鬥機首飛。

1938年1月　日本愛知D3A型「瓦爾」（Val）轟炸機首飛。

1938年1月　德國阿拉多Ar 96型教練機首飛。

1938年1月20日　英國帝國航空公司首次進行C級水上飛機空中加油的測試。

1938年2月6日　英國休特梅奧複合式（Mayo Composite）水上飛機（S.20和S.21）首飛。

1938年2月15日　法國布洛赫174/175型偵察轟炸機首飛。

1938年3月23日　法國寶璣690型對地攻擊機首飛。

1938年4月6日　美國貝爾P-39空中眼鏡蛇式（Airacobra）戰鬥機首飛。

美國貝爾P-39空中眼鏡蛇式戰鬥機1938年4月6日首飛。

波音314型長程水上飛機 1938年6月7日首飛

發動機：四具1,600馬力的萊特R-2600雙旋風型（Twin Cyclone）引擎

主要角色：長程客運機

尺寸：翼展46.33公尺；機身長32.31公尺

酬載量：77名乘客／3,967公斤的貨物

重量：滿載37,422公斤

速度：巡航時速282公里

航程：4,800公里

機組員：10人

總產量（所有型式）：12架

　　1936年7月簽約，有六架是為泛美航空公司而開發，用於跨大西洋的直飛航班。

1938年6月7日首飛，同年6月28日正式服役於泛美航空。1939年3月26日，泛美航空以一架波音314型「洋基快艇號」（Yankee Clipper）從馬里蘭州的巴爾的摩飛抵愛爾蘭的福因斯，完成首次跨大西洋的試驗飛行。後來再為泛美航空開發出六架改良過的314A型，該變異型於1941年3月20日首飛。其中三架轉交給英國海外航空公司（BOAC），邱吉爾取得一架供戰時橫越大西洋之用。二戰期間有兩架損毀，1947年再損毀一架。戰後存留的飛機交由獨立運營商使用，於1950～1951年報廢。

法國地瓦丁D.520型戰鬥機1938年10月2日首飛。

1938年5月　德國阿拉多Ar 196型水上偵察機首飛。

1938年6月　德國漢克HeS 3B渦輪噴射引擎裝置於一架He 118型俯衝轟炸機測試，這是第一架噴射引擎的「飛行試驗機」（flying test bed）。

1938年6月7日　美國波音314型長程水上飛機首飛。

1938年6月21日　美國道格拉斯DC-4型客機首飛。

1938年7月　美國沃特OS2U翠鳥式（Kingfisher）水上偵察機首飛。

1938年7月10日～8月11日　在蘇聯哈桑湖（Lake Khasan）事件中，蘇聯動用空軍與日軍作戰。

1938年7月21日～22日　一架英國休特梅奧複合式水上飛機從愛爾蘭的福因斯（Foynes）飛抵蒙特婁，完成首次跨大西洋的商業直飛。

1938年8月　德國多尼爾Do 217型轟炸機首飛。

1938年8月　英國超級馬林海獺式（Sea Otter）水陸兩用機首飛。

1938年8月　西班牙的蘇聯航空軍團開始撤離，將飛機留給西班牙共和軍。

1938年9月14日　命運坎坷的興登堡號飛船的姊妹號LZ-130齊柏林伯爵二號於德國首飛。

1938年10月2日　法國地瓦丁D.520型戰鬥機首飛。

1938年10月11日　英國韋斯特蘭旋風式（Whirlwind）戰鬥機首飛。

1938年10月14日　美國柯蒂斯-萊特P-40戰斧／小鷹式（Tomahawk/Kittyhawk）戰鬥機首飛（參見第100頁圖說）。

1938年10月15日　英國布里斯托「蒲福」（Beaufort）魚雷轟炸機首飛。

1938年10月26日　美國道格拉斯A-20波士頓／浩劫式（Boston/Havoc）轟炸機首飛。

1938年12月　美國布魯斯特（Brewster）F2A水牛式（Buffalo）戰鬥機首飛。

1938年12月10日　美國洛克希德哈德遜式（Hudson）轟炸機首飛。

1938年12月12日　英國費爾雷青花魚式（Albacore）魚雷轟炸機首飛。

1938年12月23日　英國布萊克本大鵬式（Roc）戰鬥機首飛。

1938年末　日本愛知E13A型「傑克」（Jake）水上偵察機首飛。

美國柯蒂斯-萊特P-40戰斧／小鷹式戰鬥機1938年10月14日首飛。

截至1939年，道格拉斯實際推動了美國在空中的競爭：75%的乘客搭乘DC-3型客機，90%的乘客搭乘DC-3或DC-2型客機。DC-3持久耐用，在軍事服務中轉型為C-47運輸機。

1939年 德國亨舍爾Hs 129型攻擊機首飛。

1939年 法國東南飛機製造公司（SNCASE/Sud-Est）的SE.161朗格多克式（Languedoc）客機首飛。

1939年 德國容克斯Ju 290型轟炸機首飛。

1939年 美國費爾柴德（Fairchild）PT-19康乃爾式（Cornell）教練機首飛。

1939年 義大利薩伏依-馬爾凱蒂SM.82袋鼠式（Canguru）轟炸機首飛。

1939年 義大利飛雅特C.R.42隼式（Falco）戰鬥機首飛。

1939年1月 日本中島Ki-43隼式（Hayabusa）「奧斯卡」（Oscar）戰鬥機首飛。

1939年1月 日本川崎Ki-45屠龍式（Toryu）「尼克」（Nick）戰鬥機首飛。

1939年1月17日 英國航空部宣布組建輔助空軍預備隊（Auxiliary Air Force Reserve）。

1939年1月27日 美國洛克希德P-38閃電式戰鬥機首飛。

1939年2月10日 美國北美航空工業B-25米契爾式（Mitchell）轟炸機首飛。

1939年2月18日 美國馬丁PBM水手式（Mariner）巡邏轟炸機首飛。

1939年3月14日 美國馬丁馬里蘭式（Maryland）轟炸機首飛。

1939年4月1日 日本三菱A6M1零式（Zero/Zeke）艦載戰鬥機首飛（參見第102頁專欄）。

1939年4月1日結束的西班牙內戰清楚證明了飛機近距離支援的效能。德軍迅速展現俯衝轟炸機的毀滅性威力，讓半個歐洲聞風喪膽。畢卡索描繪的格爾尼卡轟炸圖像，正是對其不人道舉止的抗議。

美國洛克希德P-38閃電式戰鬥機1939年1月27日首飛。

美國北美航空工業B-25米契爾式轟炸機1939年2月10日首飛。

1939年4月26日 德國飛行隊長溫德爾（Friedrich Wendel）駕駛Me 209V1型戰鬥機締造最高飛行時速的世界紀錄──755.138公里。

1939年5月7日 蘇聯佩特利亞科夫Pe-2/Pe-3型俯衝轟炸機首飛。

1939年5月14日 英國休特斯特靈式（Stirling）轟炸機首飛。

1939年5月20日 第一個跨大西洋的定期航空郵件服務開通。泛美航空公司的波音314型客機「洋基快艇號」從紐約飛往南安普敦，途經亞速群

三菱A6M零式艦載戰鬥機 1939年4月1日首飛

發動機：（A6M2）一具950馬力的中島NK1C榮12型引擎

主要角色：艦載戰鬥機／戰鬥-轟炸機

尺寸：翼展12公尺；機身長9.06公尺；高度3.05公尺

武器裝備：機翼兩門口徑20公厘的99型機砲，上機身兩挺7.7公厘的97型機槍；可掛載最多120公斤的炸彈

重量：空機1,680公斤；滿載2,796公斤

速度：高度4,550公尺時最高時速534公里；巡航時速333公里

航程：最遠3,105公里

爬升率：以7分27秒爬升至6,000公尺的高度；實用升限10,000公尺

機組員：1人

總產量（所有型式）：大約11,283架

作為日本戰時空中力量的代名詞，「零式」至今仍是最廣為人知的日本飛機。早期型號於1940年秋天在中日衝突中首度亮相，零式戰鬥機展現出西方同盟國多半未曾注意到的出色性能與擊殺率。到太平洋戰爭爆發時，A6M2在大日本帝國海軍航空隊（Imperial Japanese Naval Air Force；簡稱IJNAF）的艦載戰鬥機中占了60%以上。零式戰機突襲毫無戒心的美國-同盟軍，在太平洋和印度洋戰區進行長廣度兼具的大規模掃射，參與珍珠港和威克島的攻擊行動，在澳洲和錫蘭的轟炸襲擊中擔任護航角色，並支援菲律賓和荷屬東印度群島的地面戰役。1942年6月，零式戰機在中途島遭遇了第一次嚴重的逆襲，隨後放棄原有型式，轉向更新的美國設計。

福克-沃爾夫Fw 190型戰鬥機 1939年6月1日首飛

發動機：（190A-8）一具1,700馬力的BMW 801D-2型引擎

主要角色：（190A-8）戰鬥機

尺寸：（190A-8）翼展10.5公尺；機身長8.84公尺

武器裝備：（190A-8）四門口徑20公厘的MG 151機砲，兩挺13公厘的MG 131機槍

重量：（190A-8）空機3,175公斤；滿載4,422公斤

速度：（190A-8）最高時速657公里；巡航時速480公里

航程：（190A-8）805公里

機組員：1人

總產量（所有型式）：19,500架

變異型：A～G、Ta 152

Fw 190被譽為德國最偉大的戰時戰鬥機，於1941年初首次在英吉利海峽戰線亮相，到1942至1943年間已出現在所有主要戰區。在歐洲，它為德國抵擋轟炸機的攻擊，並在南英格蘭執行戰鬥-轟炸機的突襲。

戰爭後期，它擔任的主要角色是對抗美國日間襲擊的防禦戰機，有時也充當夜間戰鬥機之用。Fw 190F是晝夜地面攻擊的變異機型，1942年冬季至1943年間在東線服役，並參與了1943至1945年間從俄羅斯撤退到奧德河（Oder）的行動。

190G則為長程戰鬥-轟炸機的變異機型，在突尼西亞戰役中首度亮相，並在東線服役，參與1943年7月的庫斯克（Kursk）戰役。綽號「長鼻」（Langnase）或「多拉」（Dora）的190D型機於1944年秋季開始服役，一開始是負責防禦試驗性噴射戰鬥機運行的基地。

1945年1月1日，Fw 190參與了德國對低地國家同盟軍機場的最後一次攻擊「底板行動」（Operation Bodenplatte）。

上：德國福克-沃爾夫190A型戰鬥機1941年3月開始服役。

下：德國福克-沃爾夫190D-9型戰鬥機「多拉」1943年7月首飛。

島、里斯本和馬賽。

1939年5月20日～9月16日 諾門罕（Nomonhan）事件。蘇聯和日本的飛機在外蒙古地區進行空中與地面的戰鬥，日軍初始的空中優勢並不持久。

1939年6月1日 德國福克-沃爾夫Fw 190/Ta 152型戰鬥機首飛（參見第103頁專欄）。

1939年6月20日 第一架以火箭為動力來源的人控飛機於德國佩內明德（Peenemunde）首飛。這架He 176型試驗機是以一具華特（Walter）HWK RI-203火箭發動機提供動力。

1939年7月 日本川崎Ki-48「百合」（Lily）轟炸機首飛。

1939年7月1日 蘇聯戰鬥機在外蒙古對日本目標使用火箭彈。

1939年7月17日 英國布里斯托蒲福式戰鬥機（Beaufighter）首飛。

英國布里斯托蒲福式戰鬥機1939年7月17日首飛。

1939年7月25日 英國阿夫羅679型曼徹斯特式（Manchester）轟炸機首飛。

1939年7月27日 美國道格拉斯B-23龍式（Dragon）轟炸機首飛。

英國阿夫羅679型曼徹斯特式轟炸機1939年7月25日首飛。

1939年8月 日本中島Ki-49吞龍式（Donryu）轟炸機「海倫」（Helen）首飛。

1939年8月13日 英國維克斯沃里克式（Warwick）多功能機首飛。

1939年8月27日 由德國奧海恩博士（Hans von Ohain）設計的第一架渦輪噴射機漢克He 178首飛。

第二次世界大戰爆發（9月1日）

1939年9月1日 德國在黎明前的猛烈空襲後入侵波蘭。總共有超過1,500架的德國第一線飛機投入戰役，其中Ju 87型俯衝轟炸機以「飛行大砲」之姿率先發動閃電攻擊，展現極高的準確率。波蘭則擁有大約300架可以作戰的飛機。

1939年9月2日 德國梅塞施密特Me 210/Me 410大黃蜂式戰鬥轟炸機首飛。

1939年9月3日～4日 英國皇家空軍的惠特利III型轟炸機在德國上空投下宣傳單。

1939年9月4日 英國皇家空軍執行首度突襲。針對席林港灣區（Schilling Roads）船舶進行三次獨立的攻擊，總共30架轟炸機中損失了七架，只造成一艘艦艇輕微受損。

1939年9月14日 美國沃特-塞考斯基（Vought-Sikorsky）VS-300型實驗直升機首飛。

1939年9月25日 德國空軍對華沙展開400架轟炸

轟炸機的初始陣容

德國：擁有三種主要轟炸機：漢克He 111、多尼爾Do 17和容克斯Ju 87型俯衝轟炸機，早期版本已經在西班牙內戰中測試過。容克斯Ju 88型在戰爭開始時服役，改裝用於俯衝轟炸。德國機款率先配備自動密封的安全油箱。

波蘭：國家航空工程PZL.38狼式（Wilk）轟炸機可掛載足夠重量的炸彈，但生產數量不足以造成重大影響。

法國：轟炸機已經過時了，新型如利奧雷-奧利維耶LeO 451又來得太晚。

英國：擁有三種主要重型轟炸機：阿姆斯壯-惠特沃斯的惠特利式、亨德利·佩吉的漢普登式和維克斯-阿姆斯壯的威靈頓式轟炸機，皆具有強固的編織骨架結構，可以遠距離酬載足夠的炸彈。布里斯托的布倫亨式雙引擎轟炸機在英國皇家空軍的白天任務中首屈一指。費爾雷的巴特爾式單引擎轟炸機則無法勝任，因其速度緩慢又容易遭受攻擊。

義大利：主要轟炸機包括：三引擎且堪任魚雷機的薩伏依-馬爾凱蒂S.M.79雀鷹式、坎特Z.1007翠鳥式，以及飛雅特BR20鸛式轟炸機。

蘇聯：佩特利亞科夫Pe-2型速度很快，適合低淺的俯衝轟炸；單引擎的伊留申II-2衝鋒式（Shturmovik）對地攻擊機具有裝甲外殼，用於保護機組人員和引擎避免遭受地面火力傷害。

機的大規模空襲。

1939年10月6日　美國柯蒂斯-萊特海鷗式（Seamew）水上偵察機首飛。

1939年10月16日　二戰期間首架敵機在英國上空被摧毀，一架Ju 88型轟炸機被噴火式機擊落。

1939年10月23日　日本三菱G4M型轟炸機「貝蒂」（Betty）首飛（參見第106頁專欄）。

1939年10月25日　英國亨德利·佩吉哈利法克斯式（Halifax）轟炸機首飛。

英國亨德利·佩吉哈利法克斯式轟炸機
1939年10月25日首飛。

1939年11月　日本三菱Ki-46型偵察機「黛娜」（Dinah）首飛。

1939年11月18日　德國飛機首度在英國沿海水域投下反艦磁性水雷。

1939年11月19日　德國漢克He 177V-1型轟炸機首飛。

1939年11月21日　義大利比雅久（Piaggio）P.108B型轟炸機首飛。

1939年11月24日　英國航空和帝國航空合併為英國海外航空公司（BOAC）。

1939年11月30日　蘇聯以近700架飛機為前導入侵芬蘭。芬蘭只有145架飛機。

1939年12月18日　英國皇家空軍對席林港灣區的德國船艦進行白晝攻擊，24架威靈頓式轟炸機折損了12架。這次和其他行動的損失導致英國皇家空軍轉換成夜間攻擊，但也因此失去準頭。

1939年12月29日　美國團結B-24解放者式轟炸機首飛（參見第107頁圖說）。這架遠程轟炸機有助於消弭跨大西洋空中與海上巡邏的落差，總共建造了18,000多架，成為美國在戰爭中數量最多的機型。

1939年12月30日　蘇聯伊留申II-2/ZKB-55衝鋒式攻擊機首飛（參見第106頁圖說）。

三菱G4M型轟炸機（貝蒂） 1939年10月23日首飛

發動機：兩具1,539馬力的三菱MK4A火星11型引擎

主要角色：中程轟炸機

尺寸：翼展25公尺；機身長20公尺

武器裝備：（G4M2）機頭兩挺口徑7.7公厘的機槍，橫梁艙口兩挺7.7公厘的機槍，機背砲塔一門20公厘的機砲，機尾砲塔一門20公厘的機砲

重量：（G4M2）空機8,160公斤；滿載12,500公斤

速度：（G4M2）最高時速438公里；巡航時速316公里

航程：（G4M2）6,060公里

機組員：7人

總產量（所有型式）：2,446架

變異型：G4M1、G4M2、G4M3、G6M1

G4M型是日本最著名、數量最多的戰時轟炸機，總共裝備了20多支航空隊。1941年夏天，G4M1首度在中國領空執行任務，太平洋戰爭期間服役區域遍及東南亞，同時在新幾內亞、荷屬東印度群島及所羅門群島的戰役中被廣泛使用。

然而，設計上有重大缺陷，例如缺少機組人員與油箱的保護裝甲，以及容易起火燃燒。很快地，G4M1被後來的型號所取代，降級為運輸、海上偵察與訓練之用。G4M2於1943年中期開始服役，擁有更重的武器裝備，但航程更短。在防禦菲律賓、馬里亞納群島和沖繩時損失慘重。G4M2e於1945年3月21日開始發射「櫻花」自殺飛彈。改良過的G4M3在戰爭中出現得太晚，無法影響大局。

蘇聯伊留申II-2衝鋒式攻擊機1939年12月30日首飛。

1940年 德國容克斯Ju 188型轟炸機首飛。

1940年1月1日 蘇聯雅克列夫I-26（Yak-1）型戰鬥機首飛。

1940年1月4日 英國費爾雷暴風鸌式（Fulmar）艦載戰鬥機首飛。

美國團結B-24解放者式轟炸機1939年12月29日首飛。

1940年2月22日　英國皇家輔助空軍預備隊的第
602支「法拉夸爾」（Faraquhar）中隊在貝里克
郡（Berwickshire）科爾丁漢（Coldingham）上
空攻擊並摧毀一架漢克He 111型轟炸機時，首度
用照相槍（gun-camera）拍攝戰爭影片。

1940年2月24日　英國霍克颱風式（Typhoon）戰
鬥轟炸機首飛。

英國霍克颱風式戰鬥轟炸機1940年2月24日首飛。

美國柯蒂斯-萊特C-46突擊隊式（Commando）運輸機1940年3月26日首飛。

航空事件時間表

1940年3月13日 芬蘭戰場停火。蘇聯共損失750架飛機，芬蘭損失61架。

1940年3月20日 英國阿姆斯壯-惠特沃斯阿爾伯馬爾式（Albemarle）運輸機首飛。

1940年3月26日 美國柯蒂斯-萊特C-46突擊隊式運輸機首飛（參見第107頁圖說）。

1940年3月30日 蘇聯拉沃契金（Lavochkin）I-22、LaGG-1、LaGG-3型戰鬥機首飛。

1940年4月1日 美國格魯曼XF5F-1空中火箭式（Skyrocket）艦載戰鬥機首飛。

1940年4月5日 蘇聯米高揚（Mikoyan）米格MiG-3型戰鬥機首飛。

1940年4月9日 德國入侵丹麥和挪威，傘兵襲擊主要機場與設施。在戰役的第一週內，出動了超過3,000架次的Ju 52型運輸機，運送將近3萬名士兵、2,300多噸補給品以及超過25萬加侖的燃料。

1940年4月10日 40架英國賊鷗式俯衝轟炸機在港口擊沉德國巡洋艦「柯尼斯堡號」，這是戰時第一艘被飛機擊沉的大型軍艦。

1940年5月10日 德國有效運用傘兵和空降部隊，成功入侵低地國家和法國。戰役中飛機折損的狀況：德國總共投入3,000多架飛機，損失超過1,250架；英國投入大約300架飛機，損失將近200架；法國起初投入的1,500多架飛機全數折損。

1940年5月10日 德國入侵荷蘭與比利時。

1940年5月13日 美國塞考斯基VS-300型單旋翼直升機在尾部裝置一個小旋翼以克服主旋翼的扭矩效應（torque effect），首度自由飛行。

1940年5月14日 鹿特丹的心臟地帶被轟炸摧毀，導致荷蘭為避免其他城市也被摧毀而投降。

1940年5月14日 同盟軍的飛機損失極為慘重，在當日24小時內折損了70架英國飛機和40架法國飛機。

1940年5月14日 在敦克爾克（Dunkirk）撤離海灘上空發生激烈空戰。這是噴火式戰鬥機與Bf 109的首次交鋒。

1940年5月26日～6月5日 敦克爾克撤離行動。

1940年5月29日 美國沃特F4U-1海盜式戰鬥轟炸機首飛。

1940年中期 美國國會授權建造11艘艾塞克斯級（Essex class）大型航空母艦。從1943年中開始服役，隨後掀起一波扭轉戰爭局勢的浪潮。1943年11月首度執行任務，支援布干維爾島（Bougainville）及塔拉瓦（Tarawa）的行動。此後，以航母為中心的大特遣隊加速了越洋的行進。

1940年6月11日 義大利對馬爾他（Malta）進行多次空襲中的第一次。

1940年7月7日 西班牙國家航空公司伊比利亞（Iberia）成立，接收了一家破產的私人航空公司。

1940年8月 日本中島Ki-44鍾馗式戰鬥機「東條」首飛。

1940年8月 德國滑翔機研究所（Deutsche Forschungsanstalt für Segelflug）DFS 194型試驗機首飛。

1940年8月25日～26日 英國皇家空軍首度空襲柏林，總共出動43架轟炸機。

1940年8月28日 義大利卡普羅尼-坎皮尼（Caproni-Campini）N-1型試驗機首飛。

1940年8月28日 德國福克-阿赫吉利斯（Focke-Achgelis）Fa 223龍式（Drache）直升機首飛。

1940年9月7日 德國布洛姆-福斯（Blohm & Voss）BV 222維京人式（Wiking）運輸機首飛。

1940年10月 蘇聯圖波列夫Tu-2（ANT-58）型轟炸機首飛。

1940年10月26日 美國北美航空工業P-51野馬式戰鬥機首飛。

1940年11月 日本橫須賀空技廠D4Y彗星式轟炸機「茱蒂」（Judy）首飛。

北美航空工業P-51野馬式戰鬥機 1940年10月26日首飛

發動機：一具1,400馬力的帕卡德（Packard）梅林V-165-3型引擎

尺寸：翼展11.89公尺；機身長9.83公尺；高度2.64公尺；機翼面積21.65平方公尺

武器裝備：四挺口徑12.7公厘的白朗寧機槍；可掛載最多907公斤的炸彈

重量：空機3,103公斤；滿載5,080公斤

速度：高度9,144公尺時最高時速708公里；巡航時速582公里

航程：最遠3,540公里

爬升率：以1分48秒爬升至3,068公尺的高度；實用升限12,800公尺

機組員：1人

總產量（所有型式）：15,469架

　　P-51是第一款裝置帕卡德梅林引擎的飛機。主要服役於以英國為基地的美國第八航空隊，作為長程護航戰鬥機之用。1943年12月13日首次執行任務，前往德國基爾（Kiel）。

　　1944年3月，成為首度飛越柏林上空的同盟國戰鬥機。執行「穿梭」任務，飛往蘇聯。也在美國第九航空隊執行任務，擔任戰鬥機和偵察（F-6C型）的角色。服役於地中海及中緬印（CBI）戰區；投入各地的英國與大英國協中隊，包括英國本土、西北歐（第二戰術航空隊）和義大利（沙漠航空隊）。

　　就數據而言，最重要的野馬變異型是在歐洲和太平洋戰區執勤的P-51D/K。具有出色的遠程高空護航／攔截性能，參與許多英國-蘇聯及英國-北非的穿梭襲擊，也服役於義大利與東南歐戰線。

　　太平洋戰爭結束階段，以硫磺島為基地護送對抗日本的B-29型轟炸機。是首度飛越日本上空的美國陸基戰鬥機。

　　共投入13支英國皇家空軍中隊，以及大英國協航空隊。在戰爭末期和戰後繼續為美國陸軍航空軍開發新機型，包括P-82B雙野馬式（Twin Mustang）戰鬥機。戰後還服役於世界各地，包括共產中國；參與韓戰及1956年的以阿衝突。

不列顛戰役（英倫空戰）
1940年7月10日～11月1日

德軍試圖在預備入侵的英國上空取得空中優勢。英國皇家空軍以雷達控制為基礎，得以有效部署戰鬥機迎戰德國轟炸機。德國空軍每日派遣1,000架左右的飛機對抗英國，但在9月時改為攻擊城市，反倒讓英國皇家空軍的戰鬥機司令部有喘息復原的時間。

1940年7月10日～8月12日 起初小規模的戰鬥，以及德軍對英國沿岸艦隊的攻擊。

1940年8月13日～9月6日 攻擊英國皇家空軍的機場。

1940年9月7日～10月1日 德國空軍轟炸倫敦。

1940年10月1日～11月1日 快打突襲，開啟「夜間閃電戰」。德軍未能取得空中優勢，總共損失1,880架飛機和2,660名機組人員；英國皇家空軍則損失1,020架飛機和537名機組人員。

1940年的閃電戰

1940年8月24日～25日 首度轟炸倫敦市中心。

1940年9月7日～11月12日 德軍對倫敦進行了58次重大空襲。

1940年11月14日～15日 出動449架轟炸機空襲科芬特里（Coventry），摧毀了這座城市大部分的心臟地帶及將近三分之一的房屋。後續的重大空襲：11月19日對伯明罕；11月23日對南安普敦；11月24日對布里斯托；12月12日對雪菲爾（Sheffield）；12月20日對利物浦。

1940年12月29日 對倫敦進行燃燒彈大轟炸。

1940年11月11日 塔蘭托突襲（Taranto Raid）。英國艦載劍魚式魚雷轟炸機攻擊義大利艦隊，魚雷擊中三艘戰艦和一艘重型巡洋艦。

1940年11月25日 美國馬丁B-26劫掠者式（Marauder）轟炸機首飛。

1940年11月25日 英國德哈維蘭蚊式（Mosquito）

美國馬丁B-26劫掠者式轟炸機1940年11月25日首飛。

阿夫羅蘭卡斯特式轟炸機 1941年1月9日首飛

發動機：四具1,640馬力的勞斯萊斯梅林24型引擎
主要角色：重型轟炸機
尺寸：翼展31.09公尺；機身長21.18公尺
武器裝備：機頭和機背各兩挺口徑7.7公厘的白朗寧機槍，機尾四挺7.7公厘的白朗寧機槍；可掛載最多8,165公斤的炸彈
重量：空機16,780公斤；滿載29,480公斤
速度：最高時速394公里
航程：4,070公里
機組員：7人
總產量：7,378架

蘭卡斯特式轟炸機是由雙引擎的曼徹斯特式機重新設計而來，於1942年3月開始執行任務，很快就成為攻擊德軍的中堅力量。到了1944年夏天，已經投入了超過40支中隊。其眾多成功事蹟包括對奧格斯堡（Augsburg）的白晝攻擊、破壞莫涅（Mohne）與埃德（Eder）水壩（炸壩行動），以及擊沉鐵必制號（Tirpitz）戰艦。它總共飛行了156,000架次，是唯一能攜帶9,979公斤「大滿貫」（Grand Slam）炸彈的轟炸機。戰後，海岸司令部使用該機型執行海上偵察任務；其他戰後接收者包括埃及、法國和瑞典。

轟炸機首飛。
1940年12月7日 英國費爾雷梭魚式（Barracuda）魚雷轟炸機首飛。
1940年12月18日 德國亨舍爾Hs 293A型無線電遙控滑翔炸彈首次成功飛行。
1940年12月18日 美國柯蒂斯-萊特SB2C地獄俯衝

者式轟炸機首飛。

1941年 德國戈塔Go 242/Go 244型運輸機首飛。
1941年春季 蘇聯雅克列夫Yak-3型戰鬥機首飛。
1941年1月 日本川西H8K1「艾蜜莉」（Emily）水上飛機首飛。（參見第112頁圖說）

日本川西H8K1「艾蜜莉」水上飛機1941年1月首飛。

1941年1月9日 英國阿夫羅蘭卡斯特式轟炸機首飛（參見第111頁專欄）。

1941年1月9日 「馬戲團行動」（Circus Operations）。英國出動戰鬥機和輕型轟炸機襲擊被占領的歐洲。

1941年1月10日 德國空軍在地中海對英國船艦進行第一波攻擊，航空母艦「光輝號」（Illustrious）嚴重受損。

梅塞施密特Me 262型戰鬥機 1941年4月18日首飛

發動機：兩具推力900公斤的容克斯巨魔109-004B型引擎

主要角色：戰鬥機／戰鬥-轟炸機

尺寸：翼展12.48公尺；機身長10.6公尺

武器裝備：四門口徑30公厘的機砲

重量：空機6,400公斤

速度：高度6,000公尺時最高時速869公里

航程：845公里

機組員：1人

總產量（所有型式）：超過1,100架

　　暱稱燕子（Schwalbe）的Me 262型戰鬥機是世界上首款正式服役的渦輪引擎噴射機，於1944年夏天投入空軍中隊。該設計最早起始於1938年，當時梅塞施密特公司被要求建造一架使用兩具BMW或容克斯渦輪引擎的戰鬥機。

　　第一架原型機於1941年4月首飛，使用的是活塞引擎；首次噴射飛行是在1942年7月，採用容克斯109-004系列引擎。隨後，Me 262A-0型的試驗性生產開始進行，不過要到1943年11月才出現全面性的生產。當時希特勒批准進行，要求該機型用作「海燕式」（Sturmvogel）高速轟炸機。

　　服役的變異機型包括針對戰鬥機／戰鬥-轟炸機不同角色而有不同武裝配備的Me 262A-1，以及用於訓練和夜間作戰的Me 262B雙座機。其他計畫還有以火箭推動的Me 262C，和配備火箭武裝的Me 262D/E轟炸攔截機等。

美國共和P-47雷霆式戰鬥機1941年5月6日首飛。

1941年1月13日 德軍對普利茅斯（Plymouth）進行重大空襲。

1941年1月～4月 德國空軍加入義大利對馬爾他島的空襲，強度大增。馬爾他圍城戰開始，義大利與德軍幾乎無休止地持續空襲，馬爾他仰賴艦隊的補給，但是艦隊本身也在地中海兩端遭受猛烈攻擊。

1941年2月20日 英國噴火式Mk V型戰鬥機首飛。

1941年2月25日 德國梅塞施密特Me 321巨人式（Gigant）貨運滑翔機首飛。

1941年3月 德國阿拉多Ar 231型水上偵察機首飛。

1941年3月13日～14日 德國空軍對克萊德班克（Clydebank）進行重大空襲。

1941年4月1日 英國皇家空軍首次使用重達1,814公斤的「街區破壞者」（Block Buster）炸彈。

1941年4月2日 德國漢克He 280V-1型戰鬥機首飛。

1941年4月6日 德國在800多架飛機的支援下入侵南斯拉夫和希臘。貝爾格勒（Belgrade）遭受大約500架飛機的轟炸，造成多達2萬人死亡。

1941年4月8日 德國空軍對科芬特里再次空襲。

1941年4月17日、19日 德國空軍對倫敦再次發動攻擊。新增的五次空襲幾乎摧毀整個普利茅斯。

1941年4月18日 德國梅塞施密特Me 262型戰鬥機首飛。

1941年4月20日 在北非的Bf 109E型戰鬥機遠勝於英國沙漠航空隊的颶風式與小鷹式戰機。

1941年5月 蘇聯的RUS-1和RUS-2防空雷達裝置首度投入使用。

1941年5月 日本中島J1N1月光式戰鬥機「厄文」（Irving）首飛。

航空事件時間表

1941年5月1日 德軍對利物浦進行連續八天的大規模空襲，重創整個城市，並擊沉港口33艘船。

1941年5月3日 德國空軍對貝爾法斯特（Belfast）進行重大空襲。

1941年5月6日 美國共和P-47雷霆式戰鬥機首飛（參見第113頁圖說）。

1941年5月7日 德國空軍對赫爾（Hull）進行重大空襲。

1941年5月10日～11日 德國空軍對倫敦進行最後一次也是最嚴重的空襲，導致大倫敦地區三分之一的街道無法通行。

在閃電戰期間，德國空軍出動了超過33,000架次的飛機襲擊英國城市，總共折損500多架飛機。它在德國空軍向東移動準備對蘇聯進攻時結束。

1941年5月10日～11日 德國副元首赫斯（Rudolf Hess）飛往英國，跳傘著陸於蘇格蘭。

1941年5月15日 英國格羅斯特E.28/39型試驗機首飛。

1941年5月20日～6月1日 克里特島戰役中的「水星行動」（Operation Mercury）是二戰期間德國空軍最大規模的空降行動，由降落傘和滑翔機執行。克里特島被占領，但損失了大約5,600名士兵和150架運輸機。皇家海軍在空襲中損失了三艘巡洋艦和六艘驅逐艦，另外還有17艘船隻受損。

1941年5月26日 德國戰艦俾斯麥號（Bismarck）在操舵裝置被劍魚式艦載魚雷轟炸機損壞後，遭到英國主力航母皇家方舟號（Ark Royal）擊沉於大西洋。

1941年6月 皇家海軍首艘護航航空母艦（escort carrier, CVE）「大膽號」（Audacity）開始服役，由商船改裝而成，有飛行甲板和機庫。這種艦艇在戰爭中負責護衛護航艦隊、運輸機和補給航母艦隊，同時在海戰中也被證明是對抗U艇（德國潛艇）的決定性武器。

1941年6月14日 美國馬丁巴爾的摩式（Baltimore）轟炸機首飛。

美國馬丁巴爾的摩式轟炸機1941年6月14日首飛。

1941年6月22日 巴巴羅薩（Barbarossa）行動：德國在2,000架飛機的支援下，以大規模的突發性空襲開始入侵蘇聯。首日，德國空軍在地面摧毀了將近1,500架蘇聯飛機，在空中也摧毀了300多架。

1941年6月27日 美國道格拉斯XB-19型轟炸機首飛。

1941年7月 美國沃提A-31/A-35復仇式（Vengeance）俯衝轟炸機首飛。

1941年7月31日 美國洛克希德PV-1/B-34溫圖拉／魚叉式（Ventura/Harpoon）轟炸機首飛。

1941年8月1日 美國格魯曼TBF-1復仇者式（Avenger）轟炸機首飛。

美國格魯曼TBF-1復仇者式轟炸機1941年8月1日首飛。

1941年8月6日 德國宣稱摧毀或俘獲9,000多架蘇聯戰機。

梅塞施密特Me 163彗星式攔截機 1941年8月13日首飛

發動機：一具推力1,700公斤的華特HWK 509A-2型引擎

主要角色：攔截機

尺寸：翼展9.33公尺；機身長5.85公尺

武器裝備：兩門口徑30公厘的萊茵金屬-博爾西格（Rheinmetall-Borsig）MK機砲

重量：滿載4,300公斤

速度：高度3,000公尺時最高時速960公里

航程：80公里

機組員：1人

總產量（所有型式）：大約380架

變異型：163A、163B、163S、163D

　　彗星式（Komet）原型機於1941年8月首飛，但由於設計極為激進，德國空軍直到1944年才為它組建一支測試中隊。彗星式攔截機以新的液體燃料火箭引擎為中心進行規劃，小而無尾，從可拆卸的輪式推車上起飛，本身沒有起落架，當燃料耗盡時會像滑翔機般降落，靠下腹滑行著陸。

　　1941年10月2日，迪特瑪（Heini Dittmar）成為首位達到接近音速0.84馬赫（時速超過1,000公里）的飛行員。他所駕駛的Me 163A先由一架梅塞施密特Bf 110戰鬥機拖至3,960公尺高空，再由牽引中釋放，並點燃火箭引擎。彗星式攔截機可以在不到3分鐘的時間內飛行9,144公尺，時速比它獵殺的對象——白晝重型轟炸機——快約482.8公里。

　　彗星式飛行員發展出獨特的戰術：在火箭輔助下近乎垂直的起飛，將飛機推升至前所未有的高度，再滑翔到目標附近用發動機進行最後攻擊，然後滑行著陸。

　　不過，作為戰機的彗星式機終究是失敗了。在飛機高速攻擊的狀況下，飛行員只有3或4秒的射擊時間，更別說其機砲經常卡彈。它所使用的實驗性發動機只提供大約6分鐘的動力飛行，遑論滑翔著陸時容易成為攻擊目標。此機型的起降並不穩定而充滿危險，過氧化氫（T物質〔T-Stoff〕）與甲醇水合聯胺（C物質〔C-Stoff〕）的燃料混合物具有高度易爆性，導致一些飛機在著陸時爆炸。更糟糕的是，從發動機逸出的酸性混合物會將飛行員溶解，因此飛行員得穿上橡膠服來「保護」自己。

　　Me 163A和163S雙座機被用作教練滑翔機；163B是作戰用飛機，其改良變異型規劃為163C/D與263。彗星式攔截機從1944年8月開始服役，但只成功攔截九架敵軍轟炸機。

聯合地面支援

英國皇家空軍的戰術空中支援最初來自颶風式戰機，隨後颱風式戰機及美國陸軍航空軍的P-47雷霆式與P-51野馬式戰鬥機也加入戰局。以無線電引導的戰鬥轟炸機（通常使用火箭）採取「計程車招呼站」系統（cab rank；三機一組魚貫式接替攻擊）的戰術轟炸，首次部署於西部沙漠戰役中。

1941年8月13日 德國梅塞施密特Me 163彗星式攔截機首飛（參見第115頁專欄）。建造300架，但是只擊落九架敵機。

1941年9月12日 英國空速公司AS.51霍薩式（Horsa）滑翔機首飛。

1941年10月 德國漢克He 111Z-1型轟炸機首飛。

1941年10月4日 美國和英國每月運送飛機給蘇聯。單就美國而言，從1942年中期至1943年間，就提供了3,600架飛機。

1941年10月12日 英國海外航空（BOAC）開啟英國–開羅航線，使用C級水上飛機。

1941年11月7日~8日 多次對德國目標的襲擊導致英國皇家空軍損失慘重。於是啟動暫時性的保留計畫。

1941年12月 日本川崎Ki-61飛燕式戰鬥機「東尼」（Tony）首飛。

1941年12月 德國空軍再次對馬爾他發動空襲，強度甚於從前。

1941年12月 二次世界大戰中的太平洋戰爭爆發。

1941年12月~1942年2月 英國皇家空軍在布雷斯特（Brest）轟炸了德國軍艦沙恩霍斯特號（Scharnhorst）、格奈森瑙號（Gneisenau）和歐根親王號（Prinz Eugen）。

1941年12月7日 日本使用艦載飛機襲擊美國珍珠港的太平洋艦隊基地，造成主力艦的重大損失。

1941年12月10日 英國Z艦隊（Force Z）遭襲：從馬來亞起飛的日本G3M「尼爾」轟炸機將英國主力艦「威爾斯親王號」（Prince of Wales）和「反擊號」（Repulse）擊沉。

1941年12月22日 英國費爾雷螢火蟲式（Firefly）戰鬥機首飛。

英國費爾雷螢火蟲式艦載戰鬥機1941年12月22日首飛。

1941年12月22日 日軍主力登陸菲律賓。幾架未分散的美國B-17轟炸機遭日軍俘獲並摧毀。

1942年 英國引進休特斯特靈式及亨德利·佩吉哈利法克斯式四引擎轟炸機，3月時再引進該時期最優異的重型夜間轟炸機阿夫羅蘭卡斯特式機。這些轟炸機的載重量是外國設計的兩倍。

1942年 蘇聯雅克列夫Yak-9型戰鬥機首飛。

1942年1月 蘇聯拉沃契金La-5/La-7型戰鬥機首飛。

1942年1月14日 美國塞考斯基XR-4型直升機首飛。

1942年2月 英國布萊克本火把式（Firebrand）攻擊戰鬥機首飛。

英國布萊克本火把式攻擊戰鬥機1942年2月首飛。

道格拉斯C-54空中霸王式運輸機 1942年2月14日首飛

發動機：四具1,290馬力的普惠R-2000-7型引擎

主要角色：長程運輸機

尺寸：翼展35.81公尺；機身長28.6公尺

酬載量：30～50名乘客

重量：空機16,783公斤；滿載28,123公斤

速度：最高時速442公里

航程：6,275公里

機組員：6人

總產量（所有型式）：1,122架

　　C-54於1942年末開始服役，在戰時執行將近80,000次跨洋任務，只折損三架飛機。定期航線包括跨大西洋、美國經由太平洋到澳洲、澳洲經由印度洋到錫蘭，以及印度到中國。該機型亦服役於北非，經由阿拉斯加到阿留申群島。

　　一架C-54A被改裝成總統使用的貴賓級交通工具，內有豪華的接待／會議室和電梯。邱吉爾首相也根據美國對英國的租借法案，將一架C-54B用作私人的交通工具。戰後，空中霸王被廣泛使用，服役於韓國和柏林空運。

航空事件時間表

1942年2月 英國皇家空軍元帥「轟炸機」哈里斯（"Bomber" Harris）擔任英國皇家空軍的轟炸機司令。其部隊投擲高爆與燃燒等比例混和炸彈。

1942年2月14日 美國道格拉斯C-54空中霸王式運輸機首飛（參見第117頁專欄）。

1942年2月15日 新加坡向日本投降。

1942年2月19日 日本空襲澳洲達爾文港（Port Darwin）的船艦。

1942年3月 德國福克-阿赫吉利斯Fa 330型旋翼風箏首飛。

1942年3月 日本中島B6N天山式魚雷轟炸機「吉爾」（Jill）首飛。

1942年3月 德國梅塞施密特Me 323巨人式運輸機（Me 321滑翔機的動力變異型）首飛。

1942年3月3日～4日 位於巴黎的雷諾（Renault）工廠遭到德軍轟炸。

1942年3月8日～9日 英國皇家空軍首度藉助於GEE目標確認的無線電導航系統。

1942年3月20日 日本三菱J2M1雷電式戰鬥機「傑克」（Jack）首飛。

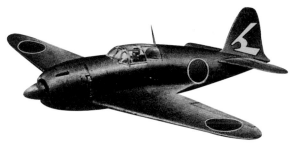

日本三菱J2M1「傑克」戰鬥機1942年3月20日首飛。

1942年3月27日 英國通用飛機公司（General Aircraft）哈米爾卡式（Hamilcar）滑翔機首飛。

1942年4月 英國噴火式Mk IX型戰鬥機首飛。

1942年4月 美國波音B-17F型轟炸機首飛。

1942年4月2日～9日 日本的航空母艦進入印度洋攻擊錫蘭。多艘英國船艦被擊沉，包括航母「赫姆斯號」（Hermes）及兩艘巡洋艦。

1942年4月18日 杜立德空襲（Doolittle Raid）。杜立德中校率領16架B-25型轟炸機從美國航母「大黃蜂號」（Hornet）起飛，執行對日本的首度轟炸。

1942年4月19日 義大利馬基C.205型戰鬥機首飛。

義大利馬基C.205型戰鬥機1942年4月19日首飛。

1942年4月24日 英國邁爾斯（Miles）馬汀內式（Martinet）標靶拖曳機首飛。

1942年4月24日 德國襲擊英國城市艾希特（Exeter），這是首波「貝德克」（Baedeker；名稱來自於一本著名的旅遊指南）空襲。巴斯（Bath）和諾里奇（Norwich）在接續的兩個夜晚也遭受空襲。

1942年5月 美國韋科（Waco）CG-4A型「哈德良」（Hadrian）滑翔機首飛。

1942年5月 日本愛知流星式B7A型俯衝魚雷轟炸機「葛瑞絲」（Grace）首飛。

1942年5月7日～8日 日本和美國艦載飛機之間爆發珊瑚海戰役（Battle of the Coral Sea）。這是第一次海面船艦未發現敵方艦隊的海戰。

1942年5月20日 辛格爾頓報告（Singleton Report）提倡使用新的H2S機載地面掃描雷達系統。

1942年5月26日 美國諾斯洛普P-61黑寡婦式（Black Widow）戰鬥機首飛。

1942年5月29日 澳洲聯邦飛機公司（Commonwealth Aircraft Corporation）CA-12迴力鏢式（Boomerang）戰鬥機首飛。

1942年5月30日～31日 英國皇家空軍對德國進行首次的千架轟炸機空襲。總共1,046架飛機以科

隆為攻擊目標，旨在攻破德軍的防禦。

1942年6月3日～4日 中途島戰役。美方雖然獲勝，但也帶來難以突破的僵局。日本以八艘航空母艦開啟戰局，但在1942年末折損不少，必須以新艦替補；美國則以六艘全尺寸的航母開戰，但後續的建造計畫並未及時啟動。取得瓜達康納爾島（Guadalcanal）之後，美軍只剩兩艘修復中的航母；因此只能極度倚賴島上的亨德森機場（Henderson Field）作為「不沉的航空母艦」。於是，1943年2月至11月期間太平洋呈現相對的僵局，美軍在沒有更多航母加入之前無法繼續前進。

1942年6月25日～26日 英國皇家空軍襲擊布萊梅（Bremen），結束為期兩年的千架轟炸機空襲。

1942年6月26日 美國格魯曼XF6F-1地獄貓式（Hellcat）戰鬥機首飛。

1942年7月 英國皇家空軍的「馬戲團行動」：多達200架戰鬥機飛越法國北部低空機會目標的系列掃射攻擊。

1942年7月3日 美國馬丁PB2M-1火星式（Mars）水上飛機首飛。

1942年7月4日 六架美國道格拉斯A-20波士頓／浩劫式轟炸機空襲荷蘭機場，代表美國陸軍航空軍正式進入歐洲戰場。

1942年7月5日 英國阿夫羅約克式運輸機首飛。

英國阿夫羅約克式運輸機1942年7月5日首飛。

1942年7月30日 引擎更強大的美國格魯曼XF6F-3地獄貓式戰鬥機首飛（參見第120頁專欄）。

1942年8月7日 美軍登陸瓜達康納爾島。

1942年8月11日 英國皇家空軍建立探路機中隊（Pathfinder Force），能引導並標記轟炸攻擊。

1942年8月17日 美國陸軍航空軍首度用重型轟炸機攻擊西歐目標——法國的盧昂-斯科特維爾（Scotteville-lès-Rouen）鐵路調度場。

1942年8月19日 第厄普（Dieppe）突襲：英國皇家空軍損失106架飛機，德國空軍損失46架。

1942年8月24日 索羅門群島戰役（Battle of the Solomon Islands）：美國艦載飛機擊沉日本航母，並摧毀90架日機，自身僅折損20架飛機及損壞一艘航空母艦。

1942年9月 美國道格拉斯A-26侵略者式（Invader）攻擊機首飛。

美國道格拉斯A-26侵略者式攻擊機1942年9月首飛。

1942年9月2日 英國霍克暴風雨式（Tempest）戰鬥機首飛。

1942年9月7日 美國團結-沃提B-32主宰者式（Dominator）轟炸機首飛。

1942年9月21日 美國波音B-29超級堡壘式轟炸機首飛（參見第121頁圖說）。

1942年10月1日 美國貝爾P-59空中彗星式（Airacomet）噴射戰鬥機首飛。

1942年10月3日 德國A4（V2）彈道火箭於佩內明德首次發射成功。

1942年10月26日～27日 聖克魯斯群島戰役：日本艦載飛機擊沉美國航母，並摧毀70架敵機；日軍自身折損100架飛機。

1942年11月 日本九州K11W白菊式教練機首飛。

1942年11月13日 英國皇家空軍結束對歐洲被占領區的「馬戲團」掃射行動。英軍總共損失了600多架飛機，德軍折損不到200架。

格魯曼F6F地獄貓式戰鬥機 1942年7月30日首飛

發動機：一具2,000馬力的普惠R-2800-10W型引擎

主要角色：艦載與陸基的海軍戰鬥機

尺寸：翼展13.05公尺；機身長10.23公尺

武器裝備：六挺口徑12.7公厘向前開火的固定式白朗寧機槍，或兩門20公厘的機砲加上四挺12.7公厘的機槍（夜間戰鬥機版本）；可掛載最多907公斤的炸彈或翼下六枚火箭彈

重量：空機4,190公斤；滿載6,991公斤

速度：最高時速611公里；巡航時速270公里

航程：1,520公里

機組員：1人

總產量（所有型式）：12,275架

變異型：XF6F-1/-2/-3、F6F-3/-3N/-3E/-5/-5N/-5P/-6、地獄貓I/II/NF.II（在英國皇家空軍分別是F6F-3、F6F-5以及F6F-5N）

　　F6F型戰鬥機被美國和英國皇家海軍所使用。1943年8月首次見諸行動，很快就為美國海軍取得太平洋上空的優勢。它同時也作為夜間戰鬥機之用（F5F-3N和F5F-5N型）。地獄貓總共擊落5,000多架敵機，在戰爭最後兩年占了美國海軍航母飛行員擊落敵機數量的75%。地獄貓戰機投入14支海軍航空隊（Fleet Air Arm）中隊，其中有1,182架是藉由租借法案取得。

美國波音B-29超級堡壘式轟炸機1942年9月21日首飛。

1942年11月15日　英國漢克He 219型夜間戰鬥機首飛。

1942年11月25日　德國空軍為33萬名士兵開啟補給航班，但在史達林格勒被蘇聯反擊武力切斷。

1942年11月30日　美國野馬式P-51B型戰鬥機首飛。

1942年12月　德國梅塞施密特Me 264型轟炸機首飛。

1942年12月7日　美國貝爾P-63型眼鏡王蛇式（Kingcobras）戰鬥機首飛。

1942年12月27日　日本川西N1K1-J紫電式戰鬥機「喬治」（George）首飛。

日本川西N1K1-J紫電式戰鬥機「喬治」1942年12月27日首飛。

洛克希德星座式客機 1943年1月9日首飛

發動機：四具2,200馬力的萊特R3350雙颶風型引擎

主要角色：客機

尺寸：翼展37.49公尺；機身長35.5公尺

酬載量：69～92名乘客

重量：滿載62,368公斤

速度：最高時速596公里；巡航時速491公里

航程：7,420公里

總產量（所有型式）：049/749型233架；1049型579架；1649型44架

原為C-69型軍用運輸機，於1943年1月9日首飛。1946年初，擁有43～60個座位的洛克希德L-049星座式客機投入泛美航空與環球航空的商業服務，其後服役於法國航空、英國海外航空（BOAC）、荷蘭皇家航空和巴西泛空航空公司（Panair do Brasil）。

L-649和L-749增加了乘客座位、引擎動力與航程距離。L-1049超級星座式是由先前機型發展而成，機身拉長了5.59公尺，該版本在1951年12月17日開始服役於東方航空。

歷經幾個變異機型後，出現裝置3,400馬力R-3350型渦輪引擎的L-1049G「超級G」、109個座位的L-1049H客／貨機。

最終版本為L-1649A型「星際客機」（Starliner），於1956年首飛，以全新的高展弦比（aspect ratio）機翼為特色，而且油箱容量大幅增加，可以從任何方向完成跨大西洋的直飛。

1943年 日本三菱Ki-67飛龍式轟炸機「佩吉」（Peggy）首飛。

1943年 日本橫須賀空技廠P1Y1銀河式轟炸機「法蘭西斯」（Frances）首飛。

1943年初 德國容克斯Ju 390型轟炸機首飛。

1943年1月 同盟國卡薩布蘭卡會議（Casablanca Conference）批准了聯合轟炸攻擊（Combined Bombing Offensive），白天由美國陸軍航空軍發動攻勢，晚間交由英國皇家空軍。1943年，美國第八航空隊部署的B-17飛行堡壘愈來愈多，最終的B-17G變異機型成為美國對德國轟炸攻擊的主力。

1943年1月9日 美國洛克希德星座式客機首飛，具有加壓機艙，高度6,096公尺時能以時速451公里

格羅斯特流星式F.8型戰鬥機 1943年3月5日首飛

發動機：兩具推力1,360公斤的勞斯萊斯德溫特（Derwent）8型引擎

主要角色：白晝戰鬥機

尺寸：翼展11.32公尺；機身長13.58公尺

武器裝備：四門口徑20公厘的機砲裝置於機頭、火箭或機翼下方的油箱

重量：空機4,819公斤；滿載8,662公斤

速度：海平面高度時最高時速950公里

航程：1,578公里

機組員：1人

變異型：白晝戰鬥機、夜間戰鬥機、偵察機

流星式（Meteor）Mk I型於1943年3月5日首飛，1944年7月開始在第816中隊服役，成為英國皇家空軍第一架作戰噴射機。在配置韋蘭德（Welland）引擎的Mk I型服役後不久，德溫特引擎的流星式III型也開始服役；兩者皆加入戰時行動，特別是在對抗V-1火箭。在1940年代末期，引擎升級的F.4型成為戰鬥機司令部的中流砥柱；到了1950年代，逐漸被大幅改良的F.8型所取代——具有更先進的引擎、加長的機身、更大的燃油容量，以及更精良的高速操控性。F Mk.8型還標配了新的尾翼和一個彈射座椅。最後一支前線中隊於1957年4月解散，但流星式戰機還持續服役，作為投彈信號與標靶拖曳之用直到1982年。

巡航，最高時速為547公里。它可以在美國東西岸之間直飛。軍用機型為C-69。

1943年1月27日 美國陸軍航空軍首度用重型轟炸機襲擊德國。第八航空軍向埃姆登（Emden）和威廉港（Wilhelmshaven）發動攻擊。

1943年1月30日 加拿大太平洋航空公司（Canadian Pacific Airlines）成立。

1943年1月30日～31日 英國皇家空軍在轟炸漢堡時首度使用H2S機載地面掃描雷達系統。

1943年2月2日 在德軍補給線被蘇聯切斷而投降後，史達林格勒戰役結束。整個空運行動中，德國空軍損失了大約475架運輸機和200架戰鬥機。試圖對受困德軍進行空中補給的行動完全失敗。

1943年2月9日 美軍確保了瓜達康納爾島的安全。

航空事件時間表

1943年3月　日本中島Ki-84疾風式戰鬥機「法蘭克」（Frank）首飛。

1943年3月5日～7月31日　魯爾戰役（Battle of the Ruhr）：英國皇家空軍出動超過18,506架次的飛機對魯爾區的工業城鎮展開攻擊，在38次空襲行動中損失了872架飛機。德國夜間戰鬥機發揮了更大的效能。

1943年3月5日　英國格羅斯特流星式戰鬥機首飛（參見第123頁專欄）。

1943年3月11日　美國第14航空隊在中國成軍。

1943年4月7日　日軍對美國在索羅門群島的基地發動猛烈攻擊，試圖阻止美國對巴布亞新幾內亞拉包爾（Rabaul）的威脅。

1943年4月18日　日本海軍空中力量的要角山本五十六上將在搭乘一架三菱GM4「貝蒂」型轟炸機時，於布干維爾上空被美國陸軍航空軍P-38閃電式戰鬥機伏擊而喪生。其路線與時程被美方解密揭露。

1943年5月　大西洋戰役（Battle of the Atlantic）中的轉捩點。

1943年5月　英國噴火式Mk XIV型戰鬥機首飛。

1943年5月　在貨艙上方安裝飛行甲板的商船航母（Merchant Aircraft Carrier, MAC）投入護航行動。另有配備單一飛機彈射器的彈射飛機商船（Catapult Aircraft Merchantmen, CAM）。

1943年5月7日　盟軍取得突尼西亞。

1943年5月11日　英國海外航空（BOAC）開啟英國與里斯本之間的航班服務。

1943年5月15日　日本中島C6N彩雲式艦載偵察機「默特」（Myrt）首飛。

1943年5月16日～17日　英國皇家空軍的精英617中隊使用瓦利斯（Barnes Wallis）的彈跳炸彈（bouncing bomb）成功炸毀莫涅和埃德水壩，但是19架蘭卡斯特式轟炸機也折損了八架。

1943年5月23日～24日　826架英國皇家空軍的飛機空襲德國杜塞多夫。

1943年6月17日　美軍空襲德國基爾的60架B-17轟炸機折損了26架，彰顯攻擊目標超越當代轟炸機航程的問題。

1943年7月　西西里島在該島與義大利南部遭受一個月的空襲後被入侵。

1943年7月　德國福克-沃爾夫Fw 190D型戰鬥機首飛。

1943年7月4日～13日　在庫爾斯克坦克大戰期間，2,830架軸心國戰機與2,500架蘇聯戰機對抗，雙方支援各自陣營的地面部隊。

1943年7月10日～8月25日　盟軍征服西西里島。

1943年7月18日　美國海軍K-74型飛船在佛羅里達海岸被德國潛艇擊落，這是二戰中美國唯一被敵軍摧毀的飛船。

1943年7月19日　美國柯蒂斯-萊特XP-55升騰者式（Ascender）戰鬥機首飛。

1943年7月21日　美國柯蒂斯-萊特XP-62型戰鬥機首飛。

1943年7月24日～8月3日　漢堡大轟炸引起的風暴性大火造成了多達4萬人死亡。首次使用盟軍的反雷達裝置「窗口」（Window），讓英國皇家空軍在漢堡空襲期間，飛機損失從約6%下降至2.6%。

1943年7月30日　德國阿拉多Ar 234閃電式（Blitz）轟炸機首飛。

德國阿拉多Ar 234閃電式轟炸機1943年7月30日首飛。

1943年8月1日　美國陸軍航空軍B-24解放者式轟炸機對羅馬尼亞普洛耶什蒂（Ploesti）的煉油廠進行低空攻擊。這是美國陸軍航空軍首次用重型轟炸機對防禦嚴密的目標進行低空攻擊，也是截至當時為止航程最遠的轟炸任務。出動的163架B-24解放者式機折損了54架，但也摧毀了40%的

煉油產能。

1943年8月17日 美國陸軍航空軍空襲什文福（Schweinfurt）和雷根斯堡（Regensburg）。德國掌握了敵機P-47護航範圍受限的劣勢，讓376架轟炸機損失了60架，還有60架遭受損傷而報廢。

1943年8月17日～18日 德國空軍首度在作戰時使用以火箭為動力的亨舍爾HS 293A-1型遙控滑翔炸彈，將英國護衛艦「白鷺號」（Egret）擊沉。

1943年8月17日～18日 英國皇家空軍用轟炸機攻擊德國位於波羅的海的佩內明德飛彈研發基地，以摧毀或延遲其先進武器的發展。

1943年8月23日～24日 英國皇家空軍在攻擊柏林時出動的719架轟炸機折損了57架。四次空襲總共出動2,262架次，損失127架轟炸機，折損率如此之高讓英國皇家空軍決定取消對德國首都的軍事行動。

1943年9月 日本九州Q1W東海式反潛巡邏機「蘿娜」（Lorna）首飛。

1943年9月 日本川崎Ki-96型戰鬥機首飛。

1943年9月3日 義大利投降。

1943年9月9日 同盟國入侵義大利。

1943年9月9日 43,000噸重的義大利戰艦「羅馬號」（Roma）被一枚德國無線電遙控的弗里茨（Fritz）X型空射炸彈擊沉。

1943年9月15日～16日 一架英國皇家空軍的蘭卡斯特式轟炸機在多特蒙德-埃姆斯運河（Dortmund-Ems）上空，首度於作戰時使用5,443公斤重的「高腳櫃」（Tallboy）炸彈。

1943年9月20日 英國德哈維蘭吸血鬼式戰鬥機首飛。

1943年9月20日 美國康維爾PB4Y-2私掠者式（Privateer）轟炸機首飛。

1943年9月22日～23日 英國皇家空軍首次採用欺騙性突襲的誘餌系統。

1943年10月9日 美國空軍成功襲擊位於安克拉姆（Anklam）和馬林堡（Marienburg）的福克-沃

英國德哈維蘭吸血鬼式戰鬥機1943年9月20日首飛。

爾夫工廠。

1943年10月14日 美國出動參與什文福空襲的290架轟炸機折損了60架，故有「黑色星期二」之稱。

1943年10月26日 德國多尼爾Do 335箭式（Pfeil）戰鬥機首飛。

德國多尼爾Do 335箭式戰鬥機1943年10月26日首飛。

1943年10月31日 美國海軍第一次藉由使用機載攔截雷達取得空中勝利，成功摧毀一架日本飛機。

1943年11月2日 美國格魯曼F7F虎貓式（Tigercat）戰鬥機首飛。

美國格魯曼F7F虎貓式戰鬥機1943年11月2日首飛。

1943年11月5日 美國艦載飛機襲擊剛抵達拉包爾的日本海軍特遣部隊，嚴重損壞七艘巡洋艦和兩艘驅逐艦，迫使日軍撤退。

1943年11月17日 美國野馬式P-51D型戰鬥機首飛。

1943年11月18日～1944年3月25日　柏林戰役

英國皇家空軍出動超過9,000架次的飛機空襲柏林，總共16次攻擊行動中損失了500多架飛機。德國空軍在飛機與老練飛行員方面的實力被嚴重削弱，柏林也遭摧毀。3月8日之後，德國空軍無法有效保衛柏林。在3月9日，當300架B-17型轟炸機空襲柏林時，沒有任何德國戰鬥機能出來對抗。德國有經驗的飛行員正逐漸流失。與此同時，蘇聯軍隊又大舉推進，讓柏林腹背受敵，無論東邊或西邊都徹底潰敗。

洛克希德P-80流星式戰鬥機 1944年1月9日首飛

發動機：一具推力1,746公斤的通用J33-GE-9或I-16型引擎
主要角色：戰鬥機／戰鬥轟炸機
尺寸：翼展11.85公尺，機身長10.52公尺
武器：六挺12.7公厘機槍；機翼下方可加掛10枚127公厘火箭或2枚454公斤或227公斤炸彈
重量：滿載6,350公斤
速度：海平面高度時最高時速885公里
航程：1,000公里
機組員：1人

P-80源自貝爾以一具I-16渦輪噴射引擎搭配翼根進氣口的P-59B計畫，但貝爾時間不足，因此把這個計畫交給洛克希德公司。洛克希德耗時143天，以德哈維蘭妖精（Goblin）渦輪噴射引擎製作簡潔的低單翼XCP-80原型機，並於1944年1月首飛。後來洛克希德為了避免妖精型引擎授權生產曠日廢時，把引擎更換為I-40（J33）製作XP-80A，並於1944年6月首飛。

洛克希德公司取得13架YP-80A和5000架P-80A的訂單，但只有兩架前往戰區，訂單也在第二次世界大戰後縮減為917架。1940年代後期，美國有12個戰鬥機中隊配備流星式戰鬥機，並前往韓國作戰。史上第一次噴射機空戰發生於1950年11月8日，F/P-80在這場空戰中擊落米格MiG-15。P-80是美國陸軍航空軍作戰單位首次使用的渦輪噴射引擎飛機。

1943年12月 日本川崎Ki-64型戰鬥機首飛。

1943年12月 蘇聯的第一具渦輪噴射引擎TR-1（VDR）完成正式發動測試。

1943年12月 美國P-51野馬式長程戰鬥機為日間軍事行動提供空中掩護的範圍遍及全德國。

1943年12月16日～17日 英國皇家空軍開始攻擊位於法國的V-1飛彈基地（參見1944年6月13日的條目）。

1943年冬季 德國梅塞施密特Bf-109K型戰鬥機首飛。

美國柯蒂斯-萊特SC-1海鷹式水上偵察機
1944年2月16日首飛。

1944年 依航程區分的盟軍戰鬥機部署狀況：噴火式戰鬥機掩護英吉利海峽與北海，P-47深入德國，P-38飛往魯爾區以外，P-51加掛副油箱到達柏林。

1944年 空襲沒有造成德國的戰時生產停頓，但使戰鬥機和火砲從前線撤回，以便保護本土。1944年8月，德國石油生產停擺，影響地面和空中軍事行動。德國的運輸網中斷。儘管遭到轟炸，魯爾區的產量仍然相當高，但與德國其他地區隔絕。

1944年1月 德國容克斯388 V2型轟炸機首飛。

1944年1月4日 英國皇家空軍哈利法克斯式轟炸機在法國布雷斯特外海，執行史上首次高空水雷投擲行動。

1944年1月6日 美國麥克唐納（McDonnell）XP-67蝙蝠式（Bat）攔截機首飛。

1944年1月9日 美國洛克希德P-80流星式（Shooting Star）戰鬥機首飛。

1944年1月22日 義大利安濟奧（Anzio）登陸行動。

1944年2月2日 美國共和XP-72型戰鬥機首飛。

1944年2月15日 盟軍密集轟炸具歷史意義的義大利卡西諾山（Monte Cassino）修道院，使它成為廢墟。

1944年2月16日 美國柯蒂斯-萊特SC-1海鷹式水上偵察機首飛。

1944年2月21日 盟軍展開「大星期」（Big Week）轟炸行動。在布朗斯維克（Brunswick）、什文福、奧格斯堡、雷根斯堡等地投下2萬噸炸彈。但盟軍損失將近400架轟炸機，德軍則有500架戰鬥機遭到擊落。

1944年2月26日 600架蘇聯飛機攻擊芬蘭赫爾辛基。

1944年3月 日本川崎Ki-102型戰鬥機「蘭迪」（Randy）首飛。

1944年3月5日 英國陸軍上校溫蓋特（Orde C. Wingate）的特種部隊以夜間滑翔機空降在有「百老匯」之稱的緬甸北部。

1944年3月6日 美國陸軍航空軍660架轟炸機第一次大規模攻擊柏林時，損失69架轟炸機及11架護航的戰鬥機。

1944年3月10日 德國布洛姆-福斯BV 238型水上飛機首飛。

德國布洛姆-福斯BV 238型水上飛機1944年3月10日首飛。

航空事件時間表

1944年3月30日～31日　英國皇家空軍在紐倫堡襲擊行動中蒙受開戰以來最大的損失，參與任務的795架飛機折損96架（損失率12%）且545人犧牲（超過不列顛戰役中戰鬥機司令部的損失）。

1944年4月1日　美國貝爾XP-77型戰鬥機首飛。

1944年4月23日　美國諾斯洛普XP-56黑色子彈式（Black Bullet）戰鬥機首飛。

1944年5月1日　盟軍飛機發動大規模空中攻擊行動，攻擊納粹占領歐洲地區的鐵路及運輸系統。

1944年6月　日本川崎Ki-108型戰鬥機首飛。

英國阿夫羅林肯式轟炸機1944年6月9日首飛。

日本川崎Ki-108型戰鬥機1944年6月首飛。

1944年6月　世界第一架噴射轟炸機德國阿拉多Ar-234開始服役。

1944年6月6日　英國洛克希德XP-58連環閃電式（Chain Lightning）戰鬥機首飛。

1944年6月6日　盟軍在諾曼第登陸。先以空投揭開序幕，登陸後再由盟軍空軍的大規模行動提供支援。

1944年6月7日　諾曼第登陸後完成的第一座盟軍臨時機場在巴約（Bayeux）東北方的阿斯內勒（Asnelles）正式啟用。

1944年6月9日　英國阿夫羅林肯式（Lincoln）轟炸機首飛。

1944年6月13日　德國首次在法國發射V-1飛彈攻擊英國目標。6725枚V-1飛彈飛到英國沿岸，但超過一半被防空系統摧毀。2340枚擊中倫敦，造成5000多人喪命。德國接著從空中發射約750枚V-1飛彈，但只有十分之一擊中倫敦地區。

1944年6月15日　美國陸軍航空軍B-29超級堡壘式轟炸機從位於中國的基地起飛，首次攻擊日本。70架轟炸機損失18架。

1944年6月15日　美國航空母艦為登陸塞班島（Saipan）的部隊提供大規模空中支援。

1944年6月19日～20日　菲律賓海海戰，又稱為「馬里亞納射火雞大賽」（Great Marianas Turkey Shoot）。日本損失219架飛機，美國損失29架。這次戰役重創日本海軍航空軍力。

1944年7月15日　美國沃特XF5U-1剪嘴鷗式（Skimmer）戰鬥機首飛。

1944年7月17日　美國軍隊登陸關島。

1944年7月17日　美國陸軍航空隊首次以凝固汽油彈（napalm；又稱燒夷彈）攻擊法國庫唐斯（Coutances）的油庫。

1944年7月20日　英國南部沿岸完成防空砲火網部署，抵抗德國V-1飛彈攻擊。

1944年7月28日　英國德哈維蘭大黃蜂式（Hornet）戰鬥機首飛。

英國德哈維蘭大黃蜂式戰鬥機1944年7月28日首飛。

1944年8月　德國容克斯Ju 388型轟炸機首飛。

1944年8月4日　一架格羅斯特流星式戰鬥機和一枚V-1飛彈並飛，以翼尖迫使它飛向地面，摧毀這枚飛彈。

1944年8月4日　多架裝載9,072公斤黃色炸藥的無線電遙控B-17型轟炸機出動，轟炸德國在法國建造的V-2飛彈基地。

1944年8月16日　德國梅塞施密特Me 163B-1彗星式火箭動力攔截戰鬥機首次用於作戰任務（參見第115頁專欄）。

1944年8月24日　德國福克-沃爾夫Ta 152 H型戰鬥機首飛。

1944年8月28日　史上首次有噴射機（Me 262戰鬥機）在空戰中被擊落。

1944年8月31日　美國格魯曼F8F-1熊貓式（Bearcat）戰鬥機首飛。

美國格魯曼F8F-1熊貓式戰鬥機1944年8月31日首飛。

1944年9月4日　德國V-1飛彈對英國攻擊結束。

1944年9月8日　德國V-2彈道火箭攻擊巴黎及倫敦。

1944年9月10日　美國費爾柴德C-82型（C-119郵務）運輸機首飛。

1944年9月17日～26日　實施阿納姆（Arnhem）空

美國費爾柴德C-82型（C-119郵務）運輸機1944年9月10日首飛。

波音377同溫層巡航者客機 1947年7月8日首飛

（1944年11月15日首飛的C-97同溫層軍用運輸機的改造機種）

發動機：四具3,500馬力的普惠8-4360-83黃蜂型引擎

主要角色：客機

尺寸：翼展43.05公尺、機身長33.62公尺

酬載量：61名乘客／10,722公斤

重量：空機37,874公斤；滿載67,131公斤

速度：最高時速604公里；巡航時速377公里

航程：6,762公里

總產量（所有型式）：56架（民用機種）

　　1949年，波音377開始投入泛美航空北大西洋的「總統級」航線營運，美國海外航空、西北東方航空（Northwest Orient Airlines）、聯合航空、英國海外航空等公司也用於經營長程航線。同溫層巡航者立下舒適的新標準，在雙層加壓客艙中提供單人和雙人臥舖。此外，美國航空航太公司（Aero Spacelines Corporation）也以這型飛機為基礎，設計出「孔雀魚」（Guppy）和「超級孔雀魚」超大型貨機。

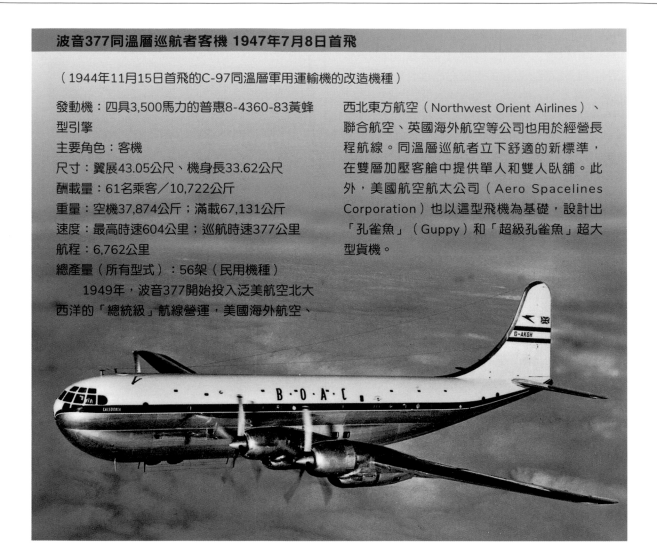

降突襲——「市場花園」（Market Garden）行動。盟軍三個空降師著陸，占領三座橋梁，準備渡過萊茵河。然而這次作戰以失敗告終：第一空降師有1萬人著陸，但撤退時僅有2000人。

1944年10月　日本橫須賀空技廠MXY-7櫻花式自殺攻擊機首飛。

1944年10月1日　蘇聯拉沃契金La-7型戰鬥機首飛。

1944年10月23日～26日　雷伊泰灣（Leyte Gulf）海戰。日本在這場海戰中首次以神風自殺飛機進行攻擊；美國海軍航空母艦擊沉四艘日本航空母艦。

1944年11月3日　日本開始以「風船武器」（氣球炸彈）攻擊美國。這些裝載燃燒彈的氣球在日本施放，並藉由太平洋上空的噴射氣流帶動。

1944年11月12日　英國皇家空軍以5,443公斤的「高腳櫃」炸彈擊沉德國鐵必制號戰艦。

1944年11月15日　美國波音C-97同溫層運輸機（Stratofreighter；同溫層巡航機〔Stratocruiser〕）首飛。

1944年11月24日 B-29型轟炸機從位於馬里亞納的基地出發，對日本發動首次空襲。

1944年11月25日 美國漢考克號（Hancock）、無畏號（Intrepid）、卡博特號（Cabot）、艾塞克斯號（Essex）航空母艦以及科羅拉多號（Colorado）、馬里蘭號（Maryland）戰艦，在雷伊泰灣海戰中遭日本神風自殺飛機攻擊。

1944年11月27日 美國波音XF8B-1型戰鬥機首飛。

1944年12月4日 英國布里斯托強盜式（Brigand）轟炸機首飛。

1944年12月6日 德國漢克爾He 162蠑螈式（Salamander）戰鬥機首飛。

德國漢克爾He 162蠑螈式戰鬥機1944年12月6日首飛。

1944年12月8日 美國轟炸機連續72天轟炸硫磺島（Iwo Jima），準備登陸。

1944年12月14日 英國休特昔德蘭式（Shetland）水上偵察機首飛。

1944年12月16日 英國太平洋艦隊艦載機攻擊蘇門答臘的日本石油設施。

1944年12月16日～1月28日 德國阿登（Ardennes）戰役，又稱為「突出部戰役」（Battle of the Bulge）。

1945年 瑞士皮拉圖斯（Pilatus）P-2型教練機首飛。在太平洋上，B-29型轟炸機初期日間攻擊效果不佳。

1945年1月 美國轟炸機司令部司令李梅（Curtis E. LeMay）以燃燒彈進行區域轟炸。炸彈由低空飛行的飛機投下，飛機僅保留機尾武器以提高速度和載彈量。

1945年1月1日 納粹德國最後一次大規模攻擊「地板行動」（Bodenplatte Operation）突襲盟軍機場，盟軍飛機損失慘重。900架德軍飛機摧毀300架盟軍飛機，大多在地面就遭擊毀。

1945年1月4日～9日 位於臺灣和呂宋島外海的美國第七艦隊遭到神風特攻隊強力攻擊。一艘護航航空母艦沉沒，三艘戰艦與其他船艦嚴重損壞。

1945年1月26日 美國麥克唐納FD-1幽靈式（Phantom）戰鬥機首飛。

1945年2月1日 日本川崎Ki-100型戰鬥機首飛。

1945年2月11日 美國康維爾XP-81型戰鬥機首飛。

1945年2月12日 法國莫蘭-索尼耶MS.472小辮式（Vanneau）教練機首飛。

1945年2月13日～15日 英國皇家空軍和美國陸軍航空軍日夜攻擊德國德勒斯登，造成嚴重火災及龐大的人命損失。

1945年2月21日 日本神風自殺攻擊在硫磺島外海擊沉一艘護航航空母艦，並重創一艘艦隊航空母艦。

1945年2月21日 英國霍克海怒式（Sea Fury）戰鬥機首飛。

英國霍克海怒式戰鬥機1945年2月21日首飛。

1945年2月25日 美國貝爾XP-83型戰鬥機首飛。

1945年2月26日 法國西南飛機製造公司（Sud-Ouest）S.O.30P布列塔尼式（Brétagne）客機首飛。

1945年2月27日　美國柯蒂斯-萊特XF15C-1型戰鬥機首飛。

1945年2月28日　德國巴赫姆（Bachem）Ba 349遊蛇式（Natter）攔截機首飛。垂直起飛的巴赫姆Ba 349遊蛇式火箭動力目標防禦攔截機第一次載人試飛時，試飛員喪生。

1945年3月　日本中島Ki-115劍式神風特攻隊飛機首飛。

1945年3月9日～10日　美國對日本第一次大規模燃燒彈空襲。333架駐紮在馬里亞納的B-29執行低空夜間攻擊，炸毀了41平方公里的東京市區，8萬4000人在轟炸造成的大規模火災中喪生。

1945年3月11日～19日　美國分別對名古屋、大阪和神戶進行夜間燃燒彈攻擊。

1945年3月14日　9,979公斤的大滿貫炸彈首次用於作戰，由蘭卡斯特式轟炸機攻擊德國俾勒菲德（Bielefeld）高架橋。

1945年3月18日　美國道格拉斯XBT2D-1無畏II型（1946年12月改名為AD-1天襲者式〔Skyraider〕）攻擊機首飛。

1945年3月18日　1,221架轟炸機、632架戰鬥機對柏林進行大規模空襲，遭到37架攜帶空對空火箭的德國噴射機攻擊。

1945年3月20日　英國最後一次遭到納粹德國空軍夜間攻擊。

1945年3月21日　日本橫須賀空技廠MXY-7櫻花式自殺飛機首次出擊。

1945年4月6日～7日　美國入侵沖繩期間，神風自殺飛機攻擊入侵艦隊的28艘艦艇，擊沉三艘。其後又在數週內攻擊了數次。

1945年4月7日　美國海軍艦載機擊沉日本巨型戰艦大和號。

1945年4月7日　美國P-51野馬式戰鬥機首次執行護航任務，由硫磺島護送B-29轟炸機攻擊日本。

1945年4月15日　美國北美航空工業P-82雙野馬式戰鬥機首飛。

美國道格拉斯XBT2D-1無畏II型攻擊機1945年3月18日首飛。

美國北美航空工業P-82雙野馬式戰鬥機
1945年4月15日首飛。

英國維克斯VC.1維京式客機1945年6月22日首飛。

1945年4月29日 英國皇家空軍轟炸機司令部在荷
蘭空投6,000噸食物與衣物。

1945年5月 英國奧斯特（Auster）A.O.P.6型偵察
機首飛。

英國奧斯特A.O.P.6型偵察機1945年5月首飛。

1945年5月4日～8日 德軍正式投降。

1945年5月17日 美國洛克希德P2V-5海王星式
（Neptune）海上巡邏機首飛。

美國洛克希德P2V-5海王星式海上巡邏機
1945年5月17日首飛。

1945年6月14日 英國阿夫羅都鐸式（Tudor）客機
首飛。

1945年6月22日 英國維克斯VC.1維京式客機首
飛。

1945年7月5日 泛美航空和環球航空取得北大西洋
營運權。

1945年7月21日 日軍在緬甸試圖越過錫當河
（Sittang River）時，遭到野馬式與噴火式戰鬥
機重挫。

1945年8月1日～2日 627架B-29超級堡壘轟炸機攻
擊八王子、長岡、水戶和富山。富山因而全毀。

1945年8月3日 日本九州J7W震電式攔截機首飛。

1945年8月6日 「艾諾拉·蓋」B-29轟炸機在廣島上
空投下史上第一枚作戰用原子彈「小男孩」（LIttle
Boy）造成廣島共109平方公里的區域遭到炸毀，9
萬人因此當場死亡，3萬7000人重傷。

1945年8月7日 日本中島J8N1菊花式攻擊機首
飛。

1945年8月9日 「博克的車」超級堡壘轟炸機在
長崎上空投下史上第二枚作戰用原子彈「胖子」
（Fat Man）。4萬人當場死亡，6萬人重傷。

1945年8月15日 七架日本飛機執行最後一次神風
自殺任務，準備攻擊在沖繩的盟軍，但任務失
敗。

1945年9月2日 日本在停泊於東京灣的美國戰艦密
蘇里號（Missouri）正式投降。東南亞大陸上的
日軍於9月12日在新加坡正式投降。

1945年9月12日 美國諾斯洛普XP-79B飛羊式
（Flying Ram）攔截機首飛。

1945年9月25日 英國德哈維蘭DH.104鴿式
（Dove）客機首飛。

1945年9月29日 瑞士航空恢復飛往倫敦，是戰後最先開始的航班。

1945年10月22日 法國航空重啟巴黎–倫敦航線。

1945年10月22日 比利時航空恢復布魯塞爾到倫敦的商業航班。

1945年11月7日 英國空軍的威爾森上校駕駛格羅斯特流星式戰鬥機，締造最高飛行時速的世界紀錄──975.67公里。

1945年11月20日 瑞典紳寶（Saab）91B SK50藍寶石式（Safir）教練機首飛。

1945年12月1日 美國格魯曼AF-2型守護者式（Guardian）反潛機首飛。

1945年12月2日 英國布里斯托170型貨機（Wayfarer；旅行者式客機）首飛。

英國布里斯托170型貨機1945年12月2日首飛。

1945年12月4日 環球航空星座式客機創下華盛頓特區與巴黎間橫越大西洋商業飛行紀錄。

1945年12月8日 美國貝爾47型直升機首飛。

1946年 蘇聯雅克列夫Yak-18型教練機首飛。

1946年1月1日 希斯洛機場移交給英國民航部。

1946年1月19日 美國貝爾X-1型實驗火箭機首次無動力飛行。

1946年2月15日 美國道格拉斯DC-6型客機首飛。

1946年2月28日 美國共和P-84型雷霆噴射式（Thunderjet）戰鬥轟炸機首飛。

1946年3月 法國飛機攻擊、轟炸越南獨立同盟會（Viet Minh）軍隊。

1946年3月8日 美國貝爾47型直升機取得商業直升機型式合格證書。

美國貝爾X-1型實驗火箭機
1946年1月19日首次無動力飛行。

1946年3月31日 英國珀西瓦爾學徒式（Percival Prentice）教練機首飛。

1946年4月9日 英國亨德利·佩吉黑斯廷斯式（Hastings）運輸機首飛。

1946年4月24日 蘇聯雅克列夫Yak-15型戰鬥機首飛。

1946年4月24日 蘇聯米高揚米格MiG-9型戰鬥機首飛。

蘇聯米高揚米格MiG-9型戰鬥機1946年4月24日首飛。

1946年5月17日 美國道格拉斯XB-43型轟炸機首飛。

1946年5月19日 英國亨德利·佩吉馬拉松式（Marathon）運輸機首飛。

1946年5月22日 加拿大德哈維蘭花栗鼠式（Chipmunk）教練機首飛。

1946年6月 美國馬丁XB-48型轟炸機首飛。

1946年6月6日 法國航空中心（Aérocentre）NC.3020貝爾菲戈爾式（Belphégor）高空試驗機首飛。

1946年6月7日 英國休特鱘魚式（Sturgeon）魚雷轟炸機首飛。

1946年6月25日 美國諾斯洛普XB-35型轟炸機首飛。

1946年7月1日 十字路口行動（Operation Crossroads）：一架美國B-29型轟炸機在比基尼環礁（Bikini Atoll）投下原子彈，對環礁周遭不同距離的73艘海軍艦艇進行核爆實驗。

1946年7月21日 美國麥克唐納FH-1幽靈式戰鬥機首飛。

1946年7月24日 馬丁-貝克（Martin-Baker）彈射座椅首次由飛機載人彈射。

1946年7月27日 英國超級馬林攻擊者式（Attacker）戰鬥機首飛。

1946年8月1日 英國歐洲航空（British European Airways, BEA）誕生。

1946年8月8日 美國康維爾B-36型轟炸機首飛。

1946年10月2日 美國沃特F6U海盜式（Pirate）戰鬥機首飛。

1946年11月1日 美國海軍非剛性飛船XM-1飛行170小時3分鐘，創下不加油飛行世界紀錄。

1946年11月7日 美國洛克希德R6V憲法式（Constltutlon）運輸機首飛。

1946年11月16日 瑞典紳寶90A-2斯堪地亞式（Scandia）客機首飛。

1946年11月22日 美國馬丁2-0-2型客機首飛。

1946年11月25日 法國空降部隊在越南海防（Haiphong）北方降落，奪回位於吉碑（Cat Bi）的機場，爆發激烈戰鬥。

1946年12月12日 英國韋斯特蘭飛龍式（Wyvern）攻擊機首飛。

英國韋斯特蘭飛龍式攻擊機1946年12月12日首飛。

1947年 荷蘭福克S.11教官式（Instructor）教練機首飛。

1947年 美國特高頻全向導航站（Very high-frequency Omnidirectional Range, VOR）開始輔助導航。

1947年1月 美國馬丁P4M-1麥卡托式（Mercator）轟炸機首飛。

1947年1月 英國蘇格蘭飛機製造公司先鋒式（Pioneer）運輸機首飛。

1947年1月6日 蘇聯伊留申II-12（北約代號：馬車〔Coach〕）運輸機首飛。

1947年1月11日 美國麥克唐納F2H-2女妖式（Banshee）戰鬥機首飛。

1947年2月 英國以飛機協助鎮壓保護國亞丁（Aden）的叛亂。英國陸軍、空軍和海軍飛機在長年游擊戰期間支援地面部隊，直到保護國於1967年11月獨立為止。

1947年2月10日 法國達梭（Dassault）MD.315紅鶴式（Flamant）運輸機首飛。

1947年3月10日 瑞典紳寶21R（J 21R）型戰鬥機首飛。

1947年3月16日 法國航空母艦迪克斯穆德號（Dlxmude）載運的法國海軍無畏式SBD-5俯衝轟炸機攻擊、轟炸越盟部隊。

1947年3月17日 美國北美航空工業B-45龍捲風式（Tornado）轟炸機首飛。

1947年4月3日 美國康維爾XB-46型轟炸機首飛。

1947年5月5日 義大利航空（Alitalia）開始營運（卡塔尼亞〔Catania〕至羅馬）。

1947年5月28日 美國道格拉斯天空閃光式（Skystreak）試驗機首飛。

1947年6月17日 蘇聯雅克列夫Yak-23型戰鬥機首飛。

1947年6月19日 美軍上校波伊德（Albert Boyd）駕駛洛克希德XP-80R流星式戰鬥機，締造最高飛行時速的世界紀錄──1003.8公里。

1947年6月30日 英國維克斯瓦列塔式（Valetta）運輸機首飛。

1947年7月2日 蘇聯米高揚米格MiG-15型戰鬥機

首飛。

1947年7月8日 波音377同溫層巡航者客機首飛（參見第130頁專欄）。

1947年7月10日 英國空速AS.57大使式（Ambassador）客機首飛。

1947年7月16日 英國桑德斯-羅伊（Saunders-Roe）SR.A/1型水上戰鬥機首飛。

英國桑德斯-羅伊SR.A/1型水上戰鬥機1947年7月16日首飛。

1947年7月24日 蘇聯伊留申Il-22型轟炸機首飛。

1947年7月24日 英國布里斯托西卡莫爾式（Sycamore）直升機首飛。

1947年7月27日 蘇聯圖波列夫Tu-12型轟炸機首飛。

1947年8月15日～12月31日 印度和巴基斯坦尋求

獨立及後續分裂時爆發戰鬥，印度皇家空軍因而分裂。

1947年8月16日 加拿大德哈維蘭DHC-2海狸式（Beaver）運輸機首飛。

1947年8月25日 美國海軍陸戰隊卡爾少校駕駛道格拉斯天空閃光式試驗機，締造最高飛行時速的世界紀錄——1047.33公里。

1947年8月31日 蘇聯安托諾夫（Antonov）An-2型運輸機首飛。

1947年9月2日 英國霍克海鷹式（Sea Hawk）戰鬥機首飛。

1947年9月18日 美國空軍成立，成為美國軍方的獨立軍種。

英國布里斯托西卡莫爾式直升機1947年7月24日首飛。

蘇聯米高揚米格MiG-15型戰鬥機1947年7月2日首飛。

北美航空工業F-86軍刀式戰鬥機 1947年10月1日首飛

發動機：（F-86F）一具推力1,255公斤的奇異J47-GE-27渦輪噴射引擎

主要角色：戰鬥機及戰鬥轟炸機

尺寸：（F-86F）翼展11.3公尺；機身長11.43公尺

武器：（F-86F）六挺12.7公厘寇特-白朗寧（Colt-Browning）M-3機槍；加掛2枚454公斤炸彈或16枚127公厘火箭

重量：（F-86F）空機4,966公斤；滿載7,710公斤

速度：（F-86F）最高時速1,110公里

航程：（F-86F）2,045公里

機組員：1人

總產量：9,502架（包含三菱生產300架）

變異型：F-86A～L、CL-13、加拿大歐倫達（Orenda）軍刀式、CA-26、澳大利亞亞文（Avon）軍刀式

開發設定為陸軍及海軍戰鬥機，並有全天候攔截機版本。陸基原型機採用後掠主翼和尾翼，但1945年1月1日的海軍原型機採用傳統直翼。XJF-1型於1946年11月27日，XP-86型則於1947年10月1日首飛。（F-86A型）正式交付於1948年12月。

全天候YF-86D型於1949年12月22日首飛。1949年，配備推力2,268公斤TG-190（J47）型引擎的XP-86型以時速1,080公里打破世界紀錄。儘管爬升和高空性能不佳，具有縫翼和動力「飛行尾翼」的F-86E型和具備加長前緣和小導流片的F-86F型依然在韓戰中勝過米格MiG-15。

自動導航和雷達導引碰撞航線攔截等新發明出現在複雜的F-86D型攔截機上。比較簡單且配備機槍的尾追攔截機K型由財團在義大利和德國大量生產。

美國空軍軍刀式的最後機種是性能強大的H型，但海軍機型隨即出現──FJ-2型（與配備機砲的F型相仿）和性能更強大的FJ-3型和FJ-4型（F-1C型和F-1E型）。AF-1E型擁有投擲轟炸系統、FR探測器、新型航空電子系統以及更大的燃料容量，是軍刀系列的顛峰之作。

軍刀系列產量在1945年後所有西方軍用機中位居第二，僅次於休伊（Huey）直升機。該型飛機除了澳大利亞的變異型和加拿大航機公司（Canadair）的CL-13系列（原本取得E型與F型授權，其中430架由互助基金購買給英國皇家空軍），使用的國家還包括阿根廷、孟加拉、玻利維亞、緬甸、衣索比亞、印尼、日本、南韓、馬來西亞、巴基斯坦、祕魯、菲律賓、葡萄牙、沙烏地阿拉伯、南非、臺灣、泰國、突尼西亞、委內瑞拉和南斯拉夫。

航空事件時間表

1947年10月　法國利亞行動（Operation Léa）：15,000名部隊由法國航空母艦迪克斯穆德號載運的海軍無畏式SBD-5俯衝轟炸機支援，攻擊越盟部隊。

1947年10月　美國格魯曼SA-16A信天翁式（Albatross）水陸兩用救援機首飛。

1947年10月1日　美國北美航空工業F-86軍刀式戰鬥機首飛（參見第137頁專欄）。

1947年10月14日　美國空軍葉格中尉駕駛貝爾X-1火箭動力試驗機，在高度12,800公尺達到水平飛行時速1,078公里，成為史上首位超越音速的人。

1947年10月21日　美國諾斯洛普B-49型轟炸機首飛。

1947年11月　美國西斯納170系列輕型飛機首飛。

1947年11月2日　美國霍華德‧休斯（Howard Hughes）乘坐180噸休斯H-4海克力斯式（雲杉鵝〔Spruce Goose〕）水上飛機起飛，飛行距離僅1.6公里。這艘水上飛機可載運700名乘客。

1947年11月24日　美國格魯曼F9F-5黑豹式（Panther）戰鬥機首飛。

1947年12月～1948年夏季　巴基斯坦霍克暴風雨II型戰鬥機在開伯爾山口（Khyber Pass）地區活動，支援地面部隊鎮壓叛亂。

1947年12月17日　美國波音B-47同溫層噴射式（Stratojet）轟炸機首飛。

1948年1月22日　英國休特海陸式（Sealand）水陸兩用機首飛。

1948年3月5日　美國柯蒂斯-萊特XF-87黑鷹式（Blackhawk）攔截機首飛。

1948年3月9日　英國格羅斯特E.1/44型戰鬥機首飛。

1948年3月23日　美國道格拉斯F3D空中騎士式（Skyknight）戰鬥機首飛。

美國道格拉斯F3D空中騎士式戰鬥機1948年3月23日首飛。

1948年5月3日　新成立的印度航空開始經營倫敦–孟買航線。

1948年5月4日　美國馬丁P5M-2旗魚式（Marlin）海上巡邏機首飛。

美國格魯曼F9F-5黑豹式戰鬥機1947年11月24日首飛。

維克斯子爵式客機 1948年7月16日首飛

發動機：四具1,990馬力的勞斯萊斯達特（Dart）525渦輪螺旋槳引擎

主要角色：客機

尺寸：翼展28.57公尺；機身長26.03公尺

酬載量：65～71名乘客／6,577公斤貨物

重量：空機18,853公斤；滿載32,885公斤

速度：巡航時速563公里

航程：2,834公里

總產量（所有型式）：444架

　　最初的V630型是為英國歐洲航空設計的32人座客機，於1948年7月16日首飛。1950年，子爵式（Viscount）原型機問世，是世界第一架渦輪螺旋槳客機，營運倫敦、巴黎和愛丁堡航線。量產型子爵700型可載運40～53名乘客，以四具1,540馬力的勞斯萊斯RDa3達特渦輪螺旋槳引擎提供動力。為英國歐洲航空開發的子爵802型於1956年7月27日首飛，機艙較長，可載運65～71名乘客，由1,742馬力的達特510型引擎提供動力。後來是動力更大的800型系列子爵，最後是子爵810型。使用這型飛機的還包括首都航空（Capital Airlines）、環加拿大航空（Trans Canada Air Lines）、英國空中渡輪（British Air Ferries）、根西航空（Guernsey Airways）和維珍航空（Virgin Airways）。

1948年5月15日～1949年7月20日　以色列獨立戰爭。

1948年5月20日　以色列空軍和阿拉伯空軍首次戰鬥。

1948年6月1日　戰後第一架壓力艙客機康維爾CV-240由美國航空加入國內營運。

1948年6月26日　蘇聯封鎖其占領的柏林，兩天後，柏林大空運開始。

1948年7月2日　美國北美航空工業AJ-2野人式（Savage）轟炸機首飛。

1948年7月6日　在持續到1960年7月31日的馬來亞緊急狀態（Malayan Emergency）期間，英國皇家空軍噴火式戰鬥機首次攻擊共產叛亂分子。強盜式與大黃蜂式轟炸機取得數次成功。空中再補給通常十分必要，因此達科塔式、瓦列塔式和後來的黑斯廷斯式運輸機使用相當頻繁。

1948年7月10日　英國博爾頓-保羅巴里奧式（Balliol）教練機首飛。

1948年7月16日　英國維克斯子爵式客機首飛（參見第139頁專欄）。

1948年8月　蘇聯拉沃契金La-15型戰鬥機首飛。

1948年8月8日　蘇聯伊留申II-28型（北約代號：小獵犬〔Beagle〕）轟炸機首飛。

1948年8月16日　美國諾斯洛普F-89蠍式（Scorpion）攔截機首飛。

1948年8月23日　美國麥克唐納XF-85小鬼式（Goblin）戰鬥機首飛。

1948年9月1日　瑞典紳寶J-29型戰鬥機首飛。

1948年9月15日　美國強森（Richard Johnson）少校駕駛F-86A軍刀式戰鬥機，締造最高飛行時速的世界紀錄——1079.61公里。

1948年9月18日　美國康維爾XF-92A型攔截機首飛。

1948年9月20日　蘇聯米爾（Mil）Mi-1「野兔」（Hare）直升機首飛。

1948年9月29日　美國沃特F7U-3彎刀式（Cutlass）戰鬥機首飛。

1948年10月　英國桑德斯-羅伊蚊子式（Skeeter）直升機首飛。

1948年10月20日　美國麥克唐納XF-88巫毒式（Voodoo）戰鬥機首飛。

1948年12月2日　美國比奇B45導師式（Mentor）

英國阿夫羅沙克爾頓式海上巡邏機1949年3月9日首飛。

美國比奇B45導師式教練機1948年12月2日首飛。

教練機首飛。

1948年12月3日 英國亨德利·佩吉赫姆斯（Hermes）IV型客機首飛。

1948年12月7日 英國切爾瓦天馬式（Air Horse）直升機首飛。

1949年 美國西斯納L-19A獵鳥犬式（Blrd Dog）偵察機首飛。

1949年1月7日 英國皇家空軍巡邏時損失五架戰鬥機：四架被以色列戰鬥機擊落，一架被以色列部隊地面砲火無故擊落。

1949年1月12日 法國東南飛機製造公司SE.雅馬邑式（Armagnac）客機首飛。

1949年2月15日 法國寶璣763型雙層運輸機首飛。

1949年2月26日～3月2日 美國B-50超級堡壘式轟炸機在空中加油協助下，完成史上首次不降落環球飛行。

1949年2月28日 法國達梭MD.450颶風式（Ouragan）戰鬥轟炸機首飛。

1949年3月9日 英國阿夫羅沙克爾頓式（Shackleton）海上巡邏機首飛。

1949年4月16日 柏林大空運的最高峰。共出動1,398次，運送12,940噸物資。

1949年4月21日 法國勒杜克（Leduc）O.10型試驗機首飛。

1949年5月3日 阿根廷航空公司（Aerolineas Argentinas）成立。

1949年5月12日 蘇聯解除柏林大封鎖。

1949年5月13日 英國電氣（Engllsh Electric, EE）坎培拉式（Canberra）轟炸機（授權馬丁B-57型轟炸機）首飛。

1949年6月4日 美國洛克希德XF-90型戰鬥機首飛。

1949年6月10日 法國北方飛機製造公司（Nord）2501諾拉特拉斯式（Noratlas）運輸機首飛。

1949年7月 英國維克斯瓦爾西提式（Varsity）教練機首飛。

英國電氣坎培拉式轟炸機1949年5月13日首飛。

德哈維蘭彗星式噴射客機 1949年7月27日首飛

發動機：四具推力2,268公斤的德哈維蘭幽靈50 Mk2型引擎

尺寸：翼展35.05公尺；機身長：28.35公尺

酬載量：44名乘客

重量：最大52,164公斤

速度：高度12,192公尺時巡航時速789公里

航程：最大酬載量時約3,219公里

於1943年完成原始設計，是史上第一架噴射客機。原始無尾翼設計後來棄用，改為傳統形式但先進的32人座飛機，能由高空飛越北大西洋。於1949年7月完成首飛。

彗星1型（生產九架）於1952年5月投入英國海外航空營運。後續推出推力、重量更大的彗星1A型（生產15架）、配備勞斯萊斯亞文引擎的44人座彗星2型（生產15架），以及燃料容量更大且配備性能升級款亞文RA.16型引擎的78座彗星3型。

彗星式客機因為兩次金屬疲勞失事而遭到停飛，訂單也隨之取消。英國因此失去了四年的噴射客機領先地位。

修改後的81人座彗星4型配備亞文524型引擎（生產28架）於1958年問世。其後是99人座的彗星4B型（生產18架），最後是長程客機彗星4C型（生產28架）。

1949年7月　美國提供P-63C眼鏡王蛇式戰鬥機給位於中南半島的法國軍隊，後來又提供F6F-5地獄貓式戰鬥機。

1949年7月27日　英國德哈維蘭彗星式噴射客機首飛。

1949年8月　英國奧斯特自動車式（Autocar）觀光飛機首飛。

1949年8月10日　加拿大阿夫羅C-102型噴射客機首飛。

1949年9月2日　英國德哈維蘭毒蛇式（Venom）戰鬥轟炸機首飛。

1949年9月4日　英國布里斯托布拉巴宗式（Brabazon）客機首飛。

1949年9月4日　英國阿夫羅707A/707B/707C型試驗機首飛。

1949年9月26日　美國北美航空工業T-28特洛伊人式（Trojan）教練機首飛。

1949年9月29日　英國費爾雷塘鵝式（Gannet）反潛機首飛。

1949年9月30日　柏林大空運結束。空運到柏林的食物、燃料和設備超過230萬噸。

1949年10月　美國馬丁XB-51型轟炸機首飛。

1949年10月14日　切斯/費爾柴德（Chase/Fairchild）C-123供應者式（Provider；又稱空中貨車〔Avitruc〕）運輸機首飛。

1949年11月　美國比奇L-23A雙富礦式（Twin Bonanza）運輸機首飛。

1949年11月7日　美國塞考斯基S-55型直升機首飛。

美國塞考斯基S-55型直升機1949年11月7日首飛。

1949年11月18日　一架道格拉斯C-74環球霸王I式（Globemaster I）運輸機載運103名乘客與組員從美國不降落飛到英國，載運人數為當時最大。

1949年11月27日　美國道格拉斯C-124A環球霸王II式運輸機首飛。

1949年12月29日　英國超級馬林510型戰鬥機首飛。

1950年　美國馬丁4-0-4型客機首飛。

1950年　美國皮亞塞基（Piasecki）HUP-1獵犬式（Retriever）雙旋翼直升機首飛。

1950年　法國航空工業協會（SIPA）S.12型教練機首飛。

1950年　馬來亞緊急狀態期間，直升機開始用於攻擊及運送傷患。

1950年1月14日　蘇聯米高揚米格MiG-17型（北約代號：壁畫〔Fresco〕）戰鬥機首飛（參見第144頁專欄）。

1950年1月18日　美國洛克希德F-94C星火式攔截機首飛（參見第145頁圖說）。

1950年1月19日　加拿大阿夫羅CF-100加拿大人式（Canuck）攔截機首飛。

1950年2月23日　英國珀西瓦爾教長式（Provost）T.1教練機首飛。

1950年3月　英國皇家空軍和澳洲皇家空軍的林肯式轟炸機在馬來亞緊急狀態期間開始區域轟炸，協助地面部隊鎮壓共黨叛亂分子。

1950年3月13日　澳洲航空（QANTAS）首次（測試）飛越南太平洋，從雪梨飛往智利的瓦爾帕萊索（Valparaiso）。

1950年4月8日　美國海軍私掠者式轟炸機在波羅的海上空偵察時，被蘇聯戰鬥機擊落。

1950年4月30日　法國東南飛機製造公司SE.2410咆哮者I型（Grognard I）攻擊機首飛。

1950年5月10日　英國德哈維蘭DH.114蒼鷺式（Heron）客機首飛（參見第145頁圖說）。

米高揚米格MiG-17型戰鬥機 1950年1月14日首飛

發動機：（米格MiG-17、17P）一具推力2,700公斤的克里莫夫（Klimov）VK-1單軸離心渦輪噴射引擎

主要角色：戰鬥機

尺寸：翼展9.45公尺；機身長11公尺

武器裝備：（米格MiG-17）一門37公厘機砲，兩門23公厘NS-23機砲

重量：空機4,100公斤；滿載6,700公斤

速度：高度3,000公尺時最高時速1,145公里

航程：加掛油箱時1,470公里

機組員：1人

總產量（所有型式）：5,000架以上（包含中國生產1,000多架）

變異型：米格MiG-17、17P、17F、17PF、17PFU、Lim-5P、Lim-5M、S-104、F-4

　　1949年開始設計新型戰鬥機，目標是克服米格MiG-15高速時的性能缺陷。米格MiG-17擁有更薄的新機翼，不同的截面與平面形狀、三片導流板，無漸縮及47度的後掠角，高速表現大幅提升，甚至能在俯衝時造成音爆。後段機身比米格MiG-15長，系統和裝備也是新的，但VK-1型引擎沒有改變。

　　變異型包括有限全天候機種米格MiG-17P，較長機鼻內裝配備與米格MiG-19相同的綠寶石人工智慧雷達、測距航空電子系統，於1958年開始生產。

　　最重要的子機種米格MiG-17F，加大的正方形空氣煞車回歸尾部，而非某些早期機種的機翼後部（波蘭生產時稱為Lim-5P，5M是配備較大的輪胎和減速傘，能夠應對不平坦機場的進階支援機種。捷克生產時稱為S-104，中國稱為F-4）。米格MiG-17PF是後燃全天候攔截機；最後的米格MiG-17FPU拆除槍砲和掛架，改為四枚紅外線導引空對空飛彈（北約代號：Alkali）。

　　許多米格MiG-17F到1970年代中期仍在使用。使用米格MiG-17的國家包括：阿富汗、阿爾巴尼亞、阿爾及利亞、安哥拉、保加利亞、中國、古巴、捷克、埃及、東德、幾內亞、匈牙利、印尼、伊拉克、柬埔寨、北韓、馬利、摩洛哥、奈及利亞、波蘭、羅馬尼亞、索馬利亞、南葉門、蘇聯、斯里蘭卡、蘇丹、敘利亞、坦尚尼亞、烏干達、越南和葉門。

美國洛克希德F-94C星火式攔截機1950年1月18日首飛。

英國德哈維蘭DH.114蒼鷺式客機1950年5月10日首飛。

1950年6月19日 英國霍克P.1052型試驗機首飛。

1950年6月20日 英國布萊克本貝弗利式（Beverley）運輸機首飛。

英國布萊克本貝弗利式運輸機1950年6月20日首飛。

1950年6月25日～1953年7月27日 韓戰
　　戰爭爆發後兩天，北韓飛機首次被F-82G雙野馬式戰鬥機擊落，美國B-29開始執行轟炸任務。

1950年6月27日 阿根廷軍機廠（FMA）IA.e.33箭II型（Pulquí II）戰鬥機首飛。

1950年7月3日 由美國福吉谷號（Valley Forge）航空母艦和英國勝利號（HMS Triumph）起飛的美國海軍軍機執行韓戰第一次艦載機攻擊。美國海軍格魯曼F9F-2黑豹式戰鬥機是韓戰首次參與行動的噴射機。

1950年7月15日 蘇聯伊留申Il-14型（北約代號：板條箱〔Crate〕）運輸機首飛。

蘇聯伊留申Il-14型運輸機1950年7月15日首飛。

1950年9月22日 美國共和F-84雷霆式戰鬥轟炸機在空中加油輔助下，創下噴射機首次不降落飛越大西洋的紀錄。飛行員最後在加拿大拉布拉多（Labrador）地區上空跳傘降落。

1950年10月1日 環球航空以洛克希德星座式客機首次從法蘭克福經倫敦飛到紐約。

1950年10月10日 英國博爾頓-保羅P.111型試驗機首飛。

1950年10月13日 美國洛克希德超級星座式（Super Constellation）客機首飛。

1950年11月1日 中國米格MiG-15戰鬥機首次出現在北韓上空。

1950年11月8日 韓戰：美國空軍第51戰鬥攔截機聯隊布朗（Russell J. Brown）少尉駕駛洛克希德F-80C戰鬥機擊落中國米格MiG-15，在史上首次噴射機對噴射機空戰中獲勝。

1950年11月9日 韓戰：美國B-29轟炸機首次被米格MiG-15擊落。

1950年11月9日 韓戰：在美國海軍噴射機與米格MiG-15首次對陣中，駕駛格魯曼F9F-2黑豹式戰鬥機的阿曼（William Amen）少校成為第一位在空戰中擊毀噴射機的美國海軍飛行員。

1950年11月11日 美國F-86A軍刀式戰鬥機前往韓國對抗米格MiG-15。

1950年12月17日 韓戰：四架F-86A軍刀式戰鬥機和四架米格MiG-15在鴨綠江以南16公里首次對戰，一架米格MiG-15被擊落。

1950年12月22日 韓戰：F-86A軍刀式戰鬥機首次被擊落。

1951年1月13日～4月12日 韓戰：B-29型轟炸機使用5,443公斤的無線電導引炸彈攻擊橋梁。機群共投下30枚炸彈，擊毀六座、破壞一座橋梁。19枚炸彈沒有命中，兩枚未引爆。

1951年1月23日 美國道格拉斯F4D-1天光式（Skyray）戰鬥機首飛。

1951年2月 法國開始使用美國提供的B-26轟炸機及F8F熊貓式戰鬥機在中南半島對抗越盟。

1951年2月6日 芬蘭維美德（Valmet）狂風式（Vihuri）教練機首飛。

1951年2月12日 義大利比雅久P.148型教練機首飛。

1951年2月23日 達梭神祕II型（Mystère II）戰鬥機首飛。

法國達梭神祕II型戰鬥機1951年2月23日首飛。

1951年3月12日 英國費爾雷FD.1型試驗機首飛。

1951年3月15日 法國西南飛機製造公司SO.30R型運輸機首飛，是法國第一架噴射運輸機。

1951年4月22日 韓戰：一架B-29型轟炸機的砲手擊落兩架米格MiG-15，是噴射機首次被轟炸機防衛砲火擊落。

1951年5月1日 八架天襲者式攻擊機以魚雷攻擊、破壞北韓的華川水壩。

1951年5月1日 一架美國海軍海王星式海上巡邏機在西伯利亞上空被蘇聯戰鬥機擊落。

1951年5月18日 美國試飛員布里吉曼駕駛道格拉斯D-558-2高速試驗機以1.72馬赫（時速1,819公里）飛行，時速超過1,600公里。

1951年5月18日 英國維克斯勇者式（Valiant）轟炸機首飛。

1951年5月20日 福克S.14馬赫教練式（Mach-Trainer）教練機首飛。

1951年6月中旬 韓戰：蘇聯教官駕駛米格MiG-15首次參與空戰。6月底，F-86擊落42架米格MiG機，本身僅損失三架。

1951年6月20日 美國貝爾X-5型試驗機首飛，它是第一架具備可變後掠翼的噴射機。

1951年7月21日 英國霍克獵人式（Hunter）攔截戰鬥機首飛。

霍克獵人式攔截戰鬥機 1951年7月21日首飛

發動機：（F.6）一具推力4,536公斤的勞斯萊斯亞文203型引擎

主要角色：（F.6）日間攔截戰鬥機

尺寸：翼展10.26公尺；機身長13.98公尺

武器裝備：（F.6）四挺30公厘亞丁機砲；翼下可加掛2枚454公斤炸彈及24枚76.2公厘火箭（後期或整新機種也可加掛兩個1,046公升油箱）

重量：（F.6）空機6,530公斤；滿載8,050公斤

速度：（F.6）海平面高度時最高時速1,150公里

航程：（F.6加掛可拋棄油箱）：2,965公里

機組員：1人

總產量（所有型式）：1,985架（包含授權在比利時和荷蘭生產的445架）

變異型：F.1～6、T.7、T.8、FGA.9、FR.10、GA.11

　　獵人式多用途戰鬥機是二次世界大戰後英國最成功的戰鬥機。原型機P.1067於1951年6月20日首飛，量產型獵人式F.1型於1953年5月16日首飛，最終交付於1966年。原型機依據F.3/48規格製造，配備推力2,948公斤的亞文100型引擎。該型飛機可在小角度俯衝時達到超音速，同時把四挺火力強大的亞丁機砲結合成快速發射單位。加裝凸出形彈藥箱及在後段機身下方加裝空氣煞車後，即成為標準戰鬥機。阿姆斯壯-惠特沃斯為F.2型配備推力3,628公斤的藍寶石101型（Sapphire 101）引擎，這具引擎和先前的亞文不同，在火砲發射時仍然持續發動。僅使用一次的3型創下時速1,170公里的世界紀錄。

　　F.4型的燃料容量從1,264公升提高到1,567公升，並可在翼下加掛油箱。F.5型是配備藍寶石引擎的4型。F.6型採用推力4,536公斤的亞文203型引擎，配備翼弦加長的鋸齒狀機翼。T.7型擁有推力3,629公斤的亞文122型引擎以及並列複式控制裝置。T.8型是海軍教練機。最重要的型式為FGA.9型，擁有推力4,763公斤的亞文207型引擎和更重的翼下掛載。FR.10型是配備攝影機的戰鬥機；GA.11型是對地攻擊海軍訓練機。出口總數為429架全新機和超過700架整新或完全再製機。獵人式機服役的國家包括：阿布達比、英國（皇家空軍及皇家海軍）、智利、印度、伊拉克、肯亞、科威特、黎巴嫩、阿曼、祕魯、卡達、羅德西亞、新加坡和瑞士。

英國格羅斯特標槍式戰鬥機1951年11月26日首飛。

1951年8月1日　日本航空成立，飛機和組員都向美國西北航空（Northwest Airlines）借用。

1951年8月5日　英國超級馬林雨燕式（Swift）戰鬥機首飛。

1951年8月7日　美國麥克唐納F3H-1惡魔式（Demon）攔截機首飛。

美國麥克唐納F3H-1惡魔式攔截機1951年8月7日首飛。

1951年8月10日　英國休特S.A.4斯珀林式（Sperrin）轟炸機首飛。

1951年8月13日　印度斯坦航空工業（Hindustan Aeronautics Limited, HAL）HT-2型教練機首飛。

1951年8月25日　美國空中指揮官（Aero Commander）500B型商務機首飛。

1951年9月21日　韓戰：史上首次以直升機大規模運送部隊到達前線。12架塞考斯基S-55型直升機共載運228名美國陸戰隊員。

1951年9月26日　英國德哈維蘭海雌狐式（Sea Vixen）戰鬥機首飛。

1951年10月23日　韓戰規模最大的空戰。由55架F-84E、35架F-86E戰鬥機護航的八架B-29型轟炸機，遭到150多架米格MiG-15攻擊。在5分鐘內，六架米格MiG-15被擊落，三架B-29被擊落或無法修復，一架F-84被擊落。B-29後來僅用於夜間轟炸。

1951年11月26日　英國格羅斯特標槍式（Javelin）戰鬥機首飛。

1951年12月5日　11家航空公司在北大西洋航線推出經濟艙。

1951年12月12日　加拿大德哈維蘭DHC-3水獺式（Otter）水上飛機首飛。

1951年12月31日　美國空中乘客里程（17公里）首次超越鐵路乘客里程（16公里）。

1952年1月3日　英國布里斯托貝爾維德雷式（Belvedere）直升機首飛。

1952年4月　美國康維爾YB-60轟炸機首飛。

1952年4月1日　蓋布瑞斯基（Gabby Gabreski）上校在韓戰中第五次擊落敵機，成為二次大戰及韓戰雙重王牌飛行員。

1952年4月11日　美國皮亞塞基H-21C型運輸直升機首飛。

1952年4月12日　美國格魯曼S2F-1追蹤者式（Tracker）海上巡邏機首飛。

1952年4月15日　美國波音B-52同溫層堡壘式（Stratofortress）轟炸機首飛（參見第150～151頁專欄）。

1952年4月27日　蘇聯圖波列夫Tu-16獾式（北約代號：Badger）轟炸機首飛（參見第152頁專欄）。

1952年5月29日　空中加油首次用於支援戰鬥任務。KB-29超級堡壘式加油機在韓國為12架F-84雷霆式戰鬥機補充燃料。

1952年6月3日　蘇聯米爾Mi-4（北約代號：獵犬〔Hound〕）直升機首飛。

1952年6月17日　美國海軍接收全世界最大的非剛性飛船2PN-1（長99公尺）。

1952年7月23日　法國富加教師式（Fouga Magister）教練機首飛。

法國富加教師式教練機1952年7月23日首飛。

1952年8月16日　英國布里斯托大不列顛式（Britannia）客機首飛（參見第153頁專欄）。

1952年8月22日　英國桑德斯-羅伊SR.45公主式（Princess）水上客機首飛。

1952年8月23日　英國博爾頓-保羅P.120型試驗機首飛（三週後墜毀）。

美國格魯曼S2F-1追蹤者式海上巡邏機1952年4月12日首飛。

波音B-52同溫層堡壘式轟炸機 1952年4月15日首飛

發動機：（B-52H）八具推力7,718公斤的普惠TF33-P-3渦輪扇引擎

主要角色：戰略重型轟炸機

尺寸：翼展56.39公尺；機身長47.85公尺

武器裝備：（B-52H）一挺20公厘ASG-21機尾機砲；可掛載最多51枚340公斤炸彈（27枚在機身艙內，24枚掛在翼下）或最多20枚AGM-69A短程空對地飛彈（八枚在機身艙內，12枚在翼下兩個掛點）

重量：空機111,350公斤；滿載229,066公斤

速度：高度12,200公尺時最高時速1,070公里（0.95馬赫）

航程：16,303公里

機組員：6人

總產量（所有型式）：480架

變異型：B-52B、RB-52B、B-52C、D、E、F、G、H

　　原型機YB-52於1952年4月15日首飛，由

強森（Tex Johnson）駕駛。B-52H於1961年3月6日首飛。雖然有兩款原型機和三款先導生產機型，但實際服役的型式只有B-52D、G、H。生產從1954年持續到1962年。

　　波音B-52兼具傳統和核子轟炸角色，1950年代以來一直是美國空中力量的象徵。這型飛機參與作戰的地點包含越南、1991年及2003年的波斯灣、1999年的科索沃以及2001年起的阿富汗。

　　在東南亞地區，最重要的機型是B-52D。這個機型改裝「大肚子」（Big Belly）後，227公斤或340公斤炸彈載運量大幅提高。新型機翼掛架加大掛載量，總共可載運108個227公斤武器。

　　B-52G理論上最大可裝載22,700公斤炸彈，但未改裝的武器艙只能載運27枚227公斤或340公斤炸彈，遠小於飛機的載運量。

　　1973年以後，96架G型和H型、80架D型進行現代化。AGM-86空中發射巡弋飛彈問世後，B-52G、H轉換新角色，約有269架於1981年至1982年進行轉換。G型兩個機翼掛架可攜帶12枚飛彈；H型機內的旋轉發射器可多裝載八枚。

圖波列夫Tu-16獾式轟炸機 1952年4月27日首飛

發動機：兩具推力9,500公斤的米庫林（Mi-kulin）AM-3M渦輪噴射引擎

主要角色：中型轟炸機及偵察機

尺寸：翼展33.5公尺；機身長36.87公尺

武器裝備：（獾-A型）七挺23公厘機砲，最大武器載重量9,000公斤；（獾-B）翼下掛載兩枚「狗窩」（Kennel）或「凱爾特」（Kelt）空對地飛彈；（獾-C）機身下方掛載一枚「醃魚」（Kipper）遠程炸彈；（獾-G）翼下掛載兩枚「凱爾特」或「石首魚」（Kingfish）空對地飛彈

重量：空機40,000公斤；滿載77,000公斤

速度：高度10,700公尺時最高時速945公里（0.87馬赫）；高度10,000公尺時巡航時速790公里

航程：4,800公里

機組員：7人

總產量（所有型式）：超過2,000架

變異型：獾-B和-C（可攜帶空對地飛彈）；-D、-E、-F、-K具備額外電子設備，部分安裝於翼下莢艙中；-H與-J為電子反制機；轟-6為中國複製型

圖波列夫Tu-16獾式噴射轟炸機於1950年開始建造，用來對抗英國勇者式轟炸機和美國B-47型轟炸機。原型機於1952年首飛，1955年開始在蘇聯服役。中國、埃及、印尼和伊拉克空軍也使用這型飛機。

Tu-16曾在中東地區多次戰爭中出動。獾式雖然被歸類為重型轟炸機，但中期改裝賦予它多重角色，因此使用年限長達近50年。

1952年8月30日 英國阿夫羅火神式（Vulcan）轟炸機首飛（參見第154頁專欄）。

1952年9月6日 英國德哈維蘭110海雌狐式戰鬥機原型機在英國法茵堡（Farnborough）航空展中飛行時解體，造成28人死亡、60人受傷。

1952年9月10日 美國波馬克（Boeing Michigan Aeronautical Research Center, BOMARC）地對空飛彈首次發射成功。

1952年9月20日 美國道格拉斯X-3型試驗機首飛。

1952年9月28日 法國達梭神祕式IVA型戰鬥轟炸機首飛。

1952年10月7日 美國空軍RB-29超級堡壘式偵察機在庫頁島上空被蘇聯戰鬥機擊落。

1952年10月16日 法國西南飛機製造公司禿鷹式

（Vautour）戰鬥轟炸機首飛。

1952年10月23日 美國休斯XH-17型直升機首飛。

1952年10月28日 美國道格拉斯A-3D-1空中戰士式（Skywarrior）轟炸機首飛（參見第155頁圖

說）。

1952年11月2日 韓戰：史上首次噴射機對噴射機的夜間戰鬥，美國海軍道格拉斯F3D空中騎士式戰鬥機擊落雅克列夫Yak-15型戰鬥機。

布里斯托大不列顛式客機 1952年8月16日首飛

發動機：四具2,800～5,500馬力的布里斯托海神式（Proteus）625/705型引擎

主要角色：載客運輸機

尺寸：翼展43.35公尺；機身長37.87公尺

酬載量：99名乘客／12,700公斤貨物

重量：空機39,915公斤；滿載83,914公斤

速度：最高時速639公里；巡航時速575公里

航程：9,300公里

總產量（所有型式）：85架

　　原始設計機型是供英國海外航空公司（BOAC）使用的中航程32～36人座活塞引擎客機，但後來設計大幅變更，改為渦輪螺旋槳動力的原型機。這款原型機為90人座，於1953年12月23日首飛。

　　1957年2月1日，外號「低語巨人」（Whispering Giant）的生產型大不列顛102型投入BOAC倫敦–約翰尼斯堡航線營運。可載運99～133名乘客的大不列顛300型系列為長程機種，於1957年12月19日開始飛行BOAC的倫敦–紐約不降落航班。大不列顛312型是史上首款飛行跨越大西洋航線的渦輪客機。

　　使用大不列顛系列的機構包括：墨西哥國際航空、加拿大太平洋航空、古巴航空、以色列航空、迦納航空和英國皇家空軍運輸司令部。

阿夫羅火神式轟炸機 1952年8月30日首飛

發動機：四具推力9,072公斤的布里斯托西德利（Siddeley RR）奧林帕斯（Olympus）301渦輪噴射引擎

主要角色：重型轟炸機

尺寸：翼展33.83公尺；機身長30.45公尺

武器裝備：一枚藍鋼1型（Blue Steel Mk 1）遠程飛彈或21枚454公斤炸彈

重量：滿載90,800公斤

速度：高度12,000公尺時最高時速1,038公里（0.96馬赫）；高度16,800公尺時巡航時速1,009公里（0.95馬赫）

航程：（渡運交機地點）7,650公里

機組員：5人

總產量（所有型式）：132架

變異型：B.1、B.1A、B.2

　　阿夫羅火神式是勇者式後第二款服役的V型轟炸機，在英國皇家空軍服役近30年。第一款原型機具備優異的三角翼，在高空具備優秀的操控性能，於1952年8月30日首飛。其後的B.1型於1955年2月4日首飛，B.2型於1958年8月19日首飛。

　　1957年7月11日，第一個火神式轟炸機前線作戰單位83中隊成立，到1958年時飛機數目迅速增加。火神式轟炸機可以發射藍鋼遠程飛彈，這種飛彈必須裝置在半嵌入的炸彈艙中，和自由落下的核彈相同。

　　1968年，由攜帶北極星（Polaris）飛彈的英國海軍潛艇接任戰略核子嚇阻任務，火神式轟炸機轉為使用傳統炸彈的戰術角色。火神式轟炸機於1964年停止生產，儘管部隊規模逐漸縮減，1982年福克蘭戰爭時仍有五架由距離目標6,250公里的阿森松島（Ascension Island）起飛，執行轟炸和飛彈攻擊任務。最後一個轟炸機單位也在福克蘭戰爭後解編。有些火神式轟炸機也改裝成坦克運輸機，一直服役到1984年3月。

美國道格拉斯A-3D-1空中戰士式轟炸機1952年10月28日首飛。

1952年11月3日　瑞典紳寶32長矛式（Lansen）戰
鬥機首飛。

1952年11月12日　蘇聯圖波列夫Tu-95熊式轟炸機
首飛。

1952年11月20日　英國珀西瓦爾P.66彭布洛克式

（Pembroke）運輸機首飛。

1952年12月　法國航空母艦阿羅茫什號（Arro-
manches）和法國空軍作戰單位在越南和平省周
圍的激烈戰鬥中支援地面部隊。

1952年12月24日　英國亨德利·佩吉勝利者式轟炸

蘇聯圖波列夫Tu-95熊式轟炸機1952年11月12日首飛。

英國亨德利‧佩吉勝利者式轟炸機1952年12月24日首飛。

機首飛。

1953年 漢莎航空於第二次世界大戰後重新成立。

1953年 美國瑞恩（Ryan）導航式（Navion）205型聯絡運輸機首飛。

1953年 蘇聯雅克列夫Yak-25型攔截機首飛。

1953年 馬來亞緊急狀態期間，直升機使用率提高。當年運送了12,000名英國兵員前往作戰地區。

1953年1月 法國于雷爾-杜布瓦（Hurel-Dubois）H.D.321型客機首飛。

1953年1月3日 美國西斯納310C型多用途飛機首飛。

1953年1月29日 莫蘭-索尼耶MS.755輕劍式（Fleuret）教練機首飛。

1953年2月21日 美國布蘭特利（Brantly）B-2直升機首飛。

1953年3月3日 加拿大太平洋航空彗星I型（Comet I）客機在巴基斯坦喀拉蚩失事，機上人員全數罹難。

1953年3月10日 美國空軍F-84G雷霆噴射式戰鬥機在捷克邊境附近被兩架捷克米格MiG-15擊落。

1953年3月12日 英國皇家空軍阿夫羅林肯式轟炸機在柏林空中走廊被米格MiG機擊落。

1953年4月9日 美國康維爾F2Y-1海鏢式（Sea Dart）戰鬥機首飛。

1953年4月18日 史上第一個以渦輪螺旋槳客機營運的定期客運航班啟用，使用的飛機為英國歐洲航空（BEA）子爵式客機。

1953年5月1日 達美航空和芝加哥南方航空（Chicago and Southern Airlines）合併。

1953年5月2日 另一架彗星I型客機在加爾各答附近失事，43人死亡。

1953年5月12日 貝爾X-2型超音速試驗機首次在準備從波音EB-50A超級堡壘母機機腹拋下時爆炸。試飛員吉格勒（Jean Ziegler）喪生。

1953年5月18日 美國道格拉斯DC-7型客機首飛。

1953年5月21日 西班牙C.A.S.A. 202B鷹式（Halcón）運輸機首飛。

1953年5月25日 美國北美航空工業F-100超級軍刀

式（Super Sabre）戰鬥機首飛。

1953年6月18日 美國空軍C-124環球霸王II式運輸機在東京立川基地起飛時失事，是當時史上第一次死亡人數超過百人的空難事件。

1953年7月3日 美國北美航空工業FJ-3怒火式（Fury）戰鬥機首飛。

1953年7月27日 韓戰結束。

美國官方韓戰統計數字

美國空軍戰鬥機在空戰中擊毀954架敵機。F-86軍刀式戰鬥機擊毀810架，其中包括792架米格MiG-15。這次戰爭產生了39位F-86軍刀王牌飛行員，共擊落305架敵機。麥康諾（Joseph McConnel）上尉擊落16架，是成就最大的王牌飛行員。美國空軍共有605架戰鬥機被敵方擊落，其中有78架軍刀式戰鬥機在空戰中被擊落。

1953年7月28日 美國空軍波音RB-50型偵察機在海參威附近的國際空域被米格MiG-15擊落。

1953年8月1日 印度國際航空（International Air India）成立（1962年刪除「國際」兩字）。

1953年8月1日 法國東南飛機製造公司SE.5000鬥者式（Baroudeur）戰鬥機首飛。

1953年8月1日 美國洛克希德U-2型偵察機首飛（參見第158～159頁專欄）。

1953年8月20日 美軍亨斯（Horace A. Hanes）上校駕駛F-100超級軍刀式戰鬥機，以時速1,323公里創下史上第一個超音速正式世界紀錄。

1953年8月23日 英國休特A.S.1海鷗式（Sea-mew）反潛機首飛。

1953年9月 蘇聯米高揚米格MiG-19（北約代號：農夫〔Farmer〕）戰鬥機首飛（參見第159頁圖說）。

1953年9月3日 一架格羅斯特流星式戰鬥機在跑道行進時，首次由位於地面的飛機成功彈射。

美國北美航空工業F-100超級軍刀式戰鬥機1953年5月25日首飛。

洛克希德U-2型偵察機 1953年8月1日首飛

發動機：一具推力7,711公斤的普惠J75-P-138型引擎

主要角色：高空戰略偵察機

尺寸：翼展24.43公尺；機身長15.24公尺

武器裝備：無

重量：滿載10,225公斤

速度：高度25,900公尺時巡航時速749公里

航程：4,635公里

機組員：1人

總產量（所有型式）：50架

變異型：A/B/C/D/R/S

U-2型首次提案於1954年，1956年開始服役，設計目標是在蘇聯進行高空偵察。早期版本基本上是動力滑翔機，起飛和降落都很

1953年9月11日 響尾蛇（Sidewinder）空對空飛彈完成首次攔截。

1953年9月21日 阿根廷軍機廠（FMA）IA-35-11萬奎羅式（Huanquero）多用途飛機首飛。

1953年10月24日 美國康維爾F-102三角劍式（Delta Dagger）戰鬥機首飛。

1953年11月24日 越盟在中南半島增加防空火砲數量。兩週內51架轟炸、攻擊的法國飛機中，有45架被擊中，三架被擊落。

美國康維爾F-102三角劍式戰鬥機1953年10月24日首飛。

困難。變異型包括48架配備推力5,080公斤的
J57-P-37A型引擎的U-2A型、配備推力更大的
J75-P-13型引擎的U-2B型,以及經過重新設計
後更大、更重的U-2R型(翼展31.4公尺,重量
超過63,490公斤),可攜帶信號情報及光學偵
察設備的機翼莢艙。

1953年12月12日 美國空軍葉格上尉駕駛由空中
發射的貝爾X-1A火箭動力高速試驗機,在高度
21,340公尺時速度達到2.435馬赫(時速2,655公
里)。

1953年12月16日 法國西南飛機製造公司SO.1221
精靈式(Djinn)直升機首飛。

1953年12月18日 美國格魯曼F9F-8美洲獅式
(Cougar)戰鬥機首飛。

1953年12月18日 美國塞考斯基S-56型直升機首
飛。

1954年 蘇聯波利卡爾波夫Po-2(U-2)型教練機
首飛。

1954年 愛爾蘭航空買進四架維克斯子爵式客機。

1954年1月10日 彗星I型客機在空中解體,機上35
人罹難。英國海外航空停飛整個彗星機隊。

1954年1月15日 法國北方飛機製造公司(Nord,
SNCAN)1402 B海東青(Gerfaut)1型三角翼
試驗機首飛。

1954年2月25日 美國康維爾R3Y-2貿易風式
(Tradewlnd)水上運輸機首飛。

1954年2月28日 美國洛克希德F-104星式戰鬥機首
飛(參見第160頁圖說)。

蘇聯米高揚米格MiG-19戰鬥機1953年9月首飛。

美國洛克希德F-104星式戰鬥機1954年2月28日首飛。

1954年3月13日～5月7日 在中南半島，法國在越南奠邊府戰役中落敗。法國空運部隊和重裝備，6,700架次共運輸6,410噸補給品。戰機共飛行3,700架次，48架被擊落，167架受損，14架在地面遭到擊毀。這場戰役導致法國完全退出中南半島。

1954年3月23日 彗星式客機隊重新投入營運後首飛。

波音707型噴射客機 1954年7月15日首飛

發動機：四具推力6,818公斤的普惠JT3D-7型引擎
尺寸：翼展44.42公尺；機身長46.61公尺
酬載量：189名乘客／42,229公斤貨物
最大重量：151,315公斤
速度：高度7,620公尺時最高時速1,038公里，巡航時速974公里
航程：載重36,287公斤時5,842公里

波音707型可能是史上最重要的客機。它和DC-8型共同打造現今全世界的空中運輸模式。

原型機367-80型於1954年7月首飛，開發經費全部由波音支付。第一架飛機銷售給美國空軍，是較小的KC-135型空中加油機。

第一架民用變異型是用於橫越大陸的121/179人座707-120型，配備推力5,897公斤的JT3C-6型渦輪噴射引擎。707-138型是為澳洲航空開發的子變異型。適應「高熱環境」的707-220型配備推力7,167公斤的JT4A-4/5型引擎。用於橫越大陸的131/189人座707-320型配備推力7,938公斤的

1954年4月8日 彗星I型客機在空中解體，落入那不勒斯南方海中，機上人員全部罹難。該型飛機全數退出營運。

1954年4月19日 美國康維爾XFY-1垂直起降戰鬥機首飛（繫纜）。

1954年5月 蘇聯米亞西舍夫（Myasishchev）M-4野牛式（Bison）轟炸機首飛。

1954年5月25日 一架美國海軍ZPG-2型非剛性飛

蘇聯米亞西舍夫M-4野牛式轟炸機1954年5月首飛。

美國道格拉斯A4D-1天鷹式攻擊機1954年6月22日首飛。

JT4A-11型渦輪噴射引擎。其後所有變異型都是707-420型，配備推力7,484公斤的勞斯萊斯康威（Conway）505型渦輪扇引擎。

配備渦輪扇引擎的機型以B字尾表示，具備客貨兩用內裝的機型則以C字尾表示。總產量為917架。

船升空200小時後降落。

1954年6月2日 比利時DC-3型民用貨機在南斯拉夫上空遭到米格MiG-15戰鬥機攻擊，在一名組員死亡、兩名受傷的狀況下迫降。

1954年6月22日 美國道格拉斯A4D-1天鷹式（Skyhawk）攻擊機首飛。

1954年6月26日 英國漢廷-帕西瓦（Hunting Percival）航空噴射教長式（Jet Provost）教練機T.1首飛。

1954年6月28日 美國道格拉斯B-66C毀滅者式（Destroyer）轟炸機首飛。

1954年7月15日 美國波音KC-135型空中加油機（後衍生為C-135型運輸機）首飛。

1954年7月15日 美國波音707型噴射客機首飛。

1954年7月26日 兩架美國海軍天襲者式攻擊機尋找7月23日遭擊落的國泰航空DC-4生還者時，遭到兩架中國La-7型戰鬥機擊落。

1954年7月29日 法國莫蘭-索尼埃MS.760巴黎式（Paris）教練機首飛。

航空事件時間表

洛克希德C-130海克力斯式運輸機 1954年8月23日首飛

發動機：四具4,050馬力的艾里遜（Allison）T56-A-7A型引擎

主要角色：運輸機

尺寸：翼展40.41公尺；機身長29.79公尺

酬載量：兵員92人／傘兵64人／74副擔架（C-130H）及兩名醫護兵／20,280公斤貨物

重量：空機33,058公斤；滿載79,365公斤

速度：最高時速618公里；巡航時速592公里

航程：7,680公里；最大酬載量時3,944公里

機組員：4～7人

總產量（所有型式）：1,800架

變異型：C-130B人員及補給品運輸機、KC-130F空中加油運輸機、C-130H多功能運輸機

　　C-130是為美國空軍開發的渦輪螺旋槳運輸機，第一架原型機於1953年8月23日在美國加州伯班克（Burbank）首飛。YC-130於1954年8月23日首飛，量產型C-130A於1955年4月7日首飛。海克力斯式運輸機於1956年12月開始服役，很快就成為美國空軍的標準戰術運輸機和「全方位飛機」，扮演的運輸角色越來越多。這型飛機十分成功，也是美國航空工業出口最多的機種，購買的國家超過

美國麥克唐納F-101巫毒式戰鬥機1954年9月29日首飛。

39個。英國皇家空軍將自己的50架海克力斯式運輸機「拉長」4.6公尺，進一步提升載運量，相當於增加了至少六架新飛機。

美國康維爾XFY-1型
垂直起降戰鬥機
1954年8月2日首次自由飛行。

MiG-15擊落。

1954年9月20日　美國塞考斯基S-58型直升機首飛。

1954年9月29日　美國麥克唐納F-101巫毒式戰鬥機首飛。

1954年10月6日　英國費爾雷三角洲2式（Delta 2）超音速試驗機首飛。

英國費爾雷三角洲2式超音速試驗機1954年10月6日首飛。

1954年7月30日　美國格魯曼F11F-1虎式（Tiger）戰鬥機首飛。

1954年8月2日　英國勞斯萊斯飛行床架式（Flying Bedstead）垂直起降飛機首飛。

1954年8月2日　美國康維爾XFY-1型垂直起降戰鬥機首次自由飛行。

1954年8月4日　英國電氣P.1A閃電式（Lightning）戰鬥機首飛。

1954年8月23日　美國洛克希德C-130海克力斯式（Hercules）運輸機首飛。

1954年9月4日　一架美國海軍海王星式海上巡邏機在西伯利亞外海的蘇聯空域，遭到兩架蘇聯米格

1954年10月12日　美國西斯納T-37A（A-37蜻蜓式〔Dragonfly〕）型攻擊機首飛。

1954年11月　美國航空已有60架渦輪螺旋槳維克斯子爵式客機投入營運。

1954年11月30日　蘇聯伊留申Il-14型客機開始投入俄羅斯航空營運。

1954年12月10日　西班牙航空建造公司HA-100-E1特里亞納式（Triana）教練機首飛。

航空事件時間表

1955年　蘇聯安托諾夫An-8型運輸機首飛。

1955年　蘇聯雅克列夫Yak-24型（北約代號：馬〔Horse〕）直升機首飛。

1955年　蘇聯蘇愷Su-7MF（北約代號：裝配匠〔Fitter〕）戰鬥機首飛。

1955年1月1日　英國皇家空軍蓋登（Gaydon）基地是英國第一個核子基地。駐紮在此的第138中隊是英國第一個V型轟炸機部隊，使用勇者式轟炸機。

1955年3月2日　法國達梭超級神祕B.1型（Super Mystère B.1）戰鬥轟炸機首飛。

1955年3月25日　美國錢斯-沃特（Chance Vought）F8U-1十字軍式（Crusader）戰鬥機首飛。

1955年4月1日　德國漢莎航空營運首條國內航線。

1955年5月27日　法國東南飛機製造公司SE.210卡拉維爾式（Caravelle）噴氣客機首飛（參見第166頁專欄）。

1955年6月　美國西斯納172型輕型飛機首飛。

1955年6月15日　蘇聯圖波列夫TU-104型（北約代號：駱駝〔Camel〕）客機首飛（參見第167頁專欄）。

1955年6月16日　阿根廷海軍飛機在企圖推翻裴隆（Juan Peron）總統的軍事政變中轟炸總統府，但政變失敗。

1955年6月25日　英國蘇格蘭飛機製造公司雙先鋒式（Twin Pioneer）運輸機首飛。

1955年6月25日　法國達梭MD.550幻象式（Mirage）戰鬥機首飛。

1955年6月27日　德國多尼爾Do 27B型多用途飛機首飛。

1955年7月3日　波蘭國家航空工程（PZL）TS-8魔鬼式（Bies）教練機首飛。

1955年7月14日　美國馬丁P6M-1海上霸王式（Seamaster）噴射水上飛機首飛。

1955年7月18日　英國佛蘭德蚋式（Folland Gnat）教練機首飛。

1955年7月27日　一架以色列航空星座式客機由維也納飛往特拉維夫（Tel Aviv）途中，遭到保加利亞米格MiG-15戰鬥機擊落。機上58人全數罹難。

1955年8月1日　中國同意釋放韓戰期間遭到擊落的B-29型轟炸機組員。

1955年8月16日　西班牙航空建造公司HA-200-R1箭式（Saeta）噴射教練機首飛。

1955年8月23日　英國韋斯特蘭赤頸鴨式（Widgeon）直升機首飛。

1955年9月4日　一架美國海軍海王星式海上巡邏機遭到蘇聯米格MiG-15攻擊後，迫降在阿留申群島。

1955年9月16日　三架格羅斯特流星式戰鬥機在阿根廷被叛軍擄獲。其中一架被海軍SNJ-4擊落。這次叛亂導致裴隆總統被迫下臺。

1955年9月20日　法國北方飛機製造公司1500獅鷲式（Griffon）攔截機首飛。

1955年9月28日　西班牙CASA C-207蒼鷹式（Azor）運輸機首飛。

1955年10月22日　美國共和F-105雷公式（Thunderchief）戰鬥機首飛（參見第168頁圖說）。

1955年10月25日　瑞典紳寶35龍式（Draken）戰鬥機首飛。

瑞典紳寶35龍式戰鬥機1955年10月25日首飛。

1955年11月1日　一架聯合航空DC-6型客機在科羅拉多州朗蒙特（Longmont）附近爆炸墜毀，機上44人全部罹難。肇因是格拉翰（John Graham）把炸彈放入母親的行李，企圖詐取保險金。

達梭超級神祕B.1型戰鬥轟炸機 1955年3月2日首飛

發動機：一具推力4,500公斤後燃斯奈克瑪（SNECMA）阿塔爾型（Atar）引擎

主要角色：戰鬥轟炸機

尺寸：翼展10.5公尺；全長14公尺

武器裝備：兩挺30公厘DEFA機砲；機內馬特拉（Matra）發射器可裝置35枚SNEB 68公厘火箭；兩個機翼掛架可攜帶油箱或最多907公斤炸彈

重量：空機6,985公斤；滿載10,000公斤

速度：海平面高度時最高時速1,104公里（0.9馬赫）；高空時最高時速1,200公里（1.125馬赫）

航程：870公里

機組員：1人

總產量（所有型式）：180架

達梭神祕IVB型於1954年2月24日在水平飛行時達到超音速，神祕式戰機也是歐洲第一型開始生產或服役的超音速飛機。大幅改良的神祕IVB型擁有更薄的板材、整合式油箱、適形天線、新機鼻內的雷達瞄準器，並且配備推力更強、更先進且具備可變後燃器的阿塔爾1010型引擎。

後續機型是更大、更重、更強大的超級神祕B.2型，擁有新的45度後掠翼和模仿F-100的空氣動力特性（但具有外側副翼、內側襟翼和鋸齒狀翼緣）。量產機型配備阿塔爾101G型引擎，而非原先SMB.2型的亞文RA.7R型引擎。以色列購買24架SMB.2型，其餘飛機一直服役到1977年初。

東南飛機製造公司SE.210卡拉維爾式噴射客機 1955年5月27日首飛

發動機：兩具推力5,171公斤的勞斯萊斯亞文527型引擎

尺寸：翼展34.3公尺；機身長32.01公尺

酬載量：80名乘客／8,400公斤貨物

重量：最大46,000公斤

速度：高度10,000公尺時巡航時速805公里

航程：最大酬載量時1,700公里

它是史上第一款短程噴射客機，由1951年提供法國選擇的八個設計方案中選出。卡拉維爾式客機原本計畫使用三具國家航空發動機設計研究製造公司（SNECMA）阿塔爾渦輪噴射引擎（一具位於垂直尾翼，兩具位於機身兩側），但後來改用兩具推力較大的勞斯萊斯亞文引擎，配備彗星式客機的前段機身、駕駛艙以及側面登機梯。

1955年5月27日首次飛行。卡拉維爾式客機共生產282架，包括20架使用亞文RA.26型引擎的卡拉維爾I型、12架使用亞文526型引擎的IA型、78架使用亞文527型引擎且重量較重的III型、53架使用具消音器的亞文531型引擎的VIN型、63架使用具反向裝置之亞文533型引擎的VIR型、22架使用普惠JT8D-7型渦輪扇引擎的10B型、20架配備推力反向裝置的10R型、六架機身加長的11R型，以及五架使用JT8D-9型引擎的140人座12型。

義大利航空1965年時擁有21架卡拉維爾式客機，是規模最大的航空業者。卡拉維爾式客機退出定期航班營運後仍用於包機業務，最後銷售給拉丁美洲。

圖波列夫TU-104型客機 1955年6月15日首飛

發動機：兩具推力6,750公斤的米庫林AM-3型引擎

尺寸：翼展34.54公尺；機身長38.85公尺

酬載量：70名乘客／9,000公斤貨物

重量：最大76,000公斤

速度：高度7,620公尺時最高時速1,022公里；最佳高度時巡航時速890公里

航程：最大酬載量時2,650公里

　　Tu-104是世界第二款投入營運的噴射客機，但現在幾乎被世人遺忘。這型飛機的基本設計取自Tu-16獾式轟炸機，但修改了機鼻起落架、原先的中翼改為低翼，以及加大機身掛架。

　　原型機Tu-104G於1955年6月首飛，1956年以48人座版本投入營運。1958年的Tu-104A以相同的機身裝載70個座位，同年100人座Tu-104B的機身更長。其後版本把等級較低的AM-3型引擎更換成AM-3M型引擎，1959年再引進AM-3M-500型引擎。生產由Tu-104A改為Tu-104C，以及由Tu-104B改為Tu-104D。

　　1960年生產結束時共交機210架。這型飛機大多銷售給俄羅斯航空，被該公司暱稱為「小紅帽」（Krasnyii Shapochka）。捷克航空和蘇聯空軍也購買了少量這型飛機。

美國共和F-105雷公式戰鬥機1955年10月22日首飛。

1955年11月24日　荷蘭福克F.27友誼式（Friend-ship）客機首飛。

荷蘭福克F.27友誼式客機1955年11月24日首飛。

1955年12月　英國艾德加‧珀西瓦爾（Edgar Percival）EP.9型輕型飛機首飛。

1955年12月6日　美國康維爾CV-440大都會式（Metropolitan）客機首飛。

1955年12月8日　英國奧斯特B.8農用式（Agri-cola）飛機首飛。

1955年12月10日　美國瑞恩X-13型試驗性垂直噴射機（Vertijet）首飛。

1956年　蘇聯安托諾夫An-4高空氣象研究機首飛。

1956年1月20日　英國超級馬林彎刀式（Scimitar）戰鬥機首飛。

1956年3月　蘇聯米高揚米格MiG-21（北約代號：魚床〔Fishbed〕）戰鬥機首飛（參見第170頁專欄）。

1956年3月10日 英國海軍少校特維斯（Peter Twiss）駕駛費爾雷三角洲2式超音速試驗機，以時速1,820公里打破空中速度紀錄，成為史上第一個時速超過1,600公里的飛行員。這是英國最後一次擁有絕對速度紀錄。

1956年3月26日 美國天姆科（TEMCO）TT-1平托式（Pinto）教練機首飛。

1956年4月21日 美國道格拉斯F5D-1空中騎兵式（Skylancer）戰鬥機首飛。

1956年4月23日 美國道格拉斯C-133貨運霸王式（Cargomaster）運輸機首飛。

1956年5月 響尾蛇空對空飛彈在美國開始服役。

1956年6月1日 美國殖民航空（Colonial Airlines）被東方航空併購。

1956年6月8日 德國漢莎航空以超級星座式客機開航北大西洋航線，從法蘭克福飛往紐約。

1956年6月30日 大峽谷空難：一架超級星座式客機和DC-7型客機在空中相撞，兩架飛機均落入大峽谷，128人死亡。因為這場空難，美國建立正式的商業航空制度。

1956年7月 麻雀式（Sparrow）中距離空對空飛彈在美國開始服役。

1956年7月24日 法國達梭軍旗IV型（Étendard IV）攻擊戰鬥機首飛。

1956年8月6日 美國比奇D95A空中旅行式（Travel Air）輕型飛機首飛。

1956年8月9日 義大利飛雅特G-91型戰鬥轟炸機首飛。

1956年9月7日 美軍金契洛（Iven C. Kincheloe）上尉駕駛貝爾X-2型試驗機到達38,466公尺的高度。

1956年9月19日 義大利艾爾法（Aerfer）射手座2式（Sagittario 2）戰鬥機首飛。

1956年9月24日 納粹空軍在第二次世界大戰後正式重組。

1956年9月27日 美國貝爾X-2型試驗機在降落時墜毀，飛行員死亡。

1956年10月 美國休斯269A直升機首飛。

1956年10月6日 法國寶機貿易風式（Alizé）反潛機首飛。

法國寶機貿易風式反潛機1956年10月6日首飛。

1956年10月11日 圖騰行動（Operation Totem）：一架英國皇家空軍勇者式轟炸機進行英國第一次空中投擲核彈，在馬拉林加（Maralinga）上空測試。

法國達梭軍旗IV型攻擊戰鬥機1956年7月24日首飛。

米高揚米格MiG-21戰鬥機 1956年3月首飛

發動機：一具推力3,950公斤（最大6,120公斤）的圖曼斯基（Tumansky）R11-F23-300型噴射引擎

主要角色：戰鬥機、戰鬥轟炸機、偵察機

尺寸：翼展7.15公尺；機身長13.46公尺

武器裝備：兩枚K-13熱感應空對空飛彈；後續機型配備快速發射雙管23公厘GSh-23機砲和兩枚K-SM SARH空對空飛彈，或兩枚K-13和兩枚K-5M飛彈

重量：空機5,450公斤；滿載7,750公斤

速度：最高2.05馬赫

航程：1,440公里

機組員：1人

總產量（所有型式）：超過20,000架

變異型：28種

　　米格MiG-21的設計目標為迅速爬升的點防衛攔截機，是一款靈活、輕巧又容易操作的有尾三角翼型機，多年來演化成多角色戰鬥機。米格MiG-21的生產長達28年，數量居於所有噴射戰鬥機之冠。這款機種有49個國家的空軍使用，但在許多戰爭中「落敗」，尤其是以阿衝突。這款機種目前仍有十多個國家使用。升級機型米格MiG-21-2000於1995年首飛，應該能持續服役到21世紀。

美國康維爾B-58盜賊式（Hustler）轟炸機1956年11月11日首飛。

1956年10月11日 美國洛克希德L-1649A型星際客
機首飛。

1956年10月22日 美國貝爾UH-1易洛魁式（Iro-
quois）直升機（暱稱「休伊」〔Huey〕）首飛
（參見第172頁專欄）。

1956年10月23日～11月14日 匈牙利革命：蘇聯
在此期間使用攻擊直升機和噴射戰鬥機。匈牙利
曾經突擊數次，但最後被蘇聯壓制。

美國洛克希德L-1649A型星際客機1956年10月11日首飛。

美國康維爾F-106三角鏢式（Delta Dart）攔截機1956年12月26日首飛。

貝爾UH-1易洛魁式直升機 1956年10月22日首飛

發動機：一具1,800馬力（額定功率1,290馬力）的普惠加拿大（Ccanada）T400-CP-400型引擎

主要角色：輕型多用途直升機

尺寸：旋翼直徑14.69公尺；長度（旋翼旋轉時）17.46公尺

酬載量：14名兵員／1,814公斤貨物

重量：滿載4,762公斤

速度：海平面高度時巡航時速229公里

航程：399公里

機組員：2人

總產量（所有型式）：10,000架以上

變異型：A/B/C/E/F/L/HH-1K/TH-1F/L

204型易洛魁式直升機是為美國陸軍設計的多用途運輸直升機，以XH-40之名於1956年10月首飛。1959年以HU-1A之名開始服役，配備770馬力的T53-L-1A型引擎。這款直升機在1962年更改設計名稱為UH-1A型，但仍舊以暱稱「休伊」廣為人知。後來的204型變異型配備更強大的1,400馬力引擎，可載運十名乘客。美國陸戰隊選擇UH-1E型攻擊支援直升機。

1961年，205型問世。UH-1D型攻擊直升機於1963年開始在美國陸軍服役，可載運12名兵員，配備1,100馬力的T53-L-11型引擎。1,400馬力的UH-1H型於1967年開始服役，可載運12人。212型由205型發展而來，1969年以UH-1N型之名問世，配備耦合式渦輪軸。休伊於1971年換裝HELMS旋翼葉片，因此可全天候飛行，同時配備雷達介面迷你砲機槍。

達梭幻象IIIC/IIIE型戰鬥機 1956年11月17日首飛

發動機：（IIIE）一具推力6,200公斤的斯奈克瑪阿塔爾9C型渦輪噴射引擎

主要角色：攔截、輕型攻擊機／多功能戰鬥機

尺寸：翼展8.22公尺；機身長15.5公尺

武器裝備：（IIIC）兩門30公厘機砲，另可掛載1,360公斤酬載；（IIIE）兩門30公厘機砲，另可掛載4,000公斤酬載

重量：滿載（IIIC）8,935公斤；（IIIE）13,700公斤

速度：最高2.2馬赫

航程：1,610公里

機組員：1人

總產量（所有型號）：超過1,250架

　　達梭的幻象III型配備阿塔爾101G-2後燃渦輪噴射引擎和可拋式助推火箭盒，在1956年11月首度升空。根據設計，幻象IIIA型擁有較薄的新款機翼，並發展成生產型幻象IIIC型戰鬥機與幻象IIIB型雙座教練機。從IIIC型發展而來的IIIE型是阻絕和打擊機型，擁有較長的機身，可裝載更多燃料，並用席哈諾（Cyrano）2型雷達搭配新的射控系統，還有馬可尼（Marconi）的都卜勒（Doppler）導航系統與五組硬掛點，提高可用的酬載量。它在1961年4月首度飛行，生產超過1250架，以多用途戰機名義出口，在法國空軍中則擔任攻擊機的角色。

　　其衍生型號包括賣給澳洲的雙座幻象IIID型、幻象IIIR型偵察型次族系、賣給瑞士的幻象IIIS型（裝有休斯TARAN戰術與導航雷達，以搭配隼式飛彈）以及賣給南非的Z系列。這些飛機當中許多都配備評價較好的阿塔爾9K-SO引擎，能夠由改裝套件翻新，可加裝現代化電子設備、線傳飛控系統和鴨式前翼。

第二次以阿戰爭和蘇伊士運河危機
（1956年10月29日～11月7日）

英國和法國暗中與以色列結盟，進攻埃及並奪占蘇伊士運河。兩國的海軍航空兵和空軍飛機發動猛烈空中攻擊，消滅埃及軍大部分兵力。英國皇家空軍坎培拉式與勇敢式轟炸機在夜間空襲埃及機場；到了白天，則由陸基戰鬥機和艦載機加強打擊。英國和法國受到的損失相當輕微，但軍事上的勝利卻變成這兩個盟國外交上的失敗。

1956年11月8日　海軍路易斯（Lee Lewis）少校與羅斯（Malcolm D. Ross）締造氣球飛行高度的世界紀錄──23,165公尺。

1956年11月11日　美國康維爾B-58盜賊式轟炸機首飛（參見第171頁圖說）。

1956年11月17日　法國達梭幻象III型戰鬥機首飛（參見第173頁專欄）。

1956年12月26日　美國康維爾F-106三角鏢式攔截機首飛（參見第171頁圖說）。

1957年　蘇聯圖波列夫Tu-28P（北約代號：小提琴手〔Fiddler〕）戰鬥機首飛。

1957年　蘇聯圖波列夫Tu-114俄羅斯式（Rossiya；北約代號：防滑釘〔Cleat〕）客機首飛。

1957年　環礁（Atoll）空對空飛彈在蘇聯服役。

1957年1月23日　法國北方飛機製造公司1500-02獅鷲式2型攔截機首飛。

1957年2月19日　美國貝爾X-14型試驗機首飛。

1957年2月27日　法國達梭超級神祕B.2型戰鬥轟炸機首飛。

1957年3月　蘇聯安托諾夫An-10烏克蘭式（Ukrania）客機首飛。

1957年3月28日　加拿大航機CP-107阿格斯式（Argus）海上巡邏機首飛。

1957年3月28日　加拿大航機CL-44阿格斯式貨機首飛。

1957年4月2日　英國休特SC.1型試驗機首飛。

1957年4月4日　英國電氣P.1B閃電式攔截機首飛。

1957年4月8日　捷克埃羅（Aero）L-200A莫拉瓦式（Morava）輕型客機首飛。

1957年5月16日　英國桑德斯-羅伊SR.53型攔截機首飛。

1957年5月17日　英國韋斯特蘭威塞克斯式（Wessex）直升機首飛。

1957年5月30日　美國空軍公開研發搭載核彈頭的休斯隼式空對空飛彈，預定供F-102機隊列裝使用。

1957年6月　蘇聯伊留申Il-18莫斯科式（Moskva）客機首飛。

1957年6月5日　蘇聯米爾Mi-6/Mi-22（北約代號：吊鉤〔Hook〕）直升機首飛。

1957年6月29日　一架屬於民航業者的布里斯托大不列顛式客機在一場驗證試飛中，首度完成從倫敦到溫哥華的不著陸飛行，耗時14小時40分鐘、航程8,208公里。

1957年7月9日　航空貿易（Aviation Traders）ATL.90會計師式（Accountant）客機首飛。

1957年7月26日　法國寶璣1001牛虻式（Taon）戰鬥機首飛。

1957年8月1日　美國和加拿大合作的北美防空司令部（North American Aerospace Defence Command, NORAD）成立。美國和加拿大共有超過1,000架飛機投入空防任務。

1957年8月13日　美國波音-維托爾（Boeing Vertol）VZ-2A（76型）試驗機首飛。

1957年8月19日～20日　美國空軍西蒙斯（David G. Simmons）少校締造氣球飛行高度的世界紀錄──30,942公尺。

1957年9月4日　美國洛克希德CL-329噴射星式（Jetstar）商務機首飛。

1957年11月3日　三架B-52轟炸機首度完成環球不著陸飛行。

英國電氣閃電式P.1B攔截機 1957年4月4日首飛

發動機：兩具推力7,112公斤的勞斯萊斯亞文302型引擎

主要角色：全天候攔截機

尺寸：翼展10.6公尺；機身長16.23公尺

武器裝備：套件可交換的紅頂（Red Top）或火紋（Firestreak）兩種全方位尾追導彈，另可選擇在機腹油箱前段安裝兩門30公厘亞丁（Aden）機砲；出口型號可於機翼上下掛載最多2,721公斤炸彈或其他攻擊武器

重量：空機12,700公斤；滿載22,680公斤

速度：高度12,200公尺時最高時速2,415公里

航程：1,290公里

機組員：1人

總產量（所有型號）：338架

變異型：F.1、F.1A、F.2、F.3、T.4、T.5、F.6、F.52、F.53、T.54、T.55

　　英國電氣的P.1B在1957年4月4日首度升空飛行，而第一架生產型的閃電式F.1則在1959年10月30日首飛，第一架F.6接著在1964年4月17日首飛。

　　和原型機P.1A相比，P.1B擁有新的機身，搭配雙激波進氣道，並具備早期後燃裝置的亞文引擎。它在1958年11月25日達到2馬赫的速度。閃電式F.1在1960年獲准服役，此時共有20架預生產型飛機，使英國皇家空軍擁有配備雷達和導彈的現代化超音速戰鬥機。然而，這是一款相當複雜的戰機，妥善率不高，維修成本相當沉重。

　　1957年時，英國政府相信載人戰鬥機已經過時，但還是在1961年批准生產改良的F.2型，它擁有完全可變式後燃器和全天候導航能力。1964年時當局政策又轉彎，Mk 3型開始生產，配備性能更強勁的引擎、可裝載更多燃料、更大的尾翼、碰撞航線射控系統以及全方位的紅頂飛彈，沒有配備機砲。

　　1965年時，根據英國飛機公司（BAC，1960年由英國電氣與其他三家飛機公司合併而成）的建議，燃料容量加倍，並裝上有彎曲弧度的機翼。衍生機型包括T.4、T.5兩種轉換教練機，相當於F.2及F.3。為了出口到沙烏地阿拉伯和科威特，英國飛機公司共生產57架多用途戰機和攻擊機。

安托諾夫An-12運輸機 1957年12月16日首飛

發動機：四具4,000馬力的伊夫琴科（Ivchyen-ko）AI-20K型引擎

主要角色：中程突擊運輸機

尺寸：翼展38公尺；機身長33.1公尺

武器裝備：機尾砲塔配備兩門23公厘機砲

酬載量：100名傘兵／20,000公斤貨物

重量：滿載時61,000公斤

速度：最高時速766公里

航程：最大酬載量時3,600公里

機組員：5～6人

總產量（所有型號）：超過850架

An-12是以An-10客機為基礎，作為民用貨機和軍用運輸機設計而成，相當於C-130海克力斯型。其機身經過修改，可裝載更多燃料，並擁有面積更大的垂直尾翼、機腹艙門和機尾砲塔。它於1957年首飛。

朝側面開啟的後門和機身同寬，貨物可以直接裝進機艙內，但若要裝載車輛則必須加裝坡道。若不搭載傘兵，它也可以裝載多種突擊車輛，駕駛艙後面有一個14人座加壓艙可供車輛人員使用。若運輸傘兵，由於無法加壓的緣故，An-126P「幼狐A」的升限會在5,000公尺。該機型之後被Il-76的改良型取代。

1957年11月6日 英國費爾雷旋轉動力式（Roto-dyne）複合旋翼機首飛。

英國費爾雷旋轉動力式複合旋翼機1957年11月6日首飛。

1957年11月26日 義大利比雅久P.166型多用途飛機首飛。

1957年12月6日 美國洛克希德L-188伊萊翠式（Electra）客機首飛。

1957年12月10日 義大利馬基MB.326A型教練機首飛。

1957年12月16日 蘇聯安托諾夫An-12（北約代號：幼狐〔Cub〕）運輸機首飛。

1957年12月19日 一架以色列航空大不列顛式客機從紐約飛往特拉維夫，創下不著陸飛行的新紀錄——航程9,817公里、平均時速645公里。

1958年 法國斯奈克瑪C-450甲蟲式（Coléop-tère）垂直起降飛機首飛。

1958年 美國派珀PA-25波尼式（Pawnee）農用飛機首飛。

1958年 英國第一款空對空飛彈火紋飛彈服役。

1958年1月19日 日本富士重工業T1F2型教練機首飛。

1958年1月20日 法國北方飛機製造公司3400型觀察機首飛。

1958年2月5日 一架英國歐洲航空大使式客機在慕尼黑機場起飛時墜毀，23名乘客和機組員罹難，當中包括八名曼徹斯特聯足球俱樂部（Manchester United）球員。

1958年2月10日 美國北美航空工業T-2J-2鹿眼蝶式（Buckeye）教練機首飛。

1958年2月21日 皇家空軍坎培拉式轟炸機開始使用美製核武，獲得核武打擊能力。

1958年2月22日 英國奧斯特J/1U巧匠式（Work-master）農用飛機首飛。

1958年3月 蘇聯安托諾夫An-14蜜蜂式（Pchel-ka）客機首飛。

1958年3月11日 英國亨德利·佩吉先驅式（He-rald）客機首飛。

美國波音-維托爾CH-46海騎士（Sea Knight）直升機1958年6月22日首飛。

航空事件時間表

麥克唐納F-4幽靈II式戰鬥機 1958年5月27日首飛

發動機：兩具推力8,119公斤的J79-GE-17型引擎

主要角色：多功能戰鬥機

尺寸：翼展11.79公尺；機身長19.2公尺

武器裝備：一門20公厘機砲和最多7,256公斤武器

重量：空機13,150公斤；滿載27,500公斤

速度：最高2.17馬赫

航程：2,820公里

機組員：2人

總產量（所有型號）：5,057架

變異型：F-4A～G、K、M、N、S、RF-4

　　幽靈式原本是研發作為美國海軍的艦載戰鬥機，堪稱世界最成功的戰鬥機設計之一，而且是美國空軍在1960年代末期和1970年代最重要的戰鬥機。它的原型機XF4H-1在1958年5月首飛。

　　緊接在海軍的F-4A和B（戰鬥機和攻擊機）之後是美國空軍的F-4C、D和E，導入了更強勁的引擎、較小的APQ-120雷達、可動式前緣縫翼和一門20公厘多管機砲。美國空軍、海軍及海軍陸戰隊在

整場越戰中都使用F-4系列戰機，而幽靈式也參與了多場中東衝突中的空對空、空對地戰鬥任務。

　　除了出口以外，許多國家也透過特許方式生產，像是英國生產的型號F-4K和M就裝備了勞斯萊斯斯貝（Spey）引擎。幽靈式的生產工作在1979年結束，它曾在英國、德國、希臘、以色列、伊朗、日本、沙烏地阿拉伯、南韓、西班牙、土耳其與美國服役。

1958年3月25日　阿夫羅加拿大（Avro Canada）飛箭式（Arrow）攔截機首飛。

1958年3月27日　義大利艾爾法白羊座式（Ariete）戰鬥機首飛。

1958年5月27日　美國麥克唐納F-4幽靈II式戰鬥機首飛。

1958年5月30日　美國道格拉斯DC-8型客機首飛。

美國道格拉斯DC-8型客機1958年5月30日首飛。

1958年6月22日　美國波音-維托爾CH-46海騎士直升機首飛（參見第177頁圖說）。

1958年7月18日　從土耳其起飛的美國空軍超級軍刀式和巫毒式，還有從美國海軍第六艦隊起飛的惡魔式、十字軍式、天光式、怒火式和天襲者式支援美軍在黎巴嫩登陸。

1958年7月30日　加拿大德哈維蘭加拿大（de Havilland Canada）DHC-4馴鹿式（Caribou）運輸機首飛。

加拿大德哈維蘭加拿大DHC-4馴鹿式運輸機
1958年7月30日首飛。

1958年8月14日　美國格魯曼灣流式（Gulfstream）商務機首飛。

1958年8月26日　英國布萊克本海盜式（Bucca-neer）攻擊機首飛（參見第180頁圖說）。

英國布萊克本海盜式攻擊機1958年8月26日首飛。

1958年8月28日 美國西斯納210輕型飛機首飛。

1958年8月29日 美國洛克希德P3V-1獵戶座式（Orion）海上巡邏機首飛。

1958年8月31日 美國北美航空工業A-5自衛隊式（Vigilante）轟炸機首飛。

1958年9月9日 美國洛克希德X-7型試驗機首飛。

1958年9月16日 美國北美航空工業T-39軍刀式（Sabreliner）教練機首飛。

1958年9月24日 中國國民黨和中國共產黨的戰機爆發空戰，這是空對空飛彈（響尾蛇）首度在戰鬥中成功派上用場，宣稱擊落四架共軍米格MiG機。

1958年10月 馬來亞緊急狀態。在老虎四號行動（Operation 'Tiger' 4）期間，133名全副武裝的英軍傘兵透過空運進入並撤出作戰區。

1958年10月26日 泛美航空首度用波音707客機在紐約和巴黎間進行載客服務。

1958年10月26日 雖然波音707-121客機是設計作為國內線使用，但泛美航空一架本型機卻搭載111名乘客與11名機組員從紐約埃多懷爾（Idlewild）機場飛往法國勒布爾熱，進行跨大西洋的宣傳飛行。

1958年12月 德國多尼爾Do 29試驗機首飛。

1958年12月13日 美國卡曼（Kaman）H-43B哈士奇式（Huskie）直升機首飛。

1959年 蘇聯卡莫夫（Kamov）Ka-18（北約代號：豬〔Hog〕）直升機首飛。

1959年 美國派珀UO-1阿茲特克式（Aztec）輕型飛機首飛。

1959年 米格MiG-21戰鬥機進入蘇聯空軍服役。

1959年 美國西斯納210輕型飛機通過型號認證。

1959年1月8日 英國阿姆斯壯-惠特沃斯AW.660大船式運輸機首飛。

1959年1月20日 英國維克斯先鋒式（Vanguard）客機首飛。

1959年1月27日 美國康維爾CV-880科羅納多式（Coronado）客機首飛。

1959年2月11日 一顆美國氣象氣球創下飛升至44,500公尺的紀錄。

1959年3月3日 美國海軍軍令部長強調「美國海軍艦艇受到蘇聯潛艇的威脅不斷升高」，因此需要發展更有效的反潛飛機。

1959年4月10日 美國諾斯洛普T-38A鷹爪式（Talon）教練機首飛（參見第182頁圖說）。

1959年4月13日 美國格魯曼AO-1AF莫霍克式攻擊機首飛。

1959年4月23日 可搭載熱核彈頭的美軍獵犬式（Hound Dog）巡弋飛彈首度從B-52轟炸機發射並飛行。

1959年4月29日 德國多尼爾Do 28輕型多用途飛機首飛。

1959年5月15日 英國皇家空軍最後一次使用水上飛機（桑德蘭式〔Sunderland〕）。

1959年6月17日 法國達梭幻象IV-A轟炸機首飛。

1959年7月30日 美國諾斯洛普N-156A（F-5自由鬥士式〔Freedom Fighter〕）戰鬥機首飛。

1959年9月 美國西斯納407輕型飛機公開亮相。

1959年10月30日 美國皮得蒙特航空（Piedmont Airline）一架飛機墜毀造成26人喪生，僅有一人生還。

1959年11月16日 基廷格（Joseph W. Kittinger Jr）上尉從新墨西哥州白沙（White Sands）搭乘氣球升空，在抵達23,285公尺的高空後縱身一躍跳傘落地，途中以自由落體的方式落下19,505公尺的距離。

阿姆斯壯-惠特沃斯AW.660大船式運輸機 1959年1月8日首飛

發動機：四具2,680馬力的勞斯萊斯飛鏢RDa.8 Mk 101型引擎

主要角色：中程戰術運輸機

尺寸：翼展35.05公尺；機身長27.2公尺

酬載量：69名士兵／54名傘兵／48副擔架／13,154公斤貨物

重量：滿載46,712公斤

速度：高度6,100公尺時最高時速428公里

航程：555公里

機組員：4人

總產量（所有型號）：56架

　　大船式運輸機是為了取代維克斯瓦列塔式而研發，民用運輸機的型號為AW.660。它在1961年3月首飛，也就是民用版的原型機首飛整整超過兩年以後。

　　其設計特點是具備高單翼，並有兩組桁管式機尾，從兩翼內側的引擎吊艙向後延伸。在圓形截面機身的尾端設有一組上下對開的「鱷魚」後門，可以直接裝載貨物或進行空投。若要搭載傘兵，艙門內的空間可以用來存放套件。大船式具備堅固的前三點式起落架，所以可以在臨時鋪成的地面上作業。

　　這款飛機在皇家空軍的六個中隊裡服役（本土三個，賽普勒斯、亞丁和遠東地區各一個），之後在1975年因成本問題而退役。

1959年12月20日 蘇聯安托諾夫An-24（北約代號：焦炭〔Coke〕）運輸機首飛。

蘇聯安托諾夫An-24運輸機1959年12月20日首飛。

1960年 蘇聯圖波列夫Tu-124型（北約代號：鍋子〔Cookpot〕）客機首飛。

1960年1月6日 一架美國國家航空（National Airlines）DC-6在從紐約飛往邁阿密途中，因遭人放置炸彈而炸毀，機上34人全數罹難。

1960年1月13日 加拿大航機CL-41A導師式（Tutor）教練機首飛。

1960年1月14日 美國派珀PA-28契羅基式（Cherokee）235B輕型飛機首飛。

1960年2月16日 由於政策改變，英國當局宣布將會依賴由飛機或潛艦發射的核子彈道飛彈。

1960年2月29日 美國比奇C-55男爵式（Baron）輕型飛機首飛。

1960年4月19日 美國格魯曼A2F-1（A-6A）入侵者式（Intruder）攻擊機首飛。

1960年5月7日 鮑爾斯（Gary Powers）駕駛洛克希德U-2高空偵察機飛越蘇聯領空時，被蘇聯發射的地對空飛彈擊落。

1960年6月3日 美國空軍懷特（Robert White）少校駕駛北美航空工業X-15A型試驗機到達41,600公尺的高度。

1960年6月24日 英國阿夫羅748型（1963年併入霍克-西德利〔Hawker Siddeley〕之後，改稱

美國諾斯洛普T-38A鷹爪式教練機1959年4月10日首飛。

美國格魯曼A-6A入侵者式攻擊機1960年4月19日首飛。

H.S.748型）客機首飛。

英國阿夫羅748型1960年6月24日首飛。

1960年6月29日 英國皇家空軍第74中隊開始操作英國第一款超音速戰鬥機閃電式F.1。

1960年7月1日 蘇聯米格MiG-19戰機在巴倫支海（Barents Sea）擊落一架美軍RB-47E同溫層噴射式偵察機。

1960年8月16日 美國空軍基廷格上尉從31,150公

尺高空的氣球上跳傘，途中以自由落體的方式落下25,815公尺的距離。

1960年9月10日 北美防空司令部執行天盾（Sky Shield）行動，這場空中演習旨在測試美國／加拿大雷達和電子早期預警系統的能力和準備程度。

1960年10月4日 美國東方航空發生重大意外，一架噴射客機發生鳥擊而在波士頓港（Boston Harbor）墜毀，共有62人罹難。

1960年10月18日 蘇聯別里耶夫Be-12/Be-14型海上巡邏機首飛。

1960年10月21日 英國霍克-西德利P.1127型試驗機首飛。

英國霍克-西德利P.1127型試驗機1960年10月21日首飛。

蘇聯卡莫夫Ka-25反潛直升機1961年4月26日首飛。

1960年10月21日 美國格魯曼W2F-1（1962年改為E-2A）鷹眼式（Hawkeye）空中預警機首飛。

1960年12月16日 一架聯合航空DC-8客機在紐約市上空和一架環球航空（TWA）超級星座式客機相撞，134人全部罹難。

1961年 蘇聯蘇愷Su-11（北約代號：捕魚籠C〔Fishpot-C〕）攔截機首飛。

1961年3月30日 美國太空總署（NASA）飛行員沃克（Joe Walker）駕駛北美航空工業X-15A試驗機到達51,695公尺的高度。

1961年4月12日 俄國的加加林（Yuri Gagarin）成為第一個進入太空的人。

1961年4月15日 16架美國B-26轟炸機支援古巴豬玀灣入侵（Bay of Pigs Invasion），但這場行動以失敗告終。在激烈的戰鬥中，入侵方損失超過一半的B-26，卡斯楚（Castro）手下的空中力量則包括B-26、T-33教練機和海怒式戰鬥機。

1961年4月26日 蘇聯卡莫夫Ka-25（北約代號：荷爾蒙〔Hormone〕）反潛直升機首飛。

美軍部隊介入越戰（1961年～1973年）

共黨勢力和反共勢力之間的衝突導致美國在1961年至1973年間直接干預。在這場戰爭中有許多技術和作業上的創新，包括大量運用直升機、大規模部署部隊及進行搜索作戰，研發專用的武裝直升機（休伊眼鏡蛇式〔Cobra〕）、雷射導引炸彈和地對空飛彈等。

1961年5月 南斯拉夫索科（Soko）G-2海鷗式（Galeb）教練機首飛。

1961年5月1日 美國首度有客機遭劫持飛往古巴。

1961年5月5日 雪帕德（Alan Shepard）成為第一位進入太空的美國人。

1961年6月 蘇聯圖波列夫Tu-22（北約代號：眼罩〔Blinder〕）轟炸機首飛。

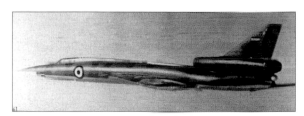
蘇聯圖波列夫Tu-22轟炸機1961年6月首飛。

1961年6月24日 印度斯坦航空工業（Hindustan Aeronautics）HF-24型戰鬥轟炸機首飛。

1961年6月24日 蘇聯米爾Mi-8型直升機首飛（參見第186～187頁專欄）。

1961年7月 法國空軍開始操作幻象III型，是其第一款速度達到2馬赫的戰鬥機。

1961年7月 美國海軍開始操作幽靈II式戰鬥機。

1961年8月16日 美國貝爾UH-1D易洛魁式直升機首飛。

1961年9月18日 聯合國祕書長哈瑪紹（Dag Hammarskjold）在非洲墜機殞命。

1961年9月21日 美國波音-維托爾CH-47契努克式（Chinook）直升機首飛（參見第188～189頁專欄）。

1961年9月22日 蘇聯米爾Mi-2「重裝兵」（Hoplite）直升機首飛。

1961年10月5日 美國空軍第507戰術管制組（Tactical Control Group）抵達南越，開始協助訓練南越空軍。

1961年10月14日 北美防空司令部動員數千架飛機進行演習，是截至當時為止西半球規模最大的防空演習。

1961年10月21日 法國寶璣1150大西洋式（Atlantic）海上巡邏機首飛。

1961年11月9日 美國空軍懷特少校駕駛X-15A進行1961年間的最後一趟高速飛行，在高度30,970公尺時達到時速6,587公里。

1961年12月11日 美軍首度直接支援南越，共派出美國陸軍兩個直升機連。

1961年12月15日 北美防空司令部的半自動地面防空系統（Semi-Automatic Ground Environment, SAGE）開始全部運作（21個控制中心）。

1962年 捷克沃多喬迪（Vodochody）L-29海豚式（Delfin）教練機首飛。

1962年1月9日 英國德哈維蘭三叉戟式（Trident）客機首飛。

英國德哈維蘭三叉戟式客機1962年1月9日首飛。

1962年2月2日 美國空軍首度在越戰中蒙受損失，失去一架C-123供應者式運輸機。

米爾Mi-8型直升機 1961年6月24日首飛

發動機：兩具1,700馬力的伊索托夫（Isotov）TV2-117A型引擎

主要角色：中型多用途直升機

尺寸：主旋翼直徑21.29公尺；長度（旋翼旋轉時）25.24公尺

酬載量：機內可搭載28～32名乘客／4,000公斤貨物／3,000公斤懸吊載荷

重量：12,000公斤

速度：最佳高度時巡航時速225公里

航程：搭載28人時500公里

機組員：2人

總產量（所有型號）：12,000架（大部分為軍用）

變異型：見說明

民用的Mi-8是和軍用版同時開發，擁有四邊形而非圓形的機身窗戶，但所有俄羅斯航空（Aeroflot）的載客用機型都可以迅速改裝成軍用版本。熱廢氣帶來的油煙會在引擎排氣管周圍的表面留下痕跡，因此俄羅斯航空旗下的飛機都會用一塊黑色塗裝區域來遮掩。

軍用版Mi-8北約代號為「臀部」（Hip），在1961年首飛，裝有一具2,700馬力的索洛維耶夫（Soloviev）渦輪軸引擎和一組四葉主旋翼。

1962年9月，第二架原型機「Hip-B」試飛，它擁有雙渦輪引擎和五葉主旋翼，最後成為正式版本。Mi-8的沙龍版是設計能夠搭載11名VIP乘客，而多用途版本的Mi-8T有24個可折疊座椅，能夠在機艙內或機艙外載運貨物。Mi-17的設計改善了高海拔與炎熱氣候的性能表現，配備升級的傳動裝置和兩具1,900馬力的伊索托夫TV3-117渦輪軸引擎。

1962年2月27日 發動政變的兩架南越軍機攻擊總統府，企圖暗殺總統吳廷琰。

1962年2月28日 通用動力（General Dynamics）／康維爾B-58A盜賊式轟炸機首度進行鋼質繭型逃生艙的有人測試，穆拉（Edward J. Murra）准尉在高度6,100公尺時從時速909公里的飛機中彈射。

1962年3月～6月 美軍用一隻熊和一隻黑猩猩來進行B-58逃生艙的高速測試。

1962年5月22日 一架大陸航空波音707客機在飛越堪薩斯上空時因炸彈爆炸墜毀，45人喪生。

1962年5月30日 蘇聯蘇愷Su-15（北約代號：酒壺A〔Flagon-A〕）攔截機首飛。

1962年6月19日 美國空軍的超高壓氣球從百慕達飛行19天後，降落在硫磺島附近。平均飛行高度為20,725公尺。

1962年6月29日 英國維克斯VC10型客機首飛。

英國維克斯VC10型客機1962年6月29日首飛。

1962年9月19日 美國航空航太公司懷孕孔雀魚式（Pregnant Guppy）貨機首飛。

1962年10月12日 法國達梭巴爾札克式（Balzac）試驗機首飛。

1962年10月15日～28日 古巴飛彈危機讓全世界瀕臨核戰威脅。

1962年10月22日 美國總統甘迺迪宣布，美軍偵察機已經發現古巴境內修建了攻擊性飛彈發射場。

波音-維托爾CH-47契努克式直升機 1961年9月21日首飛

發動機：兩具4,500馬力的艾可萊康明（Avco Lycoming）T55-L-712型引擎

主要角色：中型運輸直升機

尺寸：主旋翼直徑18.29公尺；長度30.18公尺

酬載量：44名士兵／8,164公斤貨物／機外吊掛9,389公斤貨物

重量：22,680公斤

速度：海平面高度時巡航時速298公里

航程：酬載8,164公斤時185公里

機組員：2～3人

總產量（所有型號）：1,173架

變異型：A/B/C/D/HT-17/HC.1

　　這款直升機是為美國陸軍研發的中型運輸直升機，原型機YHC-1B在1961年9月首度試飛，生產型CH-47A在1962年開始服役。CH-47A是性能更強勁的107型，擁有四輪式而非三點式起落架，還有2,200馬力的T55 L-5渦輪軸引擎，酬載量可達44名士兵或吊掛7,257公

斤。CH-47B/C的性能又更加提升。

　　早期的型號通常都升級到CH-47D標準，配備先進航電系統、防撞系統、三點式懸掛裝置和複合材料旋翼葉片等。契努克式可以在機身內裝載、或以三組貨物懸掛鉤來載運笨重貨品，而車輛也可以透過機尾的斜坡裝載進機身內。契努克式在多個國家服役。

1962年11月7日　美國派珀PA-30-160雙科曼契式（Twin Comanche）B型客機首飛。

1962年12月7日　法國南方飛機公司（Sud-Aviation）SA.321超級黃蜂式（Super Frelon）直升機首飛。

1962年12月31日　美國宣布取消原本英國要作為嚇阻力量的空射型彈道飛彈天弩（Skybolt）飛彈的計畫。

1963年　美國太空總署（NASA）飛行員沃克駕駛北美航空工業X-15A到達107,955公尺的高度；他因為超過80公里的高度而符合獲頒太空人徽章的資格。

1963年1月7日　英國休特空中貨車式（Skyvan）多用途飛機首飛。

英國休特空中貨車式多用途飛機1963年1月7日首飛。

1963年2月9日　美國波音727客機首飛。

1963年2月25日　法國／西德運輸聯盟（Transall）C-160運輸機首飛（參見第190頁專欄）。

1963年3月26日　英國漢廷H.126型試驗機首飛。

1963年5月4日　法國達梭隼式／神祕20型商務機首飛。

1963年6月29日　瑞典紳寶105型教練機首飛。

1963年中期　英國皇家空軍開始使用配備核彈頭的英製藍鋼飛彈。

1963年8月20日　英國飛機公司（BAC）1-11（One-Eleven）型客機首飛。

1963年9月14日　日本三菱MU-2型運輸機首飛。

1963年9月16日　蘇聯雅克列夫Yak-36（北約代

運輸聯盟C-160運輸機 1963年2月25日首飛

發動機：兩具6,100馬力的勞斯萊斯泰恩（Tyne）Mk 22型引擎

主要角色：短／中程中型突擊運輸機

尺寸：翼展40公尺；機身長32.4公尺

酬載量：93名士兵／88名傘兵／16,000公斤貨物

重量：滿載51,000公斤

速度：高度4,875公尺時最高時速514公里

航程：最大酬載量時1,850公里

機組員：4人

總產量（所有型號）：生產版本共169架

變異型：運輸聯盟II

　　C-160是由法國和西德合作開發的戰術運輸機，以作為美製海克力斯式運輸機的替代品。它是傳統的高單翼設計運輸機，在1963年2月首飛，擁有多輪式起落架、上翹的機尾以及機尾斜坡尾門，內部貨艙長13.51公尺。剛開始總共生產了169架：90架C-160D給西德的空軍，50架C-160F給法國，20架C-160T給土耳其，剩下九架C-160Z給南非使用。

　　1977年時法國下了第二筆訂單，當中包括指揮所及電子偵察版本，這批飛機當中的第一架在1980年首飛。這些屬於第二批的飛機擁有現代化電子設備、額外的中段油箱與一組加油管，有十架是單點式加油機的配置，其他則作為通訊中繼機與信號情報蒐集機。

美國洛克希德C-141A舉星者式運輸機1963年12月17日首飛。

號：徒手〔Freehand〕）試驗機首飛。

1963年10月7日 美國里爾噴射（Learjet）23型商務機首飛。

1963年11月20日 美國空軍正式接收第一架麥克唐納F-4C幽靈II式戰鬥機。

1963年12月17日 美國洛克希德C-141A舉星者式（Starlifter）運輸機首飛。

1963年12月21日 英國霍克-西德利H.S.748 MF安多弗式（Andover）客機首飛。

1963年12月24日 紐約國際機場更名為約翰·甘迺迪國際機場。

1964年 美國太陽神（Helio）HST-550種馬式（Stallion）運輸機首飛。

1964年 英國紅頂（Red Top）空對空飛彈開始服役。

1964年1月5日 英國休特SC-5/10貝爾法斯特式C.Mk 1型貨機首飛。

蘇聯米格MiG-25攔截機1964年3月6日首飛。

洛克希德SR-71黑鳥式偵察機 1964年12月22日首飛

發動機：兩具推力14,740公斤的普惠J58型引擎

主要角色：高空戰略偵察機

尺寸：翼展16.94公尺；機身長32.74公尺

武器裝備：無

重量：空機27,210公斤；滿載77,110公斤

速度：最高3馬赫以上

航程：約4,830公里

機組員：2人

總產量（所有型號）：32架

變異型：A11/A/B

黑鳥式（Blackbird）的設計目標是要在高度25,908公尺時速度達到3馬赫以上，它的特徵是巨大的引擎——幾乎是以衝壓噴射的方式運作，還有可動式進氣錐和輔助進氣道來改善氣流。

本型機自1966年起服役，執行祕密偵察任務，用來飛越空防較不嚴密的國家。它的電子、光學、雷達和紅外線等各種感測器位於機鼻錐內及分布於機身兩側。有兩架黑鳥式駐防在英國的皇家空軍米爾登霍爾基地（RAF Mildenhall）。

美國塞考斯基CH-53A海種馬式直升機1964年10月14日首飛。

1964年2月17日　美國人莫克（Jerrie Mock）駕駛西斯納180輕型飛機，耗時29天單人駕機環繞世界一周，成為首度完成此壯舉的女性。

1964年3月6日　蘇聯米格MiG-25（北約代號：狐蝠〔Foxbat〕）攔截機首飛（參見第191頁圖說）。

1964年4月9日　加拿大德哈維蘭DHC-5水牛式（Buffalo）運輸機首飛。

1964年5月7日　英國飛機公司超級VC10型（Super VC10）客機首飛。

1964年8月2日　幾艘北越的魚雷艇在越南的東京灣（Gulf of Tonkin）試圖攻擊美軍驅逐艦馬多克斯號（Maddox），從提康德羅加號（Ticonderoga）航空母艦起飛的美國海軍飛機擊沉其中一艘。

1964年8月5日　美軍艦載機攻擊北越海軍基地。

1964年9月4日　印度斯坦HJT-16光束式（Kiran）教練機首飛。

1964年9月21日　美國北美航空工業XB-70A女武神式（Valkyrie）轟炸機首飛。

1964年9月27日　英國飛機公司TSR.2型攻擊機首飛。

1964年10月14日　美國塞考斯基CH-53A海種馬式（Sea Stallion）直升機首飛。

1964年11月18日　美國格魯曼C-2A運輸機首飛。

1964年11月21日　義大利阿古斯塔（Agusta）A105型直升機首飛。

1964年12月21日　美國通用動力F-111A多用途戰鬥機首飛。

1964年12月22日　美國洛克希德SR-71A黑鳥式偵察機首飛。

1965年1月11日　美國空中指揮官公司噴射指揮官式（Jet Commander）1121型商務機首飛。

1965年2月7日　美國空軍和南越空軍飛機攻擊北越境內的軍事目標。

1965年2月23日　美國道格拉斯DC-9客機首飛。

1965年2月27日　蘇聯安托諾夫An-22安泰式（An-tei；北約代號：公雞〔Cock〕）運輸機首飛。

滾雷行動（Operation Rolling Thunder）
1965年3月2日～1968年10月31日
　　美軍持續從空中轟炸北越。在長達44個月的作戰期間共投擲864,000噸彈藥，出擊超過306,000架次。

法國南方飛機公司SA 330美洲獅式直升機1965年4月15日首飛。

1965年4月6日 英國取消TSR.2型攻擊機生產計畫。

1965年4月15日 法國南方飛機公司SA 330美洲獅式（Puma）直升機首飛。

1965年5月1日 美國洛克希德YF-12攔截機締造最高飛行時速的世界紀錄──3,331公里。

1965年5月20日 加拿大德哈維蘭DHC-6雙水獺式（Twin Otter）多用途飛機首飛。

1965年5月20日 一架巴基斯坦的波音720客機在埃及開羅機場墜毀，121人喪生。

1965年6月13日 英國布里頓-諾曼（Britten-Norman）BN-2島民式（Islander）多用途飛機首飛。

1965年6月18日 B-52轟炸機首度在越戰中出擊，轟炸南越境內目標。

1965年7月 第一座蘇聯生產的SA-2標線（Gui-

美國北美航空工業OV-10A野馬式攻擊與觀察機1965年7月16日首飛。

美國沃特飛機公司A-7A海盜式攻擊機1965年9月27日首飛。

deline）地對空飛彈陣地在北越現身。

1965年7月10日 F-4幽靈式成為首度在越戰中獲得空戰勝利的美軍飛機。

1965年7月16日 美國北美航空工業OV-10A野馬式（Bronco）攻擊與觀察機首飛。

1965年8月16日 AGM-45伯勞鳥（Shrike）反輻射飛彈首度在越南派上用場。

1965年9月 美國女子博根（Brenda Bogan）操控的熱氣球飛抵2,978公尺的高度，是這種飛行器首度獲得認可的紀錄。

1965年9月1日～25日 印度和巴基斯坦在爭奪喀什米爾主權的戰爭中大量動用空中力量打擊對方。

1965年9月11日 美軍第一騎兵師抵達南越，配備超過400架直升機和多架其他飛機。

1965年9月27日 美國沃特飛機公司（Ling-Temco-Vought, LTV）A-7A海盜式（Corsair）攻擊機首飛。

1965年11月 義大利阿古斯塔A106型直升機首飛。

1966年 中國哈爾濱飛機製造廠獲得許可製造的轟-5（伊留申II-28）轟炸機首飛。

1966年1月10日 美國貝爾206A噴射遊騎兵式（JetRanger）直升機首飛。

1966年1月17日 中國成都飛機工業殲-7（米格MIG-21）戰鬥機首飛。

1966年2月8日 雷克（Freddie Laker）宣布成立廉價航空公司雷克航空（Laker Airways）。

1966年2月23日 西德多尼爾Do 28D天僕式（Skyservant）多用途飛機首飛。

1966年3月17日 美國貝爾X-22A原型機首飛。

1966年4月12日 B-52首度轟炸北越境內的目標。

1966年6月24日 一架從孟買飛往紐約的印度航空（Air India）客機在瑞士白朗峰（Mont Blanc）墜機，117人罹難。

1966年7月1日 從航空母艦星座號（Constellation）與漢考克號上起飛的美國海軍飛機，擊沉了三艘企圖進攻越南東京灣內美國海軍船艦的北越魚雷艇。

1966年8月2日 蘇聯蘇愷Su-17/Su-20/Su-22（北約代號：裝配匠〔Fitter〕）首飛。

1966年8月12日 美國里爾噴射25運輸者式（Transporter）商務機首飛。

1966年8月31日 英國霍克-西德利P.1127獵鷹式（Harrier）攻擊機首飛。

1966年10月2日 美國格魯曼灣流II型商務機首飛。

美國格魯曼灣流II型商務機1966年10月2日首飛。

1966年11月 美國叢林大師飛機公司（Bushmaster Aircraft）2000型客機首飛。

1966年12月23日 法國達梭幻象F1戰鬥機首飛。

1967年1月4日 西德空軍F-104G星式戰鬥機在經過修改後重新服役。

1967年2月22日 第一場空降突擊作戰聯合城市行動（Operation Junction City）在越南實施。

1967年3月29日 印度斯坦HF-24暴風神式（Marut）轟炸機交付印度空軍。

1967年4月7日 法國南方飛機SA.321F民用版超級黃蜂式直升機首飛。

1967年4月7日 法國南方飛機公司SA 342瞪羚式（Gazelle）首飛。

1967年4月9日 美國波音737-100型客機首飛。

美國波音737-100型客機1967年4月9日首飛。

1967年4月20日 一架瑞士大不列顛式客機在賽普勒斯的尼科西亞（Nicosia）墜毀，126人喪生。

1967年5月 美國貝爾AH-1G休伊眼鏡蛇式直升機首飛。

1967年5月 英國亨德利‧佩吉HP.137捷流式（Jetstream）客機首飛。

法國達梭幻象F1戰鬥機1966年12月23日首飛。

美國貝爾AH-1G休伊眼鏡蛇式直升機1967年5月首飛。

1967年5月23日　英國霍克-西德利寧錄式海上巡邏機首飛。

以阿「六日戰爭」（Six-Day War）
1967年6月5日～10日

由以色列空軍的先制空襲揭開序幕，幾乎徹底癱瘓埃及、約旦及敘利亞的空軍，絕大部分飛機都在地面上被炸毀。大約有380架阿拉伯飛機和60架以色列飛機在衝突中損失。

1967年6月10日　蘇聯米格MiG-23（北約代號：鞭撻者〔Flogger〕）戰鬥機首飛。

1967年7月2日　蘇聯蘇愷Su-24（北約代號：擊劍手〔Fencer〕）轟炸機首飛。

1967年9月21日　美國洛克希德AH-56A夏安式（Cheyenne）直升機首飛。

1967年10月17日　捷克茲林（Zlin）Z 42型教練機首飛。

1967年10月26日　英國飛機公司BAC 167攻擊大師式（Strikemaster）攻擊機首飛。

1967年11月8日　英國皇家空軍使用50架運輸機把部隊撤出亞丁，是皇家空軍自柏林空運以來規模最大的運輸行動。

1967年11月18日　法國達梭幻象G型戰鬥機首飛。

1967年11月28日　瑞士皮拉圖斯PC-8雙波特式（Twin Porter）運輸機首飛。

1967年12月22日　西德MBB公司Bö 209季風式（Monsun）輕型飛機首飛。

1968年　美國騎士飛機公司（Cavalier Aircraft）渦輪野馬式（Turbo Mustang）商務機首飛。

蘇聯米格MiG-23戰鬥機1967年6月10日首飛。

航空事件時間表

美國洛克希德C-5銀河式運輸機1968年6月30日首飛。

1968年 蘇聯米爾Mi-12（北約代號：信鴿〔Ho-mer〕）直升機首飛。

1968年 羅馬尼亞ICA IS-23多用途飛機首飛。

1968年 羅馬尼亞IAR-821農用飛機首飛。

1968年3月 美國派珀PA-31P多用途飛機首飛。

1968年3月17日 美國空軍在越南首度出動F-111A執行任務。

1968年3月29日 西德輕型飛機技術聯盟（LFU）205型輕型飛機首飛。

1968年4月30日 英國皇家空軍戰鬥機司令部和轟炸機司令部整編成打擊司令部（Strike Command）。

1968年5月13日 美國派珀PA-35波克諾式（Pocono）客機首飛。

1968年5月25日 美國格魯曼EA-6B潛行者式（Prowler）攻擊機首飛。

1968年6月30日 美國洛克希德C-5A銀河式（Galaxy）運輸機首飛。

1968年7月23日 法國北方飛機製造公司Nord 500垂直起降試驗機首飛。

1968年9月8日 英國／法國歐洲飛機製造公司戰鬥與戰術支援學院（SEPECAT）美洲豹式（Jaguar）攻擊機首飛。

1968年9月11日 法國達梭MD.320燕式（Hirondelle）運輸機首飛。

1968年10月4日 蘇聯圖波列夫Tu-154型客機首飛。

1968年10月26日 巴西航空工業（Embraer）EMB-110先鋒式（Bandeirante）客機首飛。

1968年10月31日 美軍停止轟炸北越。

1968年11月4日 捷克埃羅L-39信天翁式（Albatross）教練機首飛。

1968年12月24日 中國西安飛機工業轟-6（Tu-16）轟炸機首飛。

1968年12月31日 蘇聯圖波列夫Tu-144「協和斯基」（Concordski）客機首飛。

1969年 這一年內共有57架飛機遭劫持飛往古巴。

英國／法國歐洲飛機製造公司（SEPECAT）美洲豹式攻擊機1968年9月8日首飛。

1969年2月9日 美國波音747「巨無霸噴射客機」（Jumbo Jet）首飛（參見第200～201頁專欄）。

1969年3月2日 法國南方飛機公司／英國飛機公司（BAC）協和式（Concorde）客機首飛（參見第202～203頁專欄）。

1969年5月7日 英國韋斯特蘭HAS.1海王式（Sea King）直升機首飛。

1969年6月5日 美軍自從1968年11月停止轟炸北越後，首度對北越進行報復性空襲。之後這種行動一再發生。

英國韋斯特蘭海王式直升機1969年5月7日首飛。

航空事件時間表

波音747客機 1969年2月9日首飛

發動機：四具推力22,675公斤標準等級的渦輪扇引擎（例如通用動力CF6-50/80、普惠JT9D、勞斯萊斯RB211-524型等）

主要角色：客機

尺寸：翼展59.63公尺；機身長70.51公尺

酬載量：452～516名乘客／64,818公斤貨物

重量：最大起飛重量377,840公斤

速度：巡航時速965公里

航程：12,250公里

機組員：3人

總產量（所有型號）：1,290架

變異型：見說明

　　原始的「巨無霸噴射客機」波音747計畫案在1966年4月13日啟動，泛美航空下訂單訂購21架。原型機在1969年2月9日首飛，並在1970年1月正式服役，載客量和貨運量都增長超過兩倍。

客機的型號包括747-100和-200；747SP是747-100輕量化、縮短機身的加長航程版本；747-300是把上層客艙拉長，以加大容納乘客和機組員休息的空間。747-400是747-300的先進長程版本，配備推力26,300公斤標準等級的引擎、雙機組員用的全數位駕駛艙、水平尾翼油箱以及翼尖小翼。747-8I客機機身拉伸至76公尺，在2011年3月20日首飛。

1969年6月5日 蘇聯圖波列夫Tu-144「協和斯基」客機在超音速方面擊敗協和式（參見第203頁圖說）。

1969年7月21日 美國太空人阿姆斯壯（Neil Armstrong）成為第一個踏上月球的人類。

1969年8月20日 阿根廷軍機廠（FMA）IA.58普卡拉式（Pucará）攻擊機首飛。

1969年8月29日 美國派珀PA-31T夏安式輕型飛機首飛。

1969年8月30日 蘇聯圖波列夫Tu-22M（北約代號：逆火〔Backfire〕）轟炸機首飛。

蘇聯圖波列夫Tu-22M轟炸機1969年8月30日首飛。

1969年9月19日 蘇聯米爾Mi-24（北約代號：雌鹿〔Hind〕）直升機首飛（參見第204～205專欄）。

1969年11月27日 以色列航空工業（IAI）阿拉瓦式（Arava）運輸機首飛。

以阿「消耗戰」
1969年～1970年

埃及和以色列的軍機持續突襲西奈（Sinai）和蘇伊士運河，自1967年以來這些地方就是兩國之間的前線。俄軍飛行員曾加入埃及一方作戰。

航空事件時間表

法國南方飛機公司／英國飛機公司協和式客機 1969年3月2日首飛

發動機：四具推力17,256公斤的勞斯萊斯／斯奈克瑪奧林帕斯593 Mark 610型引擎

主要角色：超音速客機

尺寸：翼展25.5公尺；機身長62.1公尺

酬載量：英國飛機公司版本100名乘客／13,150公斤貨物

重量：滿載185,070公斤

速度：高度16,150公尺時最高2.04馬赫

航程：6,582公里

機組員：6人

總產量（所有型號）：16架加上兩架原型機／預生產型機

在僅有兩款曾經進行商業營運的超音速客機中，協和式是比較成功的，另一款則是圖波列夫Tu-144。

這項計畫自1962年起發展成英法兩國合作的專案，原型機在1969年首度試飛，預生產型在1971年推出，標準生產型則在1974年升空。

因為這架飛機需要有後燃器的引擎才能以超音速巡航，因此本專案在1970年代曾因為燃料價格飆漲而受到經濟上的威脅。在陸地上空飛行時，協和式需要遵守噪音防制法規以次音速飛行，所以只有在跨越大西洋的時候才會達到超音速。

只有英國航空（British Airways）和法國航空（Air France）操作協和式，但這些獨一無二的客機相當受歡迎，為航空公司帶來不少收益。它們與眾不同的特徵包括可以向下彎的機鼻，以便讓飛行員在進場落地時可以看見地面。協和式在飛行途中，與大氣的摩擦力會使外側機身溫度高達攝氏1000度，造成機身稍微拉長的現象。

蘇聯圖波列夫Tu-144「協和斯基」客機在超音速方面擊敗協和式。

2000年7月25日時發生了一場悲劇：一架法國航空的協和式客機在從巴黎起飛途中墜機，109名乘客和機組員罹難，協和式因此奉命停飛。協和式之後在2001年11月7日恢復商業營運，但到了2003年4月10日，英國航空和法國航空同時宣布由於載客率不佳，他們會在同年稍晚時讓協和式退役。

米爾Mi-24直升機 1969年9月19日首飛

發動機：兩具2,200馬力的伊索托夫Tv3-117渦輪扇引擎

主要角色：突擊直升機

尺寸：主旋翼直徑16.76公尺；機身長16.9公尺

酬載量：8名士兵／4副傷患擔架

武器裝備：機鼻一挺四管12.7公厘機槍，四組57公厘火箭發射器莢艙

重量：滿載10,940公斤

速度：最高時速322公里

航程：225公里

機組員：2人

變異型：Mi-25（出口型號）在超過20個國家服役

　　自1972年起，Mi-24「雌鹿」的初期型號就已經服役，負責支援蘇聯地面部隊。突擊暨反裝甲的Mi-25「雌鹿D」具有重新設計的機鼻，在1976年出現。

　　其武裝包括安裝在旋轉砲塔的四管12.7公

厘機槍,還可以在機翼下吊掛四組編號UV-32-57的57公厘火箭發射莢艙。Mi-35「雌鹿E」在1981年出現,配備紅外線干擾器、排氣紅外線抑制混合裝置,還可吊掛四枚AT-2(北約代號:蒼蠅拍〔Swatter〕)反裝甲飛彈。

雖然「雌鹿」的裝甲防護十分優異,但它體型龐大而相當笨重。

1970年1月22日 泛美航空以波音747首度展開「廣體」客機載客服務,於甘迺迪機場和倫敦希斯洛機場之間飛行。

1970年3月18日~5月26日 美軍對柬埔寨境內的目標發動大規模轟炸,以支援入侵的地面部隊。

1970年5月29日 法國達梭米蘭式(Milan)戰鬥機首飛。

1970年7月2日 瑞典紳寶Sk 37雷式(Viggen)戰鬥機首飛。

瑞典紳寶Sk 37雷式戰鬥機1970年7月2日首飛。

1970年7月17日 美國紐奧良機場首度啟用旅客監控系統以對抗劫機行動。

1970年7月18日 義大利航空工程公司(Aeritalia,即之前的飛雅特〔Fiat〕)G.222型運輸機首飛。

1970年8月20日 蘇聯米高揚米格MIG-27(北約代號:鞭撻者-D/J〔Flogger D/J〕)攻擊機首飛。

1970年8月22日 義大利馬基飛機公司(Aermacchi)MB.326K/MB.326G教練機首飛。

1970年8月29日 美國麥克唐納-道格拉斯(McDonnell Douglas)DC-10型(參見第206頁專欄)客機首飛。

1970年9月11日 英國布里頓-諾曼三引擎島民式(Trislander)客機首飛。

1970年9月12日 巴勒斯坦恐怖分子在約旦的道森機場(Dawson's Field)劫持並炸毀一架英國海外航空(BOAC)超級VC10、一架環球航空707和一架瑞士航空(Swissair)DC-8客機。

麥克唐納-道格拉斯DC-10型客機 1970年8月29日首飛

發動機：三具推力18,140公斤的奇異CF6-6D型引擎

主要角色：客機

尺寸：翼展50.39公尺；機身長55.34公尺

酬載量：208～380名旅客

重量：最大起飛重量251,742公斤

速度：最高0.88馬赫；巡航時速925公里

航程：11,030公里

機組員：3人

總產量（所有型號）：380架

變異型：見說明

　　DC-10C是為了滿足美國航空公司短、中、長程航線的需求研發而成，擁有同樣創新的引擎配置，其中兩具是安裝在翼下莢艙內，第三具引擎則是安裝在垂直尾翼基部，就跟它的競爭對手洛克希德L-1011三星式一樣。

　　第一架DC-10-10在1970年8月29日首度升空，在1971年進入美國航空服役。DC-I0-30在1972年6月21日首次飛行，具備洲際飛行能力，首先在皇家荷蘭航空（KLM）與瑞士航空服役。其他型號包括：特色是航程增加的DC-10-30ER、可以視需求改裝成客機或貨機的30CF、專用貨機30F、配備了三具普惠JT9D-20或-59A引擎的40洲際飛行系列等等。

　　DC-10的更先進研發版本是MD-11，機身比DC-I0-30長了5.66公尺，空氣動力方面的改進包括加裝小翼、全數位化的雙人駕駛艙、奇異CF6-80或普惠PW4000系列渦輪扇引擎，客艙也經過重新設計。

美國格魯曼F-14A雄貓式戰鬥機1970年12月21日首飛。

1970年11月16日 美國洛克希德三星式（TriStar）客機首飛。

1970年12月21日 美國格魯曼F-14A雄貓式（Tomcat）戰鬥機首飛。

1970年12月25日 中國西安飛機工業運-7（Y-7）客貨機首飛。

1971年1月15日 蘇聯雅克列夫Yak-36MP型（北約代號：鐵匠-A〔Forger-A〕）戰鬥機首飛。

1971年2月1日 加拿大飛行員門洛（Raymond Munro）首度操控熱氣球橫渡愛爾蘭海。

1971年3月15日 西德聯合航空工程公司-福克（VFW-Fokker）H3短跑健將式（Sprinter）試驗機首飛。

1971年3月21日 英國韋斯特蘭WG.13山貓式（Lynx）直升機首飛。

1971年3月25日 蘇聯伊留申Il-76（北約代號：耿直〔Candid〕）運輸機首飛。

1971年4月29日 美國派珀PE-1執行者式（Enforcer）攻擊機首飛。

1971年5月8日 法國達梭幻象G8型戰鬥機首飛。

1971年5月18日 法國瓦斯默（Wassmer）WA-43獵豹式（Guépard）輕型客機首飛。

1971年5月28日 法國達梭-寶璣水星式（Mercure）客機首飛。

1971年7月14日 西德聯合航空工程公司福克VFW 614型客機首飛。

1971年7月19日 法國羅賓（Robln）HR 200阿克羅賓式（Acrobin）多用途飛機首飛。

1971年7月23日 澳洲政府飛機製造廠（GAF）N2型多用途飛機首飛。

1971年8月4日 義大利阿古斯塔A109燕式（Hirundo）直升機（參見第209頁專欄）首飛。

1971年8月6日 法國航太（Aerospatiale）SA 341瞪羚式直升機首飛（參見第208頁圖說）。

1971年9月 以色列航空工業（IAI）幼獅式（Kfir）C2型戰鬥機首飛。

1971年9月3日 巴西航空工業／義大利馬基飛機公司EMB-326薩萬特式（Xavante）教練機首飛。

法國航太SA 341瞪羚式直升機1971年8月6日首飛。

1971年9月12日 美國貝德（Bede）BD-5微型機（Micro）首飛。

1972年 蘇聯蘇愷Su-20（北約代號：裝配匠-C〔Fitter C〕）戰鬥轟炸機首飛。

1972年1月21日 美國洛克希德S-3A維京式（Viking）反潛機首飛。

美國洛克希德S-3A維京式反潛機1972年1月21日首飛。

1972年1月28日 新加坡航空（Singapore Airlines）成立。

1972年2月9日 美國波音E-3哨兵式（Sentry）空中預警機首飛。

1972年2月21日 紐西蘭太平洋航太公司（Pacific Aerospace）CT-4空中教練式（Airtrainer）教練機首飛。

1972年3月8日 英國固特異歐羅巴號（Europa）飛船首飛。

1972年3月30日 印度斯坦HA-31 Mk 11春天式（Basant）農用飛機首飛。

1972年4月1日 英國歐洲航空和英國海外航空合併組成英國航空（編註：保留各別品牌至1974年3月31日）。

1972年4月29日 一架經過特別改裝的F-4幽靈II式戰鬥機成為美國第一架透過線傳飛控系統飛行的飛機。

1972年5月8日～10月22日 後衛1號（Linebacker I）行動：美軍對北越進行猛烈轟炸。

1972年5月10日 美國費爾柴德-共和（Fairchild-Republic）A-10雷霆II式戰鬥機首飛。

1972年5月25日 英國韋斯特蘭／法國航太HAS Mk 2山貓式反潛直升機首飛。

阿古斯塔A 109A Mk II多用途直升機 1971年8月首飛

發動機：兩具420馬力的艾利遜250-C20B型引擎

主要角色：輕型多用途直升機

尺寸：主旋翼直徑11公尺；長度（旋翼旋轉時）
13.05公尺

酬載量：機艙內6名乘客或貨物／機外吊掛907公斤
貨物

重量：滿載2,600公斤

速度：海平面高度時巡航時速280公里

航程：585公里

機組員：2人

總產量（所有型號）：600架

變異型：3種

A109原本是在1960年代末期提出的單渦輪軸引擎燕式直升機，之後重新設計，配備更可靠的雙渦輪引擎，發展成高速民用直升機。

其原型機在1971年8月試飛，生產版A109A更好，擁有可完全收回的前三點式起落架，卻因為各種問題而延誤，直到1975年才開始測試。

A109A Mk II在1981年9月出現，重點改良的地方包括降低振動和噪音、傳動系統升級、可以把振動降到最低的全新尾旋翼、修改過的引擎座，以及其他操作方面的改進。

1972年6月2日 法國航太SA 360海豚式（Dauphin）直升機首飛。

1972年7月27日 美國麥克唐納-道格拉斯F-15鷹式（Eagle）戰鬥機首飛（參見第210頁專欄）。

1972年10月28日 空中巴士A300B1型客機首飛（參見第211頁專欄）。

1972年12月18日～29日 後衛2號行動：美軍對北越進行猛烈轟炸。

麥克唐納-道格拉斯F-15鷹式戰鬥機 1972年7月27日首飛

發動機：兩具推力6,518公斤（最大10,637公斤）標準等級的軍用普惠F100-220渦輪扇引擎

主要角色：空優戰鬥機

尺寸：翼展13.05公尺；機身長19.43公尺

武器裝備：一門20公厘M61A火神（Vulcan）機砲，四枚AIM-7麻雀飛彈，四枚AIM-9響尾蛇飛彈

重量：空機13,236公斤；滿載20,185公斤

速度：最高2.5馬赫以上

航程：（交付飛行）超過5,550公里

機組員：1人

F-15是為了對抗米格MiG-25「狐蝠」而研發，但卻是基於一個錯誤印象——認為後者是一款非常機動靈活的戰術戰鬥機，飛行速度可達3馬赫，性能表現與機動能力贏過所有俄國機種。它於1972年7月首度飛行。

只要有空中加油的幫助，F-15可以部署在世界上任何地方。其系統具備「手不離油門桿與控制桿」（hands-on-throttle-and-stick, HOTAS）功能，在雷達模式的狀態，飛彈開關與其他重要指令都會集中在兩支主要的操縱桿上。

1979年6月27日，這款飛機首度在戰場上出現，以色列空軍在黎巴嫩上空用它擊落了四架敘利亞的米格MiG-21。1981年3月13日，鷹式號稱擊落一架速度非常快的敘利亞米格MiG-25攔截機，之後到了1982年6月，F-15則參與了以色列在貝卡谷（Beqaa Valley）擊敗敘利亞的空戰。

在1991年的波灣戰爭和1999年的南斯拉夫戰事中，以及接下來伊拉克和阿富汗的作戰裡，美國空軍F-15的表現也極為優異。衍生出的雙座版本F-15E攻擊鷹式（Strike Eagle）屬於全天候攻擊戰鬥機，在1989年服役，戰鬥紀錄也相當輝煌。

2007年11月2日，密蘇里州空軍國民警衛隊（Air National Guard）一架F-15C因為結構問題墜毀，美國空軍因此下令所有F-15停飛。到了2008年1月8日，美國空軍同意讓部分F-15A～D的機隊回到可飛行狀態，但不久之後其他F-15也被發現有類似問題。美國當局很可能讓178架F-15C和224架F-15E服役到2025年以後。

空中巴士A300-600型客機 1972年10月28日首飛

發動機：兩具推力23,580公斤標準等級的奇異CF6-50型引擎（也可選擇普惠JT9D-59引擎）

主要角色：客機

尺寸：翼展44.83公尺；機身長54.07公尺

酬載量：287～375名乘客／43,571公斤貨物

重量：最大起飛重量165,016公斤

速度：最高0.82馬赫；巡航時速875公里

航程：8,050公里

機組員：2人

總產量（所有型號）：268架

空中巴士在1970年成立，目標是發展大載運量的雙引擎「歐洲空中巴士」，其研發夥伴來自比利時、法國、西德、荷蘭、西班牙與英國。

原型機空中巴士A300在1972年10月28日首次升空，第一架生產型A300B2則是在1973年6月28日首飛。目前生產的型號是A300-600，擁有較長的機身以提高載客量、A310的後機身段及水平尾翼、全數位化雙人駕駛艙及線傳飛控系統，還有改良的操縱及載荷／航程表現。

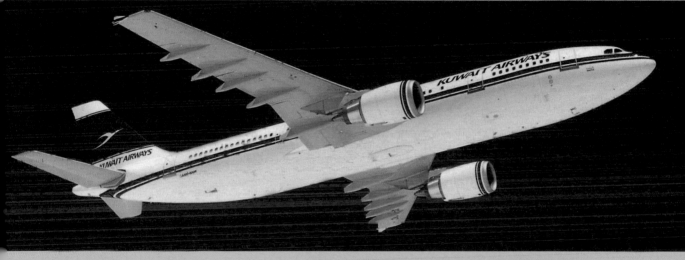

美國通用動力F-16戰隼式戰鬥機1974年1月20日首飛。

1973年1月7日 英國卡梅倫氣球（Cameron Balloons）D-96首飛。

1973年3月1日 西德司珀塔維亞（Sportavia）RF6-180運動員式（Sportsman）旅遊飛機首飛。

1973年3月24日 法國達梭-寶機集式30型運輸機首飛。

1973年6月3日 蘇聯圖波列夫Tu-144超音速客機在巴黎航空展首飛時墜毀，造成六名機組員喪生。

帕那維亞龍捲風式戰鬥機1974年8月14日首飛。

美國塞考斯基YUH-60A黑鷹式直升機1974年10月17日首飛。

1973年8月8日 蘇聯卡莫夫Ka-27/Ka-28（北約代號：螺旋〔Helix〕）直升機首飛。

1973年8月22日 美國蓋茨-里爾噴射（Gates Learjet）35型商務機首飛。

1973年9月12日 韋斯特蘭突擊隊式Mk 1型直升機首飛。

阿拉伯-以色列「贖罪日戰爭」
（Yom Kippur War，1973年10月6日～24日）

剛開始時以色列有多架軍機被地對空飛彈擊落，但之後迅速奪回制空權。阿拉伯陣營損失約270架飛機，以色列方面損失約120架。

1973年10月26日 法國達梭-寶璣／德國多尼爾阿爾法噴射式（Alpha Jet）攻擊／教練機首飛。

1974年1月20日 美國通用動力F-16戰隼式戰鬥機首飛。

1974年2月16日 南非亞特拉斯（Atlas）C4M大羚羊式（Kudu）多用途飛機首飛。

1974年6月9日 美國諾斯洛普YF-17型戰鬥機首飛。

1974年8月14日 帕那維亞（Panavia）龍捲風式戰鬥機首飛。

1974年8月21日 英國霍克-西德利鷹式教練機首飛。

1974年8月22日 英國休特SD.330型運輸機首飛。

1974年10月17日 美國塞考斯基YUH-60A黑鷹式直升機首飛。

1974年10月28日 法國達梭-寶璣超級軍旗式（Super Etendard）戰鬥機首飛（參見第214頁圖說）。

1974年10月31日 南斯拉夫索科J-22老鷹式（Orao）攻擊機首飛。

1974年12月20日 格魯曼-美國飛機公司（Grumman American Aviation）GA-7美洲獅式（Cougar）輕型飛機首飛。

1974年12月23日 美國洛克威爾（Rockwell）B-1轟炸機首飛。

1974年12月26日 空中巴士A300B4首飛。

1975年2月6日 美國比奇機長（Skipper）77型輕型多用途飛機首飛。

法國達梭-寶璣超級軍旗式戰鬥機1974年10月28日首飛。

1975年2月22日 蘇聯蘇愷Su-25（北約代號：蛙足〔Frogfoot〕）攻擊機首飛。

1975年2月26日 美國西斯納404泰坦式（Titan）輕型飛機首飛。

1975年3月7日 蘇聯雅克列夫Yak-42型客機首飛。

1975年3月27日 加拿大德哈維蘭DHC-7衝刺7（Dash 7）客機首飛。

1975年4月30日 北越軍隊占領西貢，越戰結束。

1975年8月28日 美國羅賓森（Robinson）R22 HP型直升機首飛。

1975年9月16日 蘇聯米格MiG-31（北約代號：獵狐犬〔Foxhound〕）戰鬥機首飛。

1975年9月30日 美國麥克唐納-道格拉斯AH-64阿帕契式（Apache）直升機首飛。

1976年5月 美國派珀PA-44塞米諾式（Seminole）輕型飛機首飛。

1976年5月24日 協和式客機展開從歐洲飛往美國的載客服務。

1976年7月9日 蘇聯安托諾夫An-32（北約代號：克萊〔Cline〕）運輸機首飛。

1976年7月28日 喬爾茲（Eldon W. Joersz）上尉

和摩根（George T. Morgan）少校駕駛洛克希德SR-71A黑鳥式偵察機締造飛行時速的世界紀錄——3529.56公里。

1976年8月12日 義大利馬基飛機公司MB.339灰狗式（Veltro）教練機首飛。

1976年8月13日 美國貝爾222型直升機首飛。

1976年11月7日 法國達梭-寶璣隼式50型商務機首飛。

1976年12月22日 蘇聯伊留申Il-86型（北約代號：弧形〔Cambern〕）客機首飛（參見第216頁專欄）。

1977年1月6日 印度斯坦HPT-32型教練機首飛。

1977年3月 美國波音E-3A哨兵式空中預警機首飛（參見第217頁專欄）。

1977年3月13日 美國塞考斯基S-76型直升機首飛（參見第218～219頁專欄）。

1977年3月24日 美國洛克希德C-141B舉星者式運輸機首飛。

1977年3月27日 兩架波音747客機在加那利群島特內里費島（Tenerife）聖克魯斯（Santa Cruz）的機場跑道上相撞，造成579人喪命，是死亡人數最多

麥克唐納-道格拉斯AH-64阿帕契式直升機 1975年9月30日首飛

發動機：兩具1,696馬力的奇異T700-GE-701渦輪軸引擎

主要角色：全天候攻擊直升機

尺寸：主旋翼直徑14.63公尺；長度17.76公尺

武器裝備：一門麥道30公釐鏈砲，最多16枚地獄火（Hellfire）反裝甲飛彈與76枚7公分摺疊翼空對地火箭

重量：滿載9,525公斤

速度：最高時速365公里

航程：482公里

機組員：2人

總產量（所有型號）：超過800架

變異型：A/D

AH-64是由麥克唐納-道格拉斯從休斯77型發展而來，是為美國陸軍設計的一款全天候反裝甲暨對地支援直升機。原型機YAH-64在1975年首飛，第一架生產型的AH-64則是在1984年1月交機。

特徵是配備了輕量化的都卜勒導航系統、紅外線和雷達干擾器、馬丁（Martin）目標尋獲暨標定裝置（TADS）／飛行員夜視感測器（PNVS）、一組被動雷達警告接收器、一組班迪克斯（Bendix）火箭控制系統、一組國際（International）雷射測距儀／標定器，還有霍尼韋爾（Honeywell）的整合式頭盔及瞄準顯示器。阿帕契式運用複雜的長距離感測器，就算在黑暗中也可以識別並擊中目標。

伊留申IL-86型客機 1976年12月22日首飛

發動機：四具推力13,000公斤的庫茲涅佐夫（Kuznetsov）NK-86型渦輪扇引擎
主要角色：客機
尺寸：翼展48公尺；機身長60.45公尺
酬載量：350～375名乘客／42,002公斤貨物
重量：最大起飛重量205,997公斤
速度：巡航時速950公里
航程：4,600公里
機組員：3人
總產量（所有型號）：103架
變異型：見說明

　　IL-86是蘇聯第一架廣體渦輪扇引擎客機，原型機在1976年12月22日首次飛行，但生產型的IL-86要到1980年12月26日才進入俄羅斯航空服役，往來於國內的莫斯科–塔什干航線。
　　IL-86是蘇聯第一架採取「傳統」配置方式的噴射客機，卻也是獨一無二的大型民航機。由於它配備登機梯，因此不需要機場的空橋，旅客可以直接從地面上機。旅客把行李放在下層艙間之後，就可以沿著機身內的階梯進入三個客艙內，每個客艙都有並排的九個座位。Il-86-300是長程的型號。

波音E-3A哨兵式空中預警機 1977年3月首飛

發動機：四具推力9,526公斤普惠TF33-P-100/100A型引擎

主要角色：空中早期預警管制機

尺寸：翼展44.42公尺；機身長46.61公尺

武器裝備：無

重量：滿載147,240公斤

速度：最高時速853公里

續航時間：1,600公里半徑的範圍6小時

機組員：17人

總產量（所有型號）：68架

變異型：A/B/C/E/D/F

　　E-3A哨兵式空中預警機在1977年開始服役，主要是發展用來管控友機，並對370公里半徑範圍內的空中活動進行監視工作。

　　哨兵式空中預警機是以707-300型客機的機體為基礎，在機身上方安裝一組直徑9.14公尺的旋轉天線罩，裡面容納APY-1雷達與APX-103敵我識別（IFF）裝置的天線。它配備IBM的電腦來處理資料，戰術管制艙中共有九座顯示中控臺，還有兩座備用。

　　早期的型號都提升為E-3B標準，有運算能力更強的電腦、經過改裝以取得水面偵蒐能力的雷達，還多了聯合戰術情報分發系統（Joint Tactical Information Distribution System）。之後的E-3C有能力發射響尾蛇空對空飛彈，並追加了五組顯示中控臺。

　　哨兵式空中預警機在美國空軍、英國皇家空軍及法國空軍服役，而北大西洋公約組織之下也有一個多國聯合中隊（以盧森堡國旗作為代表）。

的空難。

1977年5月20日　蘇聯蘇愷Su-27（北約代號：側衛〔Flanker〕）戰鬥機首飛。

1977年5月24日　美國比奇公爵夫人76型（Duchess 76）教練機首飛。

蘇聯蘇愷Su-27戰鬥機1977年5月20日首飛。

塞考斯基S-76型直升機 1977年3月13日首飛

發動機：兩具650馬力的艾利遜250-C305型引擎

主要角色：輕型／中型多用途直升機

尺寸：主旋翼直徑13.41公尺；長度13.22公尺

酬載量：機艙內12名乘客或貨物／機外吊掛1,814公斤貨物

重量：滿載4,672公斤

速度：巡航時速287公里

航程：搭載12名乘客時750公里

機組員：2人

總產量（所有型號）：480架

　　S-76型直升機是在1970年代中期設計，目標是為了提高塞考斯基在公家機關及民間直升機市場的市占率，於1977年3月首飛。具備經過精心打造的兩具流線型650馬力艾利遜250-C30渦輪軸引擎，驅動源自於S-70型

（UH-60黑鷹式）軍用直升機的旋翼系統，因此性能表現十分優異。

基本型經過認證，可以在符合儀器飛行（IFR）的條件下飛行，而且能根據不同需求輕鬆改裝成多種配置，像是企業運輸、支援離岸資源開發等等。S-76 Mk II自1982年起開始交機，其標準機體進行了40項改良，通風及動力系統有所改善，艾利遜渦輪軸引擎也升級了。

S-76精靈式（Spirit）在商業市場上證明是相當成功的競爭機種，而其成功至少有一部分得歸功於從塞考斯基UH-60A身上取得的研發成果。

S-76 Mk II已經創下12項速度、爬升率和實用升限的紀錄。此外，還可以透過三種不同的快拆套件在短時間內迅速改裝成救護機配置，使得這架直升機的多用途特性更加提升。

法國航太超級美洲獅式直升機 1977年9月首飛

發動機：兩具1,725馬力的透柏梅卡（Turbo-méca）瑪基拉（Makila）IA型引擎

主要角色：中型多用途運輸直升機

尺寸：主旋翼直徑15.08公尺；長度（旋翼旋轉時）18.73公尺

酬載量：機艙內20～24名乘客或2,727公斤貨物／機外吊掛4,000公斤貨物

重量：滿載8,350公斤

速度：海平面高度時巡航時速278公里

航程：634公里

機組員：2人

總產量（所有型號）：696架（包含軍用）

變異型：3種

　　AS 331超級美洲獅式（Super Puma）有民用型和軍用型，其原型機在1977年9月首飛，之後衍生出降低振動和噪音、提高載運量的改良型AS 332。

　　性能更加強大的超級美洲獅式是從法國南方飛機公司的SA 330美洲獅式直接衍生而來，其特色包括修改過的進氣口、改良的傳動系統，史塔夫雷克斯（Starflex）輕量化旋翼頭與具備熱除冰功能的主旋翼葉片。

　　AS 332C是民用版本，機艙內可搭載17名乘客；AS 332L則加長了0.76公尺，可以多載四名乘客，機窗多了兩扇，燃油裝載容量也更大。

　　布銳斯托直升機（Bristow Helicopters）的虎式（Tiger）衍生型則是為了水上作業的特殊設計版本。

1977年6月27日 西班牙航空建造公司（CASA）C-101航空噴射式（Aviojet）教練機首飛。

1977年8月24日 美國蓋茨-里爾噴射28長角牛式（Longhorn）商務機首飛。

1977年8月31日 菲多托夫（Aleksandr Fedotov）駕駛米高揚Ye-266M型攔截機締造吸氣式噴射機飛行高度的世界紀錄——37,650公尺。

1977年8月31日 蘇聯安托諾夫An-72（北約代號：運煤車〔Coaler〕）運輸機首飛。

1977年9月 法國航太超級美洲獅式直升機首飛。

1977年10月6日 蘇聯米高揚米格MiG-29（北約代號：支點〔Fulcrum〕）戰鬥機首飛。

1977年10月27日 西德萊茵飛機製造公司（RFB）ATI-2風扇動力教練機（Fantrainer）首飛。

米高揚米格MiG-29戰鬥機 1977年10月6日首飛

發動機：兩具推力5,040公斤（最大8,300公斤）標準等級的軍用克里莫夫RD-33後燃器渦輪扇引擎

主要角色：空優戰鬥機

尺寸：翼展11.36公尺；機身長17.32公尺

武器裝備：一門30公厘Gsh-30L機砲，六枚空對空飛彈（包括半主動雷達、紅外線導引的AA-10，以及AA-11飛彈）

重量：空機10,200公斤；滿載15,240公斤

速度：最高2.3馬赫

航程：1,500公里

機組員：1人

米格MIG-29是設計用來對抗美軍的F-16與F-18戰鬥機，由菲多托夫（A. Fedotov）駕駛於1977年10月首飛。

這架飛機擁有相當高的推重比而十分靈活，性能表現優異，並有多項創新設計例如：可以關閉的引擎艙門，能夠防止壓縮機意外損壞；安裝在頭盔上的瞄準器能夠在纏鬥時讓飛彈在偏離軸線達45度的狀況下發射；與紅外線感測器和雷達連線的瞄準系統。不過米格MiG-29的維護保養相當困難，續航力也不高。

1991年波灣戰爭時，伊拉克空軍的米格MiG-29曾經出戰，而南斯拉夫內戰中的塞爾維亞以及厄立垂亞（Eritrea）空軍和衣索比亞交戰時也曾出動過米格MiG-29。

英國航太FRS.1海獵鷹式戰鬥機 1978年8月20日首飛

發動機：一具推力9,752公斤標準等級的勞斯萊斯飛馬式11 Mk 104型引擎

主要角色：艦載偵察／攻擊機

尺寸：翼展7.7公尺；機身長14.5公尺

武器裝備：兩門30公厘機砲；五個機外掛載點可掛載2,268公斤武器

重量：滿載11,880公斤

速度：海平面高度時最高時速1,185公里

航程：1,480公里

機組員：1人

總產量（所有型號）：96架（獵鷹式所有型號共約650架）

變異型：FRS.1/51/FA.2

　　海獵鷹式戰鬥機是從非常類似的獵鷹式發展而來，特別針對無敵級（Invincible class）航空母艦，是一款能夠短距起飛與垂直降落（STOVL）的偵察和攻擊戰鬥機，在1981年開始服役。

　　為了防止海水鹽分腐蝕，海獵鷹式和之前的機種相比，使用了一些鋁製零組件，其他設

計特色還包括供飛行員使用較高的氣泡式座艙罩，以及藍狐（Blue Fox）多用途雷達。

這架飛機在近距離纏鬥時相當靈活，在福克蘭戰爭表現良好。經過升級的FRS Mk 2配備先進中程空對空飛彈（AMRAAM），以及可以俯視／俯射的藍雌狐（Blue Vixen）雷達。

海獵鷹式自2006年3月起從英國皇家海軍退役，但仍在印度海軍服役。

1977年12月14日 蘇聯米爾Mi-26（北約代號：光環〔Halo〕）直升機首飛。

1978年 以色列空軍開始侵入黎巴嫩領空，受到敘利亞戰機反抗。

1978年3月10日 法國達梭幻象2000戰鬥機首飛。

1978年7月17日 南斯拉夫索科G-4超級海鷗式（Super Galeb）教練機首飛。

1978年8月18日 瑞士皮拉圖斯PC-7生產型渦輪教練機（Turbo Trainer）首飛。

1978年8月20日 英國航太（British Aerospace, BAe）FRS.1海獵鷹式（Sea Harrier）戰鬥機首飛。

1978年11月8日 加拿大航機CL-600挑戰者式（Challenger）商務機首飛。

加拿大航機CL-600挑戰者式商務機
1978年11月8日首飛。

1978年11月9日 美國麥克唐納-道格拉斯YAV-8B獵鷹式攻擊機首飛。

美國麥克唐納-道格拉斯YAV-8B獵鷹式攻擊機
1978年11月9日首飛。

1978年11月18日 美國麥克唐納-道格拉斯F/A-18大黃蜂式戰鬥機首飛（參見第224頁專欄）。

航空事件時間表

1978年12月19日　蘇聯伊留申Il-76/A-50（北約代
　　號：支柱〔Mainstay〕）空中預警機首飛。

1978年12月19日　英國人佛瑞德‧托（Fred To）
　　和威廉斯（David Williams）設計的全球首架太
　　陽能動力飛機太陽1號（Solar One）首飛。

1979年2月3日　英國航太發展（Aerospace
　　Developments）AD 500飛船首飛。

1979年3月9日　法國達梭-寶璣超級幻象4000型戰
　　鬥機首飛。

1979年4月19日　美國蓋茨-里爾噴射55長角牛式商
　　務機首飛。

1979年5月18日　美國派珀PA-42夏安式輕型飛機
　　首飛。

1979年6月5日　美國麻省理工學院蝶蛹號（Chrysa-
　　lis）人力飛機首飛。

麥克唐納-道格拉斯F/A-18大黃蜂式戰鬥機 1978年11月18日首飛

發動機：兩具推力7,256公斤的奇異F404後燃器渦
輪扇引擎
主要角色：多功能戰鬥機
尺寸：翼展11.43公尺；機身長17.07公尺
武器裝備：一門M61A1 20公厘火神機砲，AIM-
120先進中程空對空飛彈、AIM-7麻雀飛彈、AIM-9
響尾蛇飛彈等
重量：空機10,455公斤；滿載25,401公斤
速度：最高時速1,915公里
航程：（交付飛行）3,336公里
機組員：1人
總產量（所有型號）：410架

　　F/A-18是第一架「數位」軍機，從諾斯洛普
的YF-17發展而來，駕駛艙內的儀表由顯示螢幕取
代。發展這架飛機的目標是扮演多種角色——例如

空中攻擊、防空和對地攻擊等，可以在航空母艦上
操作，也可以從陸戰隊的短跑道起飛。由於大黃蜂
式精準度高且可靠，因此也受到以陸上基地為主的
空軍部隊歡迎。

　　大黃蜂式在1978年11月18日首度飛行，1983
年進入美國海軍和海軍陸戰隊服役。1987年時，C/
D型開始生產，擁有強化的科技；經過重新設計的
E/F型機體大了25%，並配備更強勁的F414引擎。

　　美軍的大黃蜂式在1986年的利比亞及1991年
的波灣戰爭中都有投入戰鬥，亦在1995年的南斯拉
夫衝突中參與聯合國行動，1999年時皇家澳洲空軍
的大黃蜂式則加入了東帝汶（East Timor）的維和
行動。這架飛機也服役於加拿大（CF-188）、科威
特、芬蘭、馬來西亞、泰國、瑞士和西班牙。

伊留申Il-76/A-50空中預警機 1978年12月19日首飛

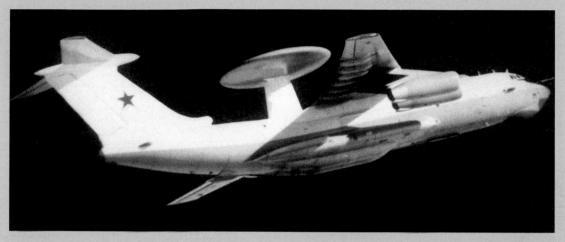

發動機:四具推力12,000公斤標準等級的索洛維耶夫D-30KP型引擎

主要角色:早期空中預警與管制系統

尺寸:翼展50.5公尺;機身長46.5公尺

武器裝備:無

重量:滿載約170,000公斤

速度:高度11,000公尺時最高時速800公里

航程:7,300公里

機組員:15人

總產量(所有型號):25架

以Il-76運輸機的機體為基礎,A-50空中預警機從1980年代末期開始在蘇聯服役,成為新一代戰術早期空中預警平臺。A-50的性能優異、功能眾多,搭配四具渦輪扇引擎,加上有能力掃描陸地上和海面上目標的雷達,能夠偵測並追蹤小至如低空飛行的巡弋飛彈這類目標。西方觀察家估計這款飛機生產了50架。伊拉克空軍擁有較小的Il-76空中預警管制版,天線罩安裝在機身後段上而非背負式的旋轉天線碟盤。

洛克希德F-117夜鷹式攻擊／轟炸機 1981年6月18日首飛

發動機：兩具推力最大4,898公斤的奇異F404-GE-F1D2無後燃器渦輪扇引擎

主要角色：轟炸機

尺寸：翼展13.2公尺；機身長20.08公尺

武器裝備：907公斤或兩枚GBU-10/GBU-27雷射導引炸彈；可掛載AGM-88高速反輻射飛彈

（HARM）及B61自由落下核彈等其他武器

重量：空機13,154公斤；滿載24,494公斤

速度：最佳高度時最高0.9馬赫；高度9,144公尺時巡航時速904公里

航程：862公里

機組員：1人

總產量（所有型號）：59架

　　F-117綽號「黑色噴射機」（Black Jet），是冷戰期間在美國空軍隱密的托諾帕（Tonopah）基地進行的部分「黑計畫」中祕密研發出來的。它所使用的一些科技依然是機密，有些零組件則是混用自現有的飛機，以維持計畫的機密性。F-117的研發工作自1978年展開，而在它首飛後時隔約八年的1988年11月美國空軍才公開承認這項計畫的存在。

　　夜鷹式（Nighthawk）的主要任務是精準轟炸關鍵且防護嚴密的遠距離目標。低可觀測或匿蹤科技包括：一種能夠吸收雷達波的外部複合材料，藉由將雷達波轉化成熱能來降低雷達識別訊號；完全由平面組成的V字型外觀能夠不規則地反射雷達波束，遠離偵測者；鋸齒狀艙門和座艙罩遮蓋邊緣，能夠減少雷達截面積；排氣噴嘴安排在機身上方，以便遮擋熱氣向下排放。武器掛載在機身內的吊架上，可以直接從炸彈艙釋放。

　　這款戰機曾參與過1989年美軍入侵巴拿馬、1991年波灣戰爭、1999年科索沃戰爭（當時損失了一架F-117），以及2003年的「伊拉克自由行動」（Operation Iraqi Freedom）。由於性能更好的F-22猛禽式（Raptor）戰鬥機投入使用，F-117在2008年4月22日退役。

1979年6月12日　薄紗信天翁號（Gossamer Albatross）成為第一架越過英吉利海峽的人力飛機，贏得克雷默獎（Kremer Prize）。

1979年6月27日　美國麥克唐納-道格拉斯F-15鷹式戰鬥機首度投入實戰，以色列空軍擊落五架敘利亞的米格MiG-21。

1979年8月　英國天閃（Sky Flash）空對空飛彈首度成功試射。

1979年9月26日　英國韋斯特蘭突擊隊式（Commando）HC4型直升機首飛。

1979年10月17日　美國西斯納T303十字軍式（Crusader）輕型飛機首飛。

1979年11月30日　美國派珀PA-46-300T輕型飛機首飛。

1980年4月24日　「沙漠1號」（Desert One）災難：美軍派出C-130運輸機和從航空母艦尼米茲號（Nimitz）上起飛的RH-53海種馬式直升機，企圖救援困在伊朗的美國人質但失敗。

1980年7月10日　美國麥克唐納-道格拉斯KC-10A擴展者式（Extender）空中加油機首飛。

1980年8月16日　巴西航空工業EMB-312（T-27）巨嘴鳥式（Tucano）教練機首飛。

兩伊戰爭（1980年9月22日～1988年7月）

　　這場戰爭基本上是一場陸戰，但雙方不時爆發空戰。

1980年10月　蘇聯卡莫夫Ka-32（北約代號：螺旋C〔Helix C〕）直升機首飛。

1980年11月20日　美國麥克雷迪（MacCready）設計的太陽挑戰者號（Solar Challenger）試驗機首飛。

1981年3月28日　西德多尼爾Do 228-100型多用途飛機首飛。

1981年4月10日　義大利水上飛機協會-馬爾凱蒂（SIAI-Marchetti）S.211A型教練機首飛。

1981年4月12日 第一艘太空梭哥倫比亞號（Columbia）發射升空。

1981年6月1日 英國休特360型運輸機首飛。

1981年6月7日 兩架美國海軍F-14雄貓式在蘇爾特灣（Gulf of Sirte）上空擊落兩架利比亞蘇愷Su-22戰鬥機，理由是他們展現敵意。

1981年6月7日 以色列的F-15護航F-16，攻擊位於伊拉克首都巴格達附近奧西拉克（Osirak）的核子反應爐。

1981年6月18日 美國洛克希德F-117夜鷹式攻擊／轟炸機首飛（參見第226～227頁專欄）。

1981年8月1日 美國洛克希德TR-1A型高空偵察機首飛。

1981年9月3日 英國航太（BAe）146-100型客機首飛。

1981年9月26日 美國波音767型客機首飛。

1981年9月28日 英國飛船工業（Airship Industries）天船（Skyship）500型飛船首飛。

1981年12月17日 蘇聯圖波列夫Tu-160（北約代號：黑傑克〔Blackjack〕）轟炸機首飛。

1982年2月19日 美國波音757型客機首飛。

美國波音757型客機1982年2月19日首飛。

1982年3月18日 英國航太（BAe）捷流31型客機首飛。

福克蘭戰爭（1982年4月2日～6月14日）

英國發動成功的作戰，奪回被阿根廷占領的福克蘭群島，英軍和阿軍在戰爭期間經歷多場空中激戰。獵鷹垂直／短距起降戰機在這場戰爭中首度投入戰鬥，阿根廷的超級軍旗式戰鬥機則對英軍特遣艦隊發射空射型飛魚導彈（Exocet）。

1982年6月～12月 以色列宣稱在黎巴嫩擊落超過80架敘利亞高性能戰機，本身則只損失14～15架，美國海軍則有兩架對地攻擊機被地面上反抗勢力擊落。

1982年6月17日 蘇聯卡莫夫Ka-50（北約代號：噱頭A〔Hokum A〕）直升機首飛。

1982年8月 美國派珀PA-46-310P馬里布式（Malibu）輕型飛機首飛。

1982年8月5日 空中巴士S310型客機首飛。

1982年8月30日 美國諾斯洛普F-20虎鯊式（Tigershark／F-5G）戰鬥機首飛。

1982年9月3日 美國比奇1900型客貨機首飛。

1982年9月6日 蘇聯空軍蘇愷Su-15攔截機擊落在庫頁島上空偏離航線的大韓航空747型客機。

1982年11月10日 蘇聯米爾Mi-28（北約代號：浩劫〔Havoc〕）直升機首飛。

1982年12月5日 英國斯林斯比（Slingsby）T67M螢火蟲式（Firefly）教練機首飛。

1982年12月9日 美國西斯納208商隊式（Caravan）多用途飛機首飛。

1982年12月23日 英國休特330-200型「雪巴人」（Sherpa）運輸機首飛。

1982年12月24日 蘇聯安托諾夫An-124（北約代號：兀鷹〔Condor〕）運輸機首飛。

1983年4月25日 西德多尼爾Do 24TT技術領先者式（Technologieträger）水上飛機首飛。

1983年6月17日 法國羅賓ATL輕型飛機首飛。

1983年6月20日 加拿大德哈維蘭DHC-8衝刺8型客機首飛。

1983年7月27日 巴西航空工業EMB-120巴西利亞式（Brasilia）客機首飛。

1983年9月15日 義大利阿古斯塔A 129貓鼬式（Mangusta）直升機首飛。

1984年3月6日 英國飛船工業天船600型飛船首飛。

蘇聯安托諾夫An-124運輸機1982年12月24日首飛。

英國飛船工業天船600型飛船1984年3月6日首飛。

1984年3月19日 以色列航空工業阿斯特拉式（Astra）1125 SP型商務機首飛。

1984年5月4日 英國航太（BAe）霍克800型商務機首飛。

1984年5月7日 瑞士皮拉圖斯PC-9型教練機首飛。

1984年5月15日 義大利阿萊尼亞航天（Alenia Aeronautica）-馬基飛機-巴西航空工業AMX攻擊機首飛。

1984年6月 蘇聯蘇愷Su-26型特技飛機首飛。

1984年6月13日 美國洛克希德P-3前哨式（Sentinel）空中預警機首飛。

1984年6月22日 美國魯坦飛機製造廠（Rutan Aircraft Factory）航行者號（Voyager）試驗機首飛。

美國魯坦飛機製造廠航行者號試驗機
1984年6月22日首飛。

1984年6月22日 維珍航空（Virgin Atlantic）成立。

1984年9月17日 美國艾弗帖克（AVTEK）400型商務機首飛。

1984年9月21日 法國達梭隼式900B型商務機首飛。

洛克威爾B-1B槍騎兵式轟炸機 1984年10月18日首飛

發動機：四具推力13,950公斤的奇異F101GE-102渦輪扇引擎

主要角色：重型戰略轟炸機

尺寸：機翼展開時41.67公尺，機翼完全後掠時23.9公尺；機身長45.8公尺

武器裝備：三個機身武器艙中攜帶最多33,500公斤武器，另外加上外掛酬載；（核子武器）最多12枚B28／14枚B23／24枚B61／B83自由落下核彈／24枚AGM-69短程攻擊飛彈（SRAM）／八枚AGM-86B空射巡弋飛彈；（傳統武器）機身內攜帶最多84枚Mk 82／24枚Mk 84通用炸彈／八枚AGM-86C空射巡弋飛彈，或外部掛載44枚Mk 82／14枚Mk 84／14枚AGM-86C空射巡弋飛彈

重量：空機81,641公斤；滿載216,367公斤

速度：高度12,200公尺時最高時速2,335公里（約2.2馬赫）；巡航速度約0.72～0.8馬赫。

航程：（交付飛行）12,000公里

機組員：4人

總產量（所有型號）：4架原型機、100架生產型

變異型：B-1A（僅有原型機）

　　B-1槍騎兵式（Lancer）的原型機在1974年12月23日首度升空，而簡化且更重的B-1B則是在1984年10月18日首飛，並在1985年7月7日交機給美軍戰略空軍司令部。

　　1998年11月，這款轟炸機在攻擊伊拉克的沙漠之狐行動（Operation Desert Fox）中首度登場，共有兩架從阿曼起飛，用227公斤的Mk 82炸彈轟炸一座共和衛隊（Republican Guard）軍營。1999年3月24日到6月9日B-1B也參與對塞爾維亞的空中攻擊，此外還有永續自由行動（Operation Enduring Freedom）期間對阿富汗、伊拉克自由行動期間對伊拉克的作戰。

1984年10月6日　阿根廷軍機廠（FMA）IA.63彭巴式（Pampa）教練機首飛。

1984年10月18日　美國洛克威爾B-1B槍騎兵式轟炸機首飛。

1984年12月14日　美國格魯曼X-29A型試驗機首飛。

1985年　南斯拉夫烏特瓦燕式（UTVA Lasta）教練機首飛。

1985年5月14日　一枚AIM-120A先進中程空對空飛彈試射成功。

1985年6月29日　日本川崎T-4型教練機首飛。

1985年8月12日　一架日本航空波音747客機在東京附近墜毀，520人罹難，是單一飛機事故中死亡人數最高的意外。

1985年9月19日　美國灣流航太（Gulfstream Aerospace）灣流IV型商務機首飛。

1986年1月28日　太空梭挑戰者號（Challenger）在升空後爆炸，七名太空人喪生。

1986年2月15日　美國比奇2000星艦式（Starship）1型商務機首飛。

美國比奇2000星艦式1型商務機1986年2月15日首飛。

1986年3月24日～25日　利比亞海軍艦艇因威脅到美國海軍艦艇，被美軍飛機擊沉。

1986年4月14日　將近100架美國空軍及海軍戰機從英國基地和航空母艦起飛，對利比亞境內的目標發動協同攻擊。

1986年4月25日　蘇聯米格MiG-33/29M型（北約代號：支點E〔Fulcrum E〕）戰鬥機首飛。

1986年7月4日　法國達梭-寶璣颶風式（Rafale）A型戰鬥機首飛。

法國達梭-寶璣颶風式A型戰鬥機1986年7月4日首飛。

1986年8月6日　英國航太（BAe）先進渦輪螺旋槳（ATP）客機首飛。

1986年8月8日　英國航太實驗飛機計劃（EAP）示範戰鬥機首飛。

1986年9月23日　義大利比雅久P.180前進式（Avanti）商務機首飛。

義大利比雅久P.180前進式商務機
1986年9月23日首飛。

1986年11月17日　蘇聯米爾Mi-34 VAZ（北約代號：隱士〔Hermit〕）直升機首飛。

1986年11月30日　荷蘭福克100型客機首飛。

1986年12月4日　美國麥克唐納-道格拉斯MD-87型客機首飛。

1986年12月23日　葉格（Jeanna Yeager）和魯坦（Dick Rutan）駕駛魯坦飛機製造廠的航行者號經過長達九天的飛行後，首度完成中途不加油環繞世界一周的壯舉。

1986年12月31日　以色列航空工業獅式（Lavi）戰鬥機首飛。

1987年2月19日　美國波音E-6A赫姆斯式（Hermes）通信中繼機首飛。

1987年2月22日　空中巴士A320-200型客機首飛。

航空事件時間表

1987年3月9日 蘇聯雅克列夫Yak-41/141（北約代號：自由式〔Freestyle〕）戰鬥機首飛。

1987年4月30日 比利時普羅馬維亞（Promavia）噴射角鯊式（Jet Squalus）教練機首飛。

1987年7月10日 美國西屋-飛船工業（Westinghouse Airships Industries, WAI）天船500HL型飛船首飛。

1987年9月2日 美國軟式飛船公司（American Blimp Corp, ABC）GA 42型飛船首飛。

1987年10月9日 歐洲直升機工業（EH Industries）EH 101梅林式（Merlin）直升機首飛。

歐洲直升機工業EH 101梅林式直升機1987年10月9日首飛。

1987年10月28日 美國LTA（US Lighter Than Air）公司LTA 138-S型飛船首飛。

1988年4月16日 美國麥克唐納-道格拉斯／英國航

太T-45A蒼鷹式（Goshawk）教練機首飛。

1988年6月28日 蘇聯蘇愷Su-35/Su-27M型戰鬥機首飛。

1988年7月 兩伊戰爭中出現停火提議。

1988年7月3日 美國海軍飛彈巡洋艦誤擊落一架伊朗航空（Iran Air）空中巴士A300型客機。

1988年7月14日 TBM國際（TBM International）TBM 700型商務機首飛。

1988年8月28日 在西德拉姆史坦（Ramstein）舉辦的航空展上，義大利飛行表演隊的三架馬基飛機公司MB.339相撞，導致三名飛行員和67名觀眾喪生。

1988年9月28日 蘇聯伊留申Il-96型客機首飛。

蘇聯伊留申Il-96型客機1988年9月28日首飛。

1988年12月9日 瑞典紳寶JAS-39獅鷲式戰鬥機首飛。

1988年12月21日 蘇聯安托諾夫An-225夢想式（Mriya，北約代號：哥薩克〔Cossack〕）運輸

美國麥克唐納-道格拉斯／英國航太T-45A蒼鷹式教練機1988年4月16日首飛。

瑞典紳寶JAS-39獅鷲式戰鬥機1988年12月9日首飛。

機首飛。

1988年12月21日 一架泛美航空波音747客機在蘇格蘭的洛克比（Lockerble）上空遭炸彈炸毀，16名機組員、243名乘客和地面上11人喪生。

1989年1月2日 蘇聯圖波列夫Tu-204型客機首飛。

1989年1月5日 兩架美國海軍F-14雄貓式戰鬥機在國際水域上空擊落兩架利比亞米格MiG-23戰鬥機，宣稱對方展現敵意。

1989年3月19日 美國貝爾-波音V-22魚鷹式（Osprey）運輸機（參見第234頁專欄）首飛。

1989年7月17日 美國諾斯洛普-格魯曼B-2A幽靈式（Spirit）轟炸機首飛（參見第235頁專欄）。

1990年1月10日 美國麥克唐納-道格拉斯MD-11型客機首飛。

1990年3月1日 美國比奇1900D型客機首飛。

1990年3月29日 蘇聯伊留申Il-114型客機首飛。

1990年4月13日 蘇聯蘇愷Su-34型戰鬥轟炸機首飛。

1990年6月16日 英國霍克1000型商務機首飛。

1990年9月29日 美國洛克希德-馬丁F-22戰鬥機首飛（參見第236頁專欄）。

1990年10月10日 國際空旅航空（Airtours International Airways）成立。

1990年11月21日 南昌飛機製造公司／巴基斯坦航空集團（Pakistan Aeronautical Complex）K-8喀喇崑崙式（Karakoram）教練機首飛。

波灣戰爭（1991年1月16日～2月28日）

由美國領導的多國聯軍部隊在解放科威特的過程中，與伊拉克展開猛烈空中作戰。期間大量使用更加精準的雷射導引炸彈、匿蹤戰機和巡弋飛彈。

1991年2月13日 美國史威靈-賈菲（Swearingen Jaffe）SJ30型商務機首飛。

1991年4月27日 歐洲直升機公司（Eurocopter）EC 665虎式（Tiger）直升機首飛。

貝爾-波音V-22魚鷹式運輸機 1989年3月19日首飛

發動機：兩具6,150馬力的艾利遜T406-AD-400渦輪軸引擎

主要角色：可變旋翼運輸機

尺寸：翼展（旋翼旋轉時）25.78公尺；機身長17.48公尺

酬載量：24名士兵／6,803公斤貨物

重量：滿載21,319公斤（垂直起飛）；27,443公斤（短距起飛）

速度：最高時速584公里

作戰半徑：1,017公里

機組員：3人

總產量（所有型號）：訂購360架

變異型：MV-22B、CV-22B、HV-22B

1982年4月貝爾和波音公司合作，目標是生產一種終極傾斜旋翼飛機——融合了直升機垂直起飛和降落、盤旋、傾側以及向後飛行的能力，當其旋翼向前傾斜如同渦輪螺旋槳一樣運作時，又可以具備定翼機的速度和航程。貝爾負責機翼和引擎吊艙，而波音負責建造機身。

1986年時，V-22魚鷹式進入全速研發階段，目標是符合美軍四個軍種的需要。在1989年進行首飛，它的引擎交互聯結，如此一來在引擎故障的情況下仍可以由一個旋轉單元驅動兩組旋翼，此外還能透過海軍陸戰隊的KC-130F海克力斯式進行空中加油。

V-22魚鷹式的設計特點是結構以複合材料為主，例如機翼使用石墨／環氧樹脂實心層壓板，駕駛艙內也不使用傳統儀表。全自動的機翼收起程序只要90秒，機翼會在「旋轉木馬」上轉動90度。

依照規劃，MV-22A會成為陸軍／陸戰隊使用機種；灰色塗裝的HV-22A是海軍支援機；SV-22A預計成為反潛機型；CV-22A則是供美國空軍使用。魚鷹式在2005年進入美國海軍陸戰隊服役。

諾斯洛普-格魯曼B-2A幽靈式轟炸機 1989年7月17日首飛

發動機：四具推力8,616公斤的奇異F118-GE-100無後燃器渦輪扇引擎

主要角色：長程轟炸機

尺寸：翼展52.43公尺；機身長21.03公尺

武器裝備：兩組可拆卸式波音旋轉發射器，可搭載16枚AGM-129先進巡弋飛彈（ACM）／16枚AGM-69短程攻擊飛彈／16枚B83／16枚B61自由落下核彈／最多80枚227公斤Mk 82炸彈

重量：空機69,717公斤；滿載170,550公斤

速度：最高0.81馬赫（時速915公里）

航程：未再加油時8,170公里

機組員：2或3人

總產量（所有型號）：21架

　　B-2可說是擁有巨大翼展的「飛行翼」，在1982年獲得資金挹注，成為美國空軍的祕密「黑計畫」，並在1990年7月17日首度升空。

　　根據設計，這架飛機將可以攜帶各式各樣的武器，包括集束炸彈、水雷、燒夷彈和鑽地炸彈等，而它的匿蹤設計包括無縫隙曲面，其輪廓不斷改變方向，在邊緣消除雷達「熱點」及鋸齒狀的後緣。

　　渦輪扇引擎在後緣的上方排氣，可以徹底隱藏熱源，降低紅外線信號，而排氣噴煙內會加入氯氟硫酸鹽以抑制凝結尾形成。然而，這架飛機的雷達波吸收塗料需要特殊設施來保養維護，使其作戰潛力受限。

　　第一架生產型密蘇里幽靈號（Spirit of Missouri）在1993年12月17日服役。到了1990年代尾聲時，共有19架B-2A服役。到了1997年，B-2的研發工作已經耗資450億美金，原本打算生產133架的數字也大幅削減。B-2在1999年的科索沃戰役中首度投入戰場，從美國本土起飛執行中途不落地的任務。

洛克希德-馬丁F-22戰鬥機 1990年9月29日首飛

發動機：兩具推力15,875公斤的普惠F119-PW-100渦輪扇引擎

主要角色：戰術戰鬥機

尺寸：翼展13.56公尺；機身長18.92公尺

武器裝備：一門20公厘M61A2六管機砲，四組可掛載2,268公斤機翼派龍架、八枚先進中程空對空飛彈、兩枚AIM-9M響尾蛇飛彈和四枚AIM-120A／六枚AIM-120C飛彈；飛彈置於機腹和兩個進氣口的彈艙中以達到匿蹤效果

重量：空機14,365公斤；滿載24,950公斤

速度：海平面高度時最高時速1,483公里

航程：3,220公里

機組員：1人

總產量（所有型號）：計畫339架

變異型：兩架原型機、F-22A單座戰鬥機

　　F-22發展的目的，是要滿足1981年時美國空軍為了取代F-15所提出的需求——有對地攻擊能力的新型先進戰術戰鬥機。原型機在1990年9月29日首度升空。透過機體設計、航電系統及機身內掛載飛彈，來達到低雷達截面積和匿蹤的要求。F-22是具備視距外攻擊能力且不需要太多維護的戰機，相當機動靈活，試飛時就已經證明擁有高達60度的攻角。第一個成軍服役的中隊是第27戰鬥機中隊，在2005年12月達到作戰能力。目前的計畫是會有超過180架F-22進入美國空軍服役。

美國麥克唐納-道格拉斯C-17環球霸王III式運輸機1991年9月15日首飛。

1991年4月29日 南非亞特拉斯飛機公司（Atlas Aircraft）王牌式（ACE）教練機首飛。

1991年5月10日 加拿大龐巴迪飛機公司（Bombardier Aviation）CRJ-X型客機首飛。

1991年6月26日 美國西屋飛船公司（Westinghouse Airships）哨兵式（Sentinel）S1000型飛船首飛。

1991年8月 美國與加拿大貝爾430型直升機首飛。

1991年9月15日 美國麥克唐納-道格拉斯C-17環球霸王III式運輸機首飛。

1991年10月25日 空中巴士A340型客機首飛。

1991年12月6日 德國多尼爾Do 328型客機首飛。

1991年12月12日 南韓大宇重工KTX-1黎明式（Yeo-myung）教練機首飛。

1992年4月15日 美國麥克唐納-道格拉斯AH-64D長弓阿帕契式（Longbow Apache）直升機首飛。

1992年6月15日 美國里爾噴射60型商務機首飛。

1992年11月2日 空中巴士A330型客機首飛。

法國達梭隼式2000型商務機1993年3月4日首飛。

歐洲戰機公司颱風式戰鬥機 1994年3月27日首飛

發動機：兩具推力6,117公斤的EJ200雙軸渦輪扇引擎

主要角色：近距離空中戰鬥

尺寸：翼展10.95公尺；機身長17.07公尺

武器裝備：AIM-120先進中程空對空飛彈／流星（Meteor）飛彈／先進短程空對空飛彈／

BGT紅外線成像跟蹤系統IRIS-T飛彈；三枚鋪路III型（Paveway III）雷射導引炸彈加上熱成像機載雷射標定器（Thermal Imaging Airborne Laser Designator, TIALD）／暴風影（Storm Shadow）飛彈／硫磺石（Brimstone）反戰車飛彈

1992年12月18日 美國麥克唐納-道格拉斯MD 900探險者式（Explorer）直升機首飛。

1993年 北約開始進行空中巡邏和空中攻擊，以支援在波士尼亞-赫塞哥維納（Bosnia-Herzegovina）值勤的維和部隊。一架F-16和海獵鷹式戰鬥機被擊落。

1993年2月5日 英國林斯特蘭德氣球（Lindstrand Balloons）AS300首飛。

1993年3月4日 法國達梭隼式2000型商務機首飛

（參見第237頁圖說）。

1993年3月11日 空中巴士A321型客機首飛。

1993年5月8日 捷克埃羅L-139信天翁式2000型教練機首飛。

1993年5月15日 巴西航空工業EMB-312 H/ALX超級巨嘴鳥式（Super Tucano）教練機首飛。

1993年10月16日 捷克庫比切克（Kubicek）AV-1型飛船首飛。

1993年12月21日 美國西斯納褒揚式（Citation）X型商務機首飛。

重量：空機9,750公斤
速度：2馬赫
航程：（戰鬥時）超過1,852公里
機組員：1或2人
總產量（所有型號）：預計640架

　　英國、德國和義大利在1986年6月合作成立歐洲戰機公司，之後西班牙也加入，目標是在20世紀結束前生產一款空優戰鬥機。這款戰機的規格在1987年9月確定，暗示它會是一款配備雙渦輪扇引擎的輕量化單座戰鬥機，可掛載不同的空對空飛彈以應付近距離纏鬥與視距外攻擊，此外還能扮演空對面攻擊的次要角色，並且有較低的雷達反射截面積與優異的超音速表現。颱風這個名字是在1998年決定的。它採取緊密結合的前翼三角翼布局，重心在後方，因此具備高度機動性和先天不穩定性。

　　原型機DA.1在1994年3月27日首度升空，其後DA.2在同年的4月6日，而雙座的DA.6在1996年8月31日首次飛行。颱風式戰鬥機在2006年3月服役，目前有英國、德國、義大利和西班牙採用。奧地利已經訂購15架，沙烏地阿拉伯也訂購72架。

美國波音777型客機1994年6月12日首飛。

1994年2月19日　歐洲直升機公司EC 135型直升機首飛。

1994年3月27日　歐洲戰機公司（Eurofighter GmbH）颱風式（Typhoon）戰鬥機首飛。

1994年5月13日　加拿大21世紀飛船（21st Century Airships）SPAS 13型飛船首飛。

1994年6月12日　美國波音777型客機首飛。

1994年6月22日　烏克蘭安托諾夫An-38型運輸機首飛。

1994年9月13日　空中巴士特殊航機國際運輸公司（SATIC）空中巴士A300- 600ST大白鯨式（Beluga）超級運輸機首飛。

1994年11月22日　美國麥克唐納-道格拉斯MD 600N直升機首飛。

1994年12月16日　烏克蘭安托諾夫An-70型運輸機首飛。

1995年　俄羅斯卡莫夫Ka-62型直升機首次亮相。

1995年初　義大利阿古斯塔A119無尾熊式（Ko-ala）直升機首飛。

1995年1月28日～2月12日　厄瓜多和祕魯之間爆發戰事，厄瓜多的幻象F1與幼獅式戰鬥機擊落祕魯兩架Su-22與一架A-37攻擊機，此外雙方的直升機都有損失。

1995年3月3日　澳洲吉普斯蘭航天公司（Gippsland Aeronautics）GA-8空中客車式（Airvan）多用途飛機首飛。

1995年3月31日　德國格羅布（Grob）高空號（Strato）2C型試驗機首飛。

1995年5月　俄羅斯米格MiG-AT 821型教練機首次亮相。

1995年5月1日　英國林斯特蘭德氣球HS110首飛。

1995年5月31日　美國施韋澤飛機公司（Schweizer Aircraft）RU-38A型偵察機首飛。

1995年6月1日　法國達梭隼式900EX型商務機首飛。

1995年6月9日　歐洲直升機公司EC 120型直升機首飛。

航空事件時間表

1995年7月 北約在巴爾幹半島部署掠奪者式（Predator）無人機。

1995年8月11日 巴西航空工業ERJ-145型客機首飛。

1995年8月25日 空中巴士A319型客機首飛。

空中巴士A319型客機1995年8月25日首飛。

1995年10月7日 美國龐巴迪-里爾噴射45型商務機首飛。

1995年11月28日 美國灣流V型商務機首飛。

美國灣流V型商務機1995年11月28日首飛。

1996年 俄羅斯米格MiG-110型客機首飛。

1996年 俄羅斯Yak-77型客機首飛。

1996年2月29日 美國西斯納褒揚卓越式（Excel）560XL型商務機首飛。

1996年4月 美國西斯納172R & SP天鷹式（Skyhawk）輕型飛機首飛。

1996年7月 美國藍凱爾-哥倫比亞（Lancair Columbia）300輕型飛機首飛。

1996年10月10日 一架希臘幻象2000戰鬥機在愛琴海上空發射一枚R550魔術2型（Magic 2）飛彈，擊落一架土耳其F-16D戰鬥機，這是F-16唯一確認的空對空被擊落紀錄。

1996年10月13日 加拿大龐巴迪環球快車式（Global Express）商務機首飛。

1996年10月26日 波蘭國營航空工程-斯威尼克（PZL-Świdnik）SW-4型直升機首飛。

1996年11月16日 美國願景噴射機公司（VisionAire Jets）優越式（Vantage）商務機首飛。

1997年8月22日 美國先進空氣動力及結構公司（AASI）噴射巡航者（Jetcruzer）500輕型民用運輸機首飛。

1997年9月25日 俄羅斯蘇愷Su-37金雕式（Berkut）戰鬥機首飛。

1997年12月11日 美國貝爾427型直升機首飛。

1997年12月25日 以色列航空工業-銀河航太（Galaxy Aerospace）阿斯特拉銀河式（Astra Galaxy）商務機首飛（2001年5月之後改稱為灣流G200）。

1998年 俄羅斯米亞西舍夫（Myasishchev）航空運輸公司（Aviaspetstrans）亞馬爾式（Yamal）水陸兩用飛機首飛。

1998年1月20日 美國費爾柴德-多尼爾（Fairchild Dornier）328JET & 428JET型客機首飛。

1998年1月23日 澳洲航空工程（AEA）探險家式（Explorer）輕型多用途飛機首飛。

1998年2月28日 美國諾斯洛普-格魯曼RQ-4A全球鷹式（Global Hawk）無人偵察機首飛。

1998年3月23日 中國成都飛機工業集團殲-10型戰鬥機首飛。

1998年6月19日 美國盧斯康比（Luscombe）斯巴達人式（Spartan）輕型飛機首飛。

1998年7月4日 巴西航空工業ERJ-135型客機首飛。

巴西航空工業ERJ-135型客機1998年7月4日首飛。

1998年9月4日 美國波音商務噴射（Business Jet）BBJ型商務機首飛。

1998年12月 美國塞考斯基S-92直升巴士（Helibus）直升機首飛。

1998年12月16日 由於伊拉克總統海珊（Saddam Hussein）不配合聯合國武器檢查員作業，美軍和英軍飛機在沙漠之狐行動中對伊拉克境內目標展開長達四天的空襲。

1998年12月22日 美國雷神（Raytheon）首相1型（Premier I）商務機首飛。

1998年末 美國艾爾斯（Ayres）LM 200裝載大師式（Loadmaster）運輸機首飛。

1999年初 俄羅斯米格MiG-1.42/1.44 MFI多功能前線戰鬥機首飛。

1999年3月21日 皮卡德（Bertrand Piccard）和瓊斯（Brian Jones）駕駛百年靈歐比特3號（Breitling Orbiter 3）熱氣球首度成功完成不著陸環繞世界的壯舉。

印度斯坦光輝式戰鬥機2001年1月4日首飛。

美國通用原子航空系統MQ-9收割者式無人機
2001年2月2日首飛，是從掠奪者式無人機衍生而來。

科索沃戰爭（1999年3月24日～6月9日）

北約的第一場空中作戰，成功地把塞爾維亞部隊趕出科索沃。北約損失一架F-117和一架F-16；共有六架米格MiG-29被擊落，其他飛機則在地面上被摧毀。

1999年～2000年 俄羅斯圖波列夫Tu-334/-354型客機首飛。

2000年 費爾柴德-多尼爾528JET/728JET/928JET型客機首飛。

2000年 美國奇切斯特-邁爾斯（Chichester-Miles）豹式（Leopard）商務機首飛。

2000年 在衣索比亞和厄立垂亞之間長達兩年的邊界衝突中，厄立垂亞擊落衣索比亞至少五架米格MiG-29和兩架米格MiG-23。

2000年7月25日 一架法國航空協和式客機在巴黎墜毀。協和式客機暫停營運。

2000年9月18日 美國波音X-32聯合攻擊戰鬥機（Joint Strike Fighter）首飛。

2000年10月24日 美國洛克希德-馬丁X-35聯合攻擊戰鬥機首飛。

2001年1月4日 印度斯坦光輝式（Tejas）輕型戰鬥機首飛。

2001年2月2日 美國通用原子航空系統（General Atomics Aeronautical Systems）MQ-9收割者式（Reaper，又稱死神）無人機首飛。

2001年2月16日 英美軍機攻擊伊拉克防空陣地，以支援禁飛區運作。

2001年3月28日 以色列戰鬥直升機攻擊位於巴勒斯坦加薩市（Gaza City）和西岸（West Bank）的巴勒斯坦自治政府主席阿拉法特（Yasser Arafat）的衛隊基地。

2001年4月1日 一架美國海軍P-3獵戶座式海上巡邏機在南海上空跟一架中國戰機碰撞,中國戰機墜毀且飛行員失蹤,但美軍飛機設法迫降。

2001年4月26日 齊柏林新技術飛船(Zeppelin NT)獲得型式認證。

2001年5月19日 第一艘現代化的齊柏林飛船D-LZZR在腓特烈港進行處女航,飛越波登湖。

2001年8月11日 美國雷神霍克地平線(Hawker Horizon)4000型商務機首飛。

911恐怖攻擊(2001年9月11日)

穆斯林恐怖分子團體蓋達(基地)組織(al-Qaeda)劫持四架聯合航空波音757班機,其中兩架衝撞紐約的世界貿易中心大樓,導致大樓倒塌,另一架衝撞美國國防部五角大廈,第四架則因為機組員和乘客試圖從劫機者手中奪回飛機的控制權,最後墜毀在賓夕法尼亞州的田野上。

阿富汗戰爭(2001年10月7日)

這是「反恐戰爭」(War on Terrorism)的一部分。初期的作戰行動包括一系列由陸基B-1槍騎兵式、B-2幽靈式和B-52同溫層堡壘式轟炸機、艦載F-14雄貓式和F/A-18大黃蜂式戰鬥機,還有從英美軍艦及潛艦上發射的戰斧巡弋飛彈進行的攻擊。

2001年10月26日 洛克希德-馬丁X-35獲得美國和英國的聯合攻擊戰鬥機計畫合約。

2001年11月7日 協和式客機恢復營運。

2002年1月15日 空中巴士A318型客機首飛。

2002年2月11日 空中巴士A340-500型客機首飛。

2002年夏季 達梭飆風式戰鬥機進入法國海軍服役。

2002年7月1日 瑞士皮拉圖斯PC-21型教練機首飛。

2002年7月11日 美國亞當(Adam)A500多用途飛機首飛。

2003年2月1日 美國太空梭哥倫比亞號在重返途中解體,七位太空人全數罹難。

2003年3月6日 貝爾-阿古斯塔(Bell Agusta)BA 609型傾轉旋翼(tiltrotor)垂直起降機首飛。

2003年3月7日 印度斯坦HJT-36型教練機首飛。

第二次波灣戰爭(2003年3月20日開戰)

在多國聯軍部隊發動的「伊拉克自由行動」裡,由戰機進行大規模空襲,以支援地面突擊行動。

2003年5月20日 美國太空船一號(SpaceShip-One)太空飛機首飛。

2003年7月28日 美國亞當A700亞當噴射(Adam-Jet)多用途飛機首飛。

2003年10月24日 協和式客機進行最後一趟定期商業飛行。

2004年 達梭飆風式戰鬥機進入法國空軍服役。

2004年3月27日 美國太空總署(NASA)的X-43無人試驗機透過超音速燃燒衝壓引擎(Supersonic Combustion Ramjet)打破飛行速度的世界紀錄。達到時速7,700公里(相當於音速的七倍)。

2004年5月5日 法國航空和皇家荷蘭航空合併,成為法荷航集團(Air France-KLM)。

2004年5月29日 瑞士阿瑟爾(Aceair)AERIKS 200運動型飛機首飛。

2004年7月15日 義大利馬基飛機公司M-346型教練機首飛。

2004年7月20日 美國康普航空(Aerocomp)康普噴射(Comp Air Jet)輕型飛機首飛。

2004年11月16日 美國太空總署(NASA)的X-43無人試驗機締造新的速度紀錄——9.8馬赫,相當於時速11,200公里。

2005年1月29日 中國大陸和臺灣自1949年起首度開放直航。

2005年3月3日 福塞特（Steve Fossett）駕駛維珍航空贊助的環球飛行者號（GlobalFlyer）首度完成單人中途不落地環球飛行壯舉，共耗時67小時2分鐘。

2005年4月27日 空中巴士A380「超級珍寶」（Superjumbo）客機首飛。

2005年7月2日～3日 福塞特和芮博茲（Mark Rebholz）駕駛一架維克斯維米雙翼機，重現1919年6月14～15日英國人艾爾卡克和布朗首度直接橫越大西洋的壯舉。

2005年10月4日 太空船一號成功第三度完成進入太空的飛行，證明了看似可行的太空旅行選項，因此贏得安薩里X大獎（Ansari X-Prize）。

2005年12月15日 F-22猛禽式戰鬥機進入美國空軍服役。

2006年3月31日 歐洲戰機公司颱風式戰鬥機開始進入英國皇家空軍、德國空軍、義大利與西班牙空軍服役。

2006年12月15日 美國F-35閃電II式（Lightning II）聯合攻擊戰鬥機首飛。

2007年10月25日 新加坡航空的空中巴士A380首次進行從新加坡到雪梨的商業飛行。

2008年1月17日 一架英國航空波音777型客機在倫敦希斯洛機場南跑道迫降，136名乘客與16名機組員幸運生還。

2008年5月14日 瑞士人羅西（Yves Rossy）把附有飛行翼的噴射包揹在背上，以時速299公里的速度飛行，使他成為至今為止最接近「鳥人」的人類。

2009年 在反恐戰爭中，像是MQ-1掠奪者式和MQ-9收割者式這類無人機愈來愈頻繁支援地面單位，尤其是阿富汗和巴基斯坦的邊界地帶。

2009年1月15日 全美航空（US Airways）空中巴士A320客機遭到鳥擊，飛行員駕駛飛機迫降在哈德遜河（Hudson River）拯救了155人，避免了一場災難。

2009年6月1日 法國航空447號班機從里約熱內盧飛往巴黎途中在大西洋上墜毀，機上228人員全部罹難。

2009年6月30日 葉門航空（Yemenia）626號班機在科摩羅群島（Comoros Islands）外海墜毀，機上153名乘客與機組員只有一人倖存。

2009年7月15日 裡海航空（Caspian Airlines）7908號班機在伊朗加茲溫（Qazvin）附近墜毀，機上168人全部罹難。

2009年12月15日 美國波音787夢幻客機（Dreamliner）首飛。

美國波音787夢幻客機2009年12月15日首飛。

俄羅斯蘇愷Su-57戰鬥機2010年1月29日首飛。

2010年1月25日 衣索比亞航空（Ethiopian Airlines）409號航班從貝魯特起飛後墜入地中海，機上90人全部罹難。

2010年1月29日 俄羅斯第一架匿蹤戰機蘇愷Su-57首飛。

2010年5月12日 泛非航空（Afriqiyah Airways）771號航班在利比亞的黎波里（Tripoli）國際機場墜毀，機上104人當中僅有一人生還。

2010年5月22日 印度快運航空（Air India Express）812號航班在門格洛爾（Mangalore）國際機場衝出跑道，造成158人喪命，僅有八人生還。

2010年7月7日 太陽動力號（Solar Impulse）成為首度完成26小時靠太陽能飛行的飛機。

2010年7月23日 凱奈蒂克（QinetiQ）和風7號（Zephyr 7）無人機締造連續飛行時間的世界紀錄──336小時22分8秒。

2010年11月4日 加勒比航空（Aero Caribbean）883號班機在古巴墜毀，機上68人全部罹難。

2011年1月9日 伊朗航空277號班機在烏魯米耶（Orumiyeh）墜毀，77人喪生。

2011年1月11日 中國第一架匿蹤戰機成都飛機工業殲-20首飛。

2011年7月21日 亞特蘭提斯號（Atlantis）太空梭返回甘迺迪太空中心（Kennedy Space Center），美國NASA的太空梭計畫結束。

2011年8月5日 第一艘以太陽能為動力的太空船朱諾號（Juno）從卡納維拉角（Cape Canaveral）發射升空，執行前往木星的任務。

中國成都飛機工業殲-20 2011年1月11日首飛。

空中巴士A350型客機2013年6月14日首飛。

2011年9月30日　美國運用無人機在葉門暗殺美籍葉門裔蓋達組織首領安瓦爾-奧拉基（Anwar al-Awlaki）

2011年12月4日　伊朗擄獲美國洛克希德-馬丁RQ-170哨兵式無人偵查機，拒絕歸還。

2012年1月7日　一顆熱氣球在紐西蘭卡特頓（Car-terton）墜毀，搭載的11人全部喪命。

2012年3月　荷蘭空陸個人交通工具公司（Personal Air and Land Vehicle, PAL-V）成功測試飛行車原型。

荷蘭PAL-V飛行車2012年3月首飛。

2012年8月5日　火星科學實驗室（Mars Science Laboratory）任務的探測車好奇號（Curlosity）登陸火星。

2012年10月14日　奧地利跳傘好手保嘉特納（Felix Baumgartner）從新墨西哥州羅斯威爾（Roswell）上空39公里的一顆氦氣球上一躍而

下，成為第一個不靠機械協助突破音障的人。

2013年6月14日　空中巴士A350型客機首飛。

2013年10月18日　波士頓長釘航太公司（Spike Aerospace）完成了超音速民用噴射機長釘S-512的初始設計和規格。

2013年11月5日　印度展開無人火星軌道飛行器任務（Unmanned Mars Orbiter Mission）。

2013年11月17日　韃靼斯坦航空（Tatarstan Airlines）363號班機在俄羅斯喀山機場（Kazan Airport）墜毀，50人罹難。

2013年12月14日　中國無人太空船嫦娥三號搭載一輛無人探測車玉兔號，成為自1976年以來第一艘在月球軟著陸的太空船。

2014年1月5日　印度低溫引擎火箭首度成功發射，搭載通訊衛星順利升空。

2014年3月8日　馬來西亞航空（Malaysia Air-lines）370號班機從吉隆坡飛往北京的途中，帶著機上239人失蹤，至今仍未尋獲。

2014年5月19日　美國埃芮恩公司（Aerion Cor-poration）公開AS2型三引擎超音速商務客機的先進版本（參見第246頁圖說；編註：2021年5月埃芮恩公司停止營運）。

2014年7月17日　馬來西亞航空17號班機在烏克蘭東部上空被擊落，機上298人全部罹難。

2014年9月23日　美國和阿拉伯盟國對敘利亞境內的伊斯蘭國（ISIL）目標發動空襲。

美國埃芮恩公司於2014年5月19日公開AS2型三引擎超音速商務客機的先進版本。

2014年11月12日 無人太空船羅塞塔號（Rosetta）的登陸器首度在一顆彗星上著陸。

2014年12月3日 日本宇宙航空研究開發機構（Japan Aerospace Exploration Agency, JAXA）發射無人太空探測船隼鳥2號（Hayabusa 2）展開長達六年的來回任務，前往小行星龍宮（Ryugu）蒐集岩石樣本。

2014年12月28日 印尼亞洲航空（AirAsia）8501號航班在爪哇海墜毀，機上162人全數罹難。

2015年1月15日 空中巴士A350 XWB型客機由卡達航空（Qatar Airways）首度投入商業營運。

2015年3月24日 德國之翼航空（Germanwings）9525號班機的飛行員駕駛空中巴士A320-211，蓄意衝撞法國境內的阿爾卑斯山區，機上150人全數罹難。

2015年7月14日 美國NASA的新視野號（New Horizons）太空船首度近距離飛掠冥王星。

2015年7月24日 為了回應恐怖炸彈襲擊，土耳其開始對伊斯蘭國和庫德工人黨（PKK）的目標進行空中攻擊。

2015年8月5日 留尼旺島（Réunion Island）上發現飛機殘骸，經確認屬於馬來西亞航空370號班機所有。

2015年10月3日 美軍對位於阿富汗的無國界醫生（Médecins Sans Frontières）醫院發動空襲，造成42人喪生。

2015年11月24日 土耳其在敘利亞邊界上空擊落一架俄軍噴射戰機，這是自1950年代以來北約首度擊落俄羅斯飛機。

2016年2月29日 美國NASA和由洛克希德-馬丁領導的一個團隊簽約，目標是為融合寧靜超音速科技（Quiet SuperSonic Technology, QueSST）的「低音爆」飛行驗證機X-59提出初步設計。

2016年5月19日 載有66人的埃及航空804號班機從巴黎飛往開羅的途中墜入地中海。

2016年9月8日 美國NASA發射歐西里斯號（OSIRIS-Rex）探測器，展開其第一個蒐集小行星樣本的往返任務。

2016年11月15日 美國音爆科技公司（Boom Technology, Inc.）公開三分之一比例的「小音爆」（Baby Boom）寧靜超音速技術驗證機Boom XB-1的工程設計，計畫在2023年投入商業營運。

2017年4月13日 美軍對一座位於阿富汗的伊斯蘭國基地投擲世界最大的非核武炸彈「大型空爆炸彈」（Massive Ordnance Air Blast bomb, MOAB）。

美國NASA新視野號太空船於2015年7月14日首度近距離飛掠冥王星。

美國太空探索技術公司獵鷹重型運載火箭於2018年2月6日
進行驗證任務。

2018年2月6日 太空探索技術公司（SpaceX）至
今為止最重型的火箭獵鷹重型運載火箭（Falcon
Heavy）展開處女航，從佛羅里達州的甘迺迪太
空中心發射升空。

2018年3月25日 澳洲航空展開從澳洲伯斯到英國
希斯洛之間的中途不落地直航，由波音787夢幻
客機執飛，這是澳洲和英國之間第一個中途不落
地的客運服務。

2018年4月14日 美國、英國與法國聯手對敘利亞

的軍事基地展開攻擊，以回應敘利亞政府對反叛
勢力占據的敘利亞杜馬（Douma）進行的沙林毒
氣（sarin）攻擊。

2018年5月5日 美國NASA無人太空探測器洞察號
（InSight）升空，飛往火星執行任務。

2018年5月18日 古巴航空（Cubana de Avi-
ación）972號班機在起飛後於哈瓦那何塞·馬蒂
（José Martí）國際機場墜毀，112人喪生，只有
一人倖存。

2018年8月12日 美國NASA發射無人的帕卡太陽
探測器（Parker Solar Probe），以便近距離研
究太陽與太陽風。

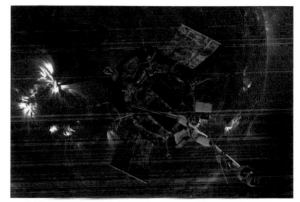

美國NASA帕卡太陽探測器於2018年8月12日發射升空。

2018年10月11日 新加坡航空開始營運世界最長的
定期客運直航航線，往返新加坡和紐約之間、耗
時18小時45分鐘。

2018年10月18日 奇異航空（GE Aviation）宣布
完成55年以來第一具民用超音速引擎的初始設
計，將用來推動飛龍公司的AS2三引擎噴射機。

2018年10月29日 獅子航空（Lion Air）610航班的
波音737 MAX 8客機從雅加達起飛，數分鐘後就
墜入爪哇海，機上189人全部罹難。

2018年11月5日 美國NASA航海家2號（Voyager
2）太空船脫離太陽系的外圍界線日球層（helio-
sphere），進入星際空間（參見第248頁圖
說）。

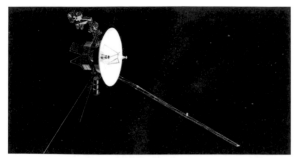

美國NASA航海家2號太空船於2018年11月5日脫離太陽系的外圍界線日球層。

2018年12月3日 波音KC-46A飛馬式（Pegasus）多功能加油機進行高級飛行測試，它有能力為具備國際空中加油程序的所有美軍、盟軍和聯軍軍機加油。於2019年服役。

美國波音KC-46A飛馬式加油機於2019年服役。

2018年12月10日 俄羅斯測試鋯石（Zircon）高超音速飛彈，能夠以8馬赫（秒速2.7公里）的速度持續飛行。

2018年12月17日 俯衝航空（Swoop Aero）首次進行有史以來第一次透過無人機為嬰兒運送疫苗，地點是在太平洋的偏遠島國萬那杜。

2019年3月5日 美國空軍研究實驗室的奎托斯（Kratos）XQ-58女武神式（Valkyrie）隱形無人戰機首飛。

2019年3月10日 衣索比亞航空302號航班波音737 MAX型客機起飛後不久，因防止失速的機動特性擴增系統（MCAS）設計缺陷，在衣索比亞的德布雷塞特（Debre Zeyit）附近墜毀，機上157人全數罹難。

2019年3月21日 美國塞考斯基-波音SB-1無畏式（Defiant）直升機首飛。

2019年3月30日 蘇聯解體後俄羅斯的第一架軍用運輸機伊留申II-112首飛。

2019年4月8日 波蘭弗拉瑞斯公司（Flaris）LAR01型五人座噴射機首飛。

2019年4月13日 美國縮尺複合體公司（Scaled Composites）平流層發射系統（Stratolaunch）的空中發射運輸機首飛，創下翼展長達117公尺的紀錄。

2019年5月3日 空中巴士直升機公司的城市空客式（CityAirbus）個人飛行器首次無人駕駛飛行。

2019年5月5日 俄羅斯航空1492號航班在爬升過程中被閃電擊中，返回莫斯科謝列梅捷沃（Sheremetyevo）機場緊急迫降時起火，78名乘客中有41人死亡。

2019年8月15日 烏拉爾航空（Ural Airlines）178號航班從莫斯科起飛後不久遭遇鳥擊，兩部發動機都失去動力，飛行員緊急迫降在玉米田。船上233人全部生還，堪比2009年全美航空1549號班機的「哈德遜河奇蹟」。

2020年1月2日 中華民國空軍的一架塞考斯基UH-60黑鷹直升機在臺灣新北市烏來區墜毀。八人遇難，其中包括臺灣總參謀長沈一鳴上將。

2020年1月8日 烏克蘭國際航空（Ukraine International Airlines）752號航班從德黑蘭何梅尼國際機場起飛後不久，被伊斯蘭革命衛隊地對空導彈誤擊落，機上167名乘客和九名機組人員全數罹難。

2020年1月23日 由於COVID-19大流行，中國開始關閉武漢機場的定期航班。

2020年2月17日 英國航太系統公司（BAE Systems）製造的持久性高空太陽能飛機

PHASA-35首飛。

2020年3月13日　由於COVID-19爆發，美國禁止從歐洲飛往美國的班機，為期30天。許多其他國家隨後也實施了類似的禁令。

2020年4月15日　由於COVID-19大流行對航空業的影響，需求持續下降，全球22,000架主線客機機隊中有超過三分之二處於停飛狀態，剩下7,635架仍在運營。歐洲受影響最大，只有不到15%的飛機在運營，而北美為45%，亞洲為49%。

2020年5月17日　西斯納408天空快遞式（Sky-Courier）多用途飛機首飛。

2020年5月22日　巴基斯坦國際航空（Pakistan International Airlines）8303號航班空中巴士A320在起落架故障後重飛，第二次降落時兩部發動機故障而墜毀在住宅區，機上97人喪生，兩名乘客倖免於難，地面上一人死亡、七人受傷。

2020年6月11日　臺灣漢翔航空工業（AIDC）T-BE5A勇鷹式（Brave Eagle）噴射教練機首飛。

臺灣漢翔航空工業T-BE5A勇鷹式噴射教練機2020年6月11日首飛。（中華民國總統府CC BY-SA 4.0）

2020年10月1日　美國聯邦政府對美國航空公司的COVID-19大流行救濟到期，美國多家航空公司開始大規模裁員和休假，美國航空裁員19,000人，聯合航空裁員13,000人。

2021年1月9日　印尼三佛齊航空（Sriwijaya Air）182號航班波音737-500客機因自動油門故障，在雅加達海岸墜毀，機上62人全數罹難。

2021年3月10日　法國達梭隼式6X大型遠程商務機首飛。

2021年8月30日　美國最後一架C-17環球霸王運輸機在午夜前離開喀布爾機場，結束了美軍空運和阿富汗戰爭。

2021年9月15日　英國勞斯萊斯ACCEL試驗性電動飛機首飛。

2021年11月22日　一架空中巴士A340-300從開普敦起飛後降落在南極洲，創造有史以來最大的飛機降落在南極洲的記錄。

2022年2月24日　在俄羅斯開始入侵烏克蘭前幾個小時，烏克蘭關閉領空。

2022年2月27日　歐盟、英國和加拿大都對所有俄羅斯飛機關閉領空。俄羅斯也發布相對禁令，迫使許多航空公司改道或取消飛往亞洲的航班。

2022年3月1日　美國對所有俄羅斯飛機關閉領空。3月2日空中巴士和波音公司都暫停對俄羅斯航空公司的維修。

2022年3月21日　中國東方航空5735航班波音737-800客機在廣西山區墜毀，機上132人全數罹難。

2022年4月19日　美國政府宣布國內航班將不再強制佩戴口罩，但仍將對部分國際航班強制執行。

2022年6月15日　空中巴士A321XLR首飛。

2022年7月19日　韓國KAI KF-21獵鷹式（Boramae）戰鬥機首飛。

2022年12月2日　諾斯洛普-格魯曼公司和美國空軍公開展示第一架完成的B-21突襲者式（Raider）隱形轟炸機。

2023年1月15日　尼泊爾雪人航空（Yeti Airlines）691 航班ATR 72-500型客機在尼泊爾博卡拉（Pokhara）著陸失速後墜毀，機上72人全部遇難。

2023年2月4日　中國的高空氣象氣球在美國南卡羅來納州海岸附近的美國領海被美國空軍擊落。

戰鬥機空戰王牌

本單元將會介紹數百位戰鬥機空戰王牌中的一些人物（按照姓名筆畫依序排列）。「戰鬥機空戰王牌」的定義是在空戰中擊落五架以上敵機的飛行員。第二次世界大戰期間的德國空軍創下極多戰果，這當中牽涉到許多因素。德軍飛行員飛行的趟次比他們的對手更多，而且隨著戰爭的進行，他們的對手數量愈來愈多，德軍飛行員所處的環境裡能夠攻擊的目標也隨之增加。

大衛・麥坎貝爾
David McCampbell
美國：第二次世界大戰
共擊落34架敵機，是美國海軍在二戰期間擊落數最高的飛行員，之後在戰鬥中陣亡。

小約瑟夫・克里斯托弗・麥康諾
Joseph Christopher McConnell Jr.
美國：韓戰
共擊落16架敵機，是韓戰中擊落數最高的王牌飛行員。他在戰後擔任試飛員，於一場飛行意外中喪生。

吉歐拉・艾普斯坦
Giora Epstein
以色列：六日戰爭、消耗戰爭（Attrition warfare）和贖罪日戰爭
共擊落17架敵機。

坂井三郎
Saburo Sakai
日本：中國抗日戰爭、第二次世界大戰
以擊落64架的戰果活到戰爭結束。

阮文谷
Nguyan Van Coc
北越：越戰
共擊落九架敵機，當中兩架為無人機。

岩本徹三
Tetsuzo Iwamato
日本：第二次世界大戰
共擊落94架敵機，是日本擊落數最高的王牌飛行員，但他的許多擊落數都是和同袍共享、或只是可能擊落。

法蘭西斯・「加比」・蓋布瑞斯基
Francis 'Gabby' Gabreski
美國：第二次世界大戰、韓戰
在二戰期間擊落28架敵機，成為美國陸軍航空軍在歐洲戰區的最頂尖王牌飛行員。他在朝鮮半島駕駛F-86軍刀式戰鬥機，共擊落六架敵機，並和同袍共同擊落一架。

阿道夫・吉斯伯特・「水手」・馬蘭
Adolf Gysbert 'Sailor' Malan
南非：第二次世界大戰
共擊落27架敵機，和同袍共同擊落七架，還可能另外擊落七架。整個英國皇家空軍都傳誦他所創的「空戰十則」（Ten Rules of Air Fighting），有些美軍戰鬥機單位也曾流傳。

阿道夫・賈蘭德
Adolf Galland
德國：第二次世界大戰
共擊落104架敵機，全部是西方盟國戰機。

阿爾伯特・波爾
Albert Ball

阿爾伯特・波爾　　　　埃里希・哈特曼

英國：第一次世界大戰

擊落44架敵機。波爾是第一位被大眾視為偶像的英國王牌飛行員。他在駕機巡邏時發生意外而喪生。

威廉・「比利」・艾弗里・畢曉普
William 'Billy' Avery Bishop

加拿大：第一次世界大戰

擊落72架敵機，但因為畢曉普多次單獨進行巡邏，他的擊落數大部分永遠無法證明。

英德拉・拉爾・「拉迪」・羅伊
Indra Lal 'Laddie' Roy

印度：第一次世界大戰

這位19歲的飛行員在兩週內擊落十架敵機，之後他也被擊落，在著火的座機中陣亡。

埃里希・哈特曼
Erich Hartmann

德國：第二次世界大戰

共擊落352架敵機，是所有王牌飛行員中擊落數最高者。哈特曼即使曾經被擊落過多次，但依然毫髮無傷地活過二戰。

恩斯特・烏德特
Ernst Udet

德國：第一次世界大戰

共擊落62架敵機，是活過一戰擊落數最高的德國王牌飛行員。他在二戰期間擔任德國空軍的軍需部門總監，不過卻在戰爭期間自盡。

格雷戈里・「老爹」・博因頓
Gregory 'Pappy' Boyington

美國：第二次世界大戰

共擊落28架敵機，是美國海軍陸戰隊擊落數最高的飛行員，擊落的都是日軍飛機。

海因茨・貝爾
Heinz Bär

德國：第二次世界大戰

共擊落220架敵機，其中16架是駕駛梅塞施密特Me 262 擊落的，使他成為二戰期間擊落數最高的「噴射機王牌」。他在1957年死於空難。

馬克斯・英麥曼
Max Immelmann

德國：第一次世界大戰

共擊落15架敵機，為一戰期間的單座戰鬥機戰術打下基礎，之後在戰鬥中陣亡。

曼佛列德・阿爾布芮希特・弗萊赫爾・馮・里希特霍芬
Manfred Albrecht Freiherr von Richthofen

德國：第一次世界大戰

共擊落80架敵機，很可能是最知名的王牌飛行員。英軍稱他為「紅男爵」，是一戰中擊落數最高的王牌飛行員。他在戰鬥中陣亡。

理察・「史帝夫」・瑞奇
Richard 'Steve' Ritchie

美國：越戰

共擊落五架敵機，是越戰中擊落數最高的美國空軍飛行員。

理察・邦
Richard Bong

美國：第二次世界大戰

美國陸軍航空軍和美國的頭號戰鬥機空戰王牌，共擊落40架敵機，全部都在太平洋戰區。

莉迪亞・「莉莉亞」・利特瓦克
Lidiya 'Lilya' Litvak

蘇聯：第二次世界大戰

蘇聯擊落數最高的女性戰鬥機飛行員，共擊落12架敵機。她在擊落最後兩架敵機的同一場空戰中陣亡。

喬治・馬利・盧多維・朱爾・蓋內默
Georges Marie Ludovic Jules Guynemer

法國：第一次世界大戰

共擊落53架敵機，是法國最受歡迎的王牌飛行員。他經歷過超過600場空戰，曾七次遭到擊落但生還，但最後還是被擊落而陣亡。

奧斯瓦德・博爾克
Oswald Boelcke

德國：第一次世界大戰

擊落40架敵機。他是德軍第一位空戰王牌，之後因為和另外一架德軍飛機相撞而喪命。

愛德華・「大個兒」・歐黑爾
Edward 'Butch' O'Hare

美國：第二次世界大戰

理察・邦　　　　　　　羅賓・歐茲

共擊落12架敵機，是美國海軍第一位王牌飛行員，且是一天之內就成為王牌，之後在戰鬥中陣亡。芝加哥的歐黑爾機場就是為了紀念他而命名。

愛德華・「艾迪」・弗農・里肯貝克
Edward 'Eddie' Vernon Rickenbacker

美國：第一次世界大戰

共擊落26架敵機，是一戰期間美國擊落數最多的王牌飛行員。

愛德華・科林翰・「米克」・曼諾克
Edward Corringham 'Mick' Mannock

英國：第一次世界大戰

共擊落61架敵機。他受到部屬尊崇，並證明是大戰期間最偉大的飛行員領袖之一。

詹姆士・埃德格・「強尼」・強森
James Edgar 'Johnnie' Johnson

英國：第二次世界大戰

共擊落34架敵機，另外和同袍共同擊落七架。他是英國在二戰期間擊落數最高的王牌飛行員。

詹姆士・湯瑪斯・拜福德・「麥克」・麥卡登
James Thomas Byford 'Mac' McCudden

英國：第一次世界大戰

共擊落57架敵機。他在獲頒飛行資格認證沒多久之後，就因為擔任飛行員的天賦過於傑出而直接升任教官。包括他在內的三兄弟都在皇家飛行兵團（RFC）服役，他和亦為王牌飛行員的弟弟約翰（John）都在戰爭中陣亡。

道格拉斯・巴德
Douglas Bader

英國：第二次世界大戰

他的雙腿在戰前被截肢。經過確認，他總共擊落20架敵機，並和其他人共同擊落四架，另外還有18架可能擊落或擊傷。他在1941年時被德軍擊落並俘虜。

雷內・保羅・方克
René Paul Fonck

法國：第一次世界大戰

共擊落75架敵機，是協約國陣營擊落數最多者。

維爾納・佛斯
Werner Voss

德國：第一次世界大戰

共擊落48架敵機。在一場傳奇空戰中，他和七架英國皇家飛行隊的S.E.5a型戰鬥機陷入纏鬥，已經擊落兩架，並擊傷其餘飛機，之後被擊落而陣亡。

維爾納・莫德士
Werner Mölders

德國：西班牙內戰、第二次世界大戰

他在西班牙擊落14架敵機，二戰時擊落101架，之後在1941年時因飛行意外而喪生。

赫曼・威廉・戈林
Hermann Wilhelm Göring

德國：第一次世界大戰

共擊落22架敵機，並在1918年7月8日指揮里希特霍芬的精銳第一戰鬥機聯隊，在二戰期間擔任德國空軍總司令。

穆罕默德・阿拉姆
Muhammad Alam

巴基斯坦：1965年印巴戰爭（Indo-Pakistan War）

他在一天之內擊落五架敵機，總擊落數九架。

鮑伯・史丹福・塔克
Bob Stanford Tuck

英國：第二次世界大戰

經過確認他共擊落27架敵機，但可能更多。

羅賓・歐茲
Robin Olds

美國：第二次世界大戰、越戰

他在二戰期間共擊落12架敵機。20年之後晉升上校，在越南擔任第八戰術戰鬥機聯隊隊長，又擊落四架米格MiG機，總計擊落16架。

蘭德爾・「公爵」・康寧漢
Randall 'Duke' Cunningham

美國：越戰

擊落五架敵機的美國海軍飛行員，也是越戰中美軍第一位王牌。

山繆・皮爾龐特・蘭利（1834～1906）
Samuel Pierpont Langley

出生於美國麻薩諸塞州。曾進行機翼翼形的實驗，並先後製作以橡皮筋與蒸汽引擎為動力的「航空站」模型。之後試圖以5萬美金的補助來研發載人飛機，但以失敗告終，他本人也不再抱持幻想。

山繆・富蘭克林・柯迪（1867～1913）
Samuel Franklin Cody

美國人，1890年代初期移居英格蘭，並進入英國陸軍部。最為人熟知的事蹟就是成為首位在英國進行可控飛行的人，當時駕駛的是自己的飛機英國陸軍飛機1號（British Army Aeroplane No 1）。他在飛行展演過後，就繼續設計、建造自己的飛機，不過卻因為在駕駛其中一架水上飛機

山繆・柯迪

飛行時遭遇空中解體的意外而喪生。

加布里耶・瓦贊（1880～1973）和
夏爾雷・瓦贊（1882～1912）
Gabriel Voisin & Charles Voisin

加布里耶的嗜好是風箏，因此對滑翔機產生興趣，1904年加入航空聯盟（Le syndicat de l'aviation），在阿許迪肯（Ernest Archdeacon）手下任職工程師。他的弟弟之後加入，成立瓦贊兄弟公司（Les Frères Voisin），致力於研發後方推進式雙翼機。該公司的生產工作在一戰期間持續進行，銷售超過1萬架瓦贊飛機給多支航空部隊。

加斯頓・顧德隆（1882～1915）和
雷內・顧德隆（1884～1959）
Gaston Caudron & René Caudron

這對兄弟在法國創辦飛機公司和飛行學校，一些早期的優秀設計就是出自他們之手，尤其是雙尾桁飛機。他們的公司在一戰期間和戰後都持續生產性能良好的機型，但卻在二戰後不久停止營運。C.714及其衍生型（輕型戰鬥機）是他們最後生產的重要機型。

尼古拉・尼古拉耶維奇・波利卡爾波夫
（1892～1944）
Nikolai Nikolaevich Polikarpov

自1916年起跟著塞考斯基工作，協助設計S-16戰鬥機和伊利亞・穆羅梅茨（Ilya Muromets）轟炸機。之後他前往杜克斯（Duks）工廠，監督授權生產的斯帕德S.Ⅶ戰鬥機、DH.4及DH.9轟炸機等機種的生產，還有自行研發製造、結果相

當成功的U-2教練機設計。之後，他擔任中央設計局（Central Design Bureau）的首席設計師，負責研製I-15雙翼戰鬥機和I-16單翼戰鬥機。

伊果・伊凡諾維奇・塞考斯基（1889～1972）
Igor Ivanovich Sikorsky

畢業於基輔理工學院（Kiev Polytechnical Institute），1912年建造了一架S-6飛機贏得獎勵，並立即擔任俄羅斯-波羅的海車輛製造廠（Russo-Baltic Wagon Works）的首席飛機設計師一職。他對一戰時期伊利亞・穆羅梅茨轟炸機的研發投入相當多心血，但在俄國十月革命後選擇移居美國，並創辦塞考斯基航空工程公司，把重點放在水上飛機。然而，直升機一直是他最主要的興趣，他的公司最後就把焦點放在直升機，迅速聞名全世界。

伊果・塞考斯基

伊果・埃特里希博士（1879～1967）
Dr Igo Etrich

奧地利工程師，發展了一系列鴿式單翼機，擁有類似鳥類翅膀的機翼。這種設計被德國蘭普勒公司採用，許多擁有埃特里希設計特徵的飛機在一戰期間服役，主要是用來執行偵察任務。

伊塔洛・巴爾博（1896～1940）
Italo Balbo

在第一次世界大戰期間，巴爾博在義大利陸軍服役。1926年時，義大利元首墨索里尼（Benito Mussolini）出人意表地指派他出任空軍大臣（他根本沒有航空相關背景）。他火速學習飛行，並在1933年率領一支由24架SM.55X型水上飛機組成的編隊飛越大西洋，飛往密西根湖參加芝加哥世界博覽會並返回。他隨後成為義大利最名聞遐邇的飛行員，而他的一部分工作就是著手改革義大利皇家空軍（Regia Aeronautica）。二戰開打時，他奉命出任利比亞總督，但依然繼續飛行，之後在1940年因為友軍誤擊而喪命。

安東・符雷特納（1885～1961）
Anton Flettner

德國發明家，除了發明符雷特納片（可以減輕飛行員在操作各種控制面時的工作量），也因為研發早期直升機的工作而聞名。1930年代針對旋翼機的研發工作促成了世界上首架真正的直升機FI 265、世界上首款投入生產的直升機FI 282的出現。他在二戰後移居美國，為美國海軍工作。

安東尼・福克（1890～1939）
Anthony Fokker

荷蘭設計師，1910年建造了自己的第一架飛

安東尼・福克

（TsAGI），並在1922年擔任一個委員會的主席，該委員會負責俄羅斯共和國境內所有的全金屬飛機生產，並指導設計出ANT-2試驗機。他擔任國家航空工業總局（GUAP）的首席工程師，但卻在1937年被指控洩密給德國人而遭逮捕；他在1943年復職，之後專心設計大型長程軍用和民用飛機，從Tu-4（仿製B-29）開始，在Tu-144超音速客機達到顛峰。

朱塞佩・馬里奧・貝蘭卡（1886～1960）
Giuseppe Mario Bellanca

出身於西西里島的飛機設計師，在1910年移民美國，並在長島的米尼歐拉（Mineola）創辦一所飛行學校。他在1920年代成為萊特飛機公司（Wright Aeronautical Corporation）的工程師顧問，並負責萊特輻射引擎的測試平臺飛機。他在1927年創辦哥倫比亞飛機公司（Columbia Aircraft），專精於高單翼機種；他的貝蘭卡飛機公司（Bellanca Aircraft Corporation）在同年稍晚時成立，並營運到1980年代。

機，隨後在德國約翰尼斯塔爾（Johannisthal）創辦自己的公司，設計並生產出一些一戰期間德國最優秀的機種，像是單翼式（Eindecker）系列、D.VII型雙翼機、還有不朽的Dr.I三翼機，也就是「紅男爵」的座機。戰爭結束後，公司遷往荷蘭，並繼續生產運輸機與戰鬥機，包括破紀錄的F.VII長程單翼機。作為製造商，這個名號依然響亮，產品包括友誼式、夥伴式（Fellowship）客機等。

安德烈・尼古拉耶維奇・圖波列夫（1888～1972）
Andrei Nicolayevich Tupolev

先是在杜克斯工廠擔任機械工程師，之後在1918年共同創辦中央空氣與流體動力研究院

米哈伊爾・古列維奇（1893～1976）
Mikhail Gurevich

蘇俄最知名航空設計局之一的米高揚-古列維奇（Mikoyan i Gurevich，簡稱米格〔MiG〕）設計局共同創辦人，在二戰後生產多種重要的噴射機，像是MiG-15、17、19、21、25和27等。他在1925年畢業後擔任工程師，1931年時成為柯契葉里金（Kochyerigin）公司副總裁，負責研發TSh-3對地攻擊機。米格MiG設計局在1939年成立，生產過一些二戰期間的重要戰鬥機，較值得注意的是MiG-3。

米哈伊爾·列昂提維奇·米爾（1909〜1970）
Mikhail Leontyevich Mil

旋翼機和直升機的專家，1947年成立以他為名的設計局，之前則在卡莫夫公司擔任副總設計師。他的公司生產大量出口的Mi-8、巨大的V-12、還有當代的Mi-24「雌鹿」砲艇直升機。

艾米·強森（1903〜1941）
Amy Johnson

英國女性飛行員，1928年加入倫敦飛機俱樂部，迅速成為合格的機械師和飛行員。1930年時，她耗時19天單獨駕駛DH.60蛾式休閒飛機從英格蘭飛往澳洲，1933年時又駕駛DH.84龍式輕型飛機從威爾斯飛往美國。她在二戰期間為空運輔助隊（Air Transport Auxiliary）駕駛飛機，但在1941年時因為飛機迫降在泰晤士河口而溺斃。

艾杜阿·德·紐波特（1875〜1911）
Édouard de Niéport (Nieuport)

這位法國工程師原本是經營自己的公司，生產內燃機引擎用的電氣零件，到了1908年時他展開飛機製造事業，不過以失敗收場。兩年後捲土重來，成為知名的紐波特公司（SA des Établissements Nieuport），生產一系列成功的單翼機，還有之後傑出的雙翼機如17型和24型。該公司在1934年結束營運。

艾倫·柯本爵士（1894〜1973）
Sir Alan Cobham

1917年從英國皇家砲兵加入皇家飛行兵團學習飛行，並在第一次世界大戰結束後開始管理航空旅行業務，首先是在波克夏航空旅行社（Berkshire Aviation Tours），到了1921年時則進入德哈維蘭飛機租賃服務（de Havilland Aeroplane Hire Service）。他為帝國航空探路、開闢航線，隨後又創辦一系列「馬戲團」，把飛行表演活動帶給英國大眾。柯本最後留給後世的事蹟就是空中加油，他在英國率先嘗試。

艾倫·海恩斯·洛黑德（洛克希德）（1889〜1969）
Allan Haines Loughead (Lockheed)

1913年和他的兄弟創辦阿爾科水上飛機公司（Alco Hydro-Aeroplane Company），1916年又成立洛黑德飛機（Loughead Aircraft），結果更加成功，到了1926年改組成洛克希德飛機公司（Lockheed Aircraft Company）。不過從此時開始營收成長有限，因此到了1932年時就被一個投資集團收購，重組成為洛克希德飛機股份有限公司（Lockheed Aircraft Corporation），進而生產許多優異的飛機：像是二次大戰期間的P-38閃電式戰鬥機、戰後的星座式客機與SR-71三倍音速偵察機，以及一系列大型運輸機。不過艾倫曾在1929年被迫離開他的公司，但他依然繼續從事飛機設計和生產的工作。

艾略特·維頓·羅伊爵士（1877〜1958）
Sir Alliott Verdon Roe

英國航空史上的一位偉大人物。原是一名船舶輪機工程師，但最大的興趣卻是航空，1907年打造了第一架飛機。1910年時又打造了第一架三翼機，並創辦公司，兩年後開始設計阿夫羅504系列，成為一款空前成功且大量外銷的雙翼機。這間公司之後成為知名的阿夫羅企業，在二戰期間生產蘭卡斯特式重型轟炸機，戰後年代則生產

了火神式戰略轟炸機。

亨利‧法布爾（1882～1984）
Henri Fabre

早期的法國飛行先驅，在1910年發展並建造第一架實用的水上飛機。儘管修改設計後又進行多趟飛行，仍無法達成收支平衡，因此他隨後放棄這項工作，並把注意力集中在設計及研發飛機浮筒。

亨利‧法爾曼（1874～1958）和
莫里斯‧法爾曼（1877～1964）
Henry Farman & Maurice Farman

最早的航空先驅，剛開始時熱衷熱氣球活動，之後創辦了自己的公司。亨利進行了長達1公里的歐洲首次迴圈飛行，其類似箱型風箏的雙翼機證明相當成功。這間公司生產過許多創新的設計，當中包括知名的長角牛式和短角牛式（Shorthorn）商務機。

亨利‧夏爾‧亞歷山大‧波特茲（1891～1981）
Henri Charles Alexandre Potez

就讀法國高等航空學院（École Supérieure d'Aéronautique），第一次世界大戰爆發時正在達梭（Marcel Dassault）手下工作，擔任技術職位。兩人迅速成為好友，並在1916年合作成立航空學會（Société d'Études Aéronautiques），生產他們自己的飛機，不過這間公司在1919年結束營業。波特茲之後自立門戶創業，生意興隆持續了相當多年，值得注意的設計包括波特茲630系列長程戰鬥機。

亨利‧菲利普‧佛蘭德（1889～1954）
Henry Philip Folland

在法茵堡皇家飛機工廠的設計辦公室和德哈維蘭共事，當德哈維蘭離職後就接替其職務，設計出S.E.5型戰鬥機。1917年進入紐波特公司，三年後又加入格羅斯特郡飛機公司（Gloucestershire Aircraft Company，即格羅斯特），生產出一系列優異的單座戰鬥機，包括鬥雞式和格鬥士式戰鬥機。他在戰後開設自己的公司，最知名的產品是蚋式輕型戰鬥機／教練機。

亨利‧寬德（1886～1972）
Henri Coanda

羅馬尼亞人，前往位於巴黎的航空學校就讀，並在1910年靜態展示了一架擁有進氣道渦輪螺桿的飛機，被某些人認為是世界上第一種噴射機。他在1912年加入英國及殖民地飛機公司（布里斯托），在設計辦公室任職，兩年後回到羅馬尼亞。發現了寬德效應（Coanda Effect），也就是空氣傾向「黏附」在彎曲的表面上。

佛烈德瑞克‧亨德利‧佩吉爵士（1885～1962）
Sir Frederick Handley Page

原本是電氣工程師，卻在1900年代初期對航空無限的可能性著迷，因此在1909年創辦飛機公司。亨德利‧佩吉公司擅長生產大型轟炸機與運輸機，包括一戰期間碩大的O/400型轟炸機、1930年代的雙翼客機H.P.42、二戰期間的哈里法克斯式重型轟炸機，還有戰後的黑斯廷斯式運輸機與勝利者式轟炸機。

佛烈德瑞克‧威廉‧蘭徹斯特（1868～1946）

Frederick William Lanchester

他在汽車工業領域的先驅工作也許更加知名，但他也對飛行理論做出相當大的貢獻，並建造模型滑翔機，確立升力和阻力的原理。日後成為政府單位的航空事務顧問，以及沃爾斯利（Wolseley）、戴姆勒等汽車製造商的企業顧問。

佛烈德瑞克・庫爾霍文（1886～1946）
Frederik Koolhoven

1910年成為飛行員，並在兩年後加入德佩杜桑公司，旋即升任該公司的英國分公司主管。1913年成為阿姆斯壯-惠特沃斯公司的首席設計師，負責F.K.3、F.K.8等機種。1917年時，他加入英國空中運輸（British Aerial Transport）飛機公司，1920年返回荷蘭，1934年創辦自己的公司。

克拉倫斯・「凱利」・強森（1910～1990）
Clarence 'Kelly' Johnson

1933年加入洛克希德，並成為該公司研發總工程師。由他負責研發的優秀飛機包括：雙尾桁設計的P-38閃電式戰鬥機、星座式客機、出口多國的F-104星式戰鬥機、三倍音速的SR-71噴射偵察機，其他則多在洛克希德-馬丁公司的高級開發計畫「臭鼬工廠」（Skunk Works）製造。

克勞第烏斯・多尼爾（1884～1969）
Claudius Dornier

在一戰期間設計一系列成功的水上飛機，戰後到瑞士繼續工作，知名的鯨式和Do X水上飛機為其事業巔峰。他的公司在1930年代搬回德國，生產了Do 17系列中型轟炸機，戰後還生產了一些成功的民航機。

克拉倫斯・強森

克勞德・格雷姆-懷特（1879～1959）
Claude Grahame-White

1909年前往法國時購買了一架布萊里奧飛機並學習飛行。在布魯克蘭（Brooklands）創辦一所飛行學校，然後在亨頓（Hendon）闢建倫敦機場（London Aerodrome），也就是現在皇家空軍博物館（Royal Air Force Museum）的所在地。他在1915年離開皇家海軍航空隊以後打造了自己的飛機，並在一次大戰後改行投入房地產事業。

克萊德・西斯納（1879～1954）
Clyde Cessna

他是農夫也是機械工，經營自己的汽車生意，之後打造飛機（以布萊里奧的機身為基礎）並開始學習飛行。他在1925年與比奇（Walter Beech）合作，協助創辦旅行航空（Travel Air）

製造公司。他在1927年創辦自己的飛機公司，時至今日他的名字就等於是經典輕型飛機的代名詞。

克雷蒙・阿德（1841～1925）
Clément Ader

許多人認為他是第一位駕駛動力飛機的人。1890年10月9日，他在法國阿曼維利耶（Armain-villers）駕駛蒸汽動力的「風神號」（Éole）飛行50公尺的距離，領先萊特兄弟的成就13年左右，不過本質上來說比較像是「跳躍」而不是透過操控來維持飛行。他之後打造的阿德飛機2號（Avion II）和阿德飛機3號（Avion III）都宣告失敗，之後打造其他飛行器的工作在1898年時因為法國陸軍懷疑成效而取消。

利昂・莫蘭（1885～1918）和
羅伯特・莫蘭（1886～1968）
Léon Morane & Robert Morane

這對兄弟和波雷（Gabriel Borel）與索尼耶（Raymond Saulnier）在1911年時籌組莫蘭-波雷-索尼耶飛機公司（Société Anonyme des Aéroplanes Morane-Borel-Saulnier），不過沒多久波雷就退出，因此公司成為莫蘭-索尼耶。該公司迅速成為法國最成功的飛機製造公司之一，在一戰期間和戰間期生產了許多第一線戰機，並在1930年代專精於傘翼式（parasol-wing）飛機。到二戰時，MS.406型單座戰鬥機堪稱是這間公司登峰造極的設計作品，戰後則生產了一些輕型飛機。

利昂・萊瓦瓦瑟（1863～1921）
Léon Levavasseur

原本是念藝術的學生，但之後迷上工程學。1903年打造了一架飛機，雖然飛機失敗，但其配備的安托瓦內特引擎以當時的水準而言十分進步，成為日後一系列成功引擎的前身。他之後和費伯（Ferdinand Ferber）合作成立安托瓦內特公司（Société Antoinette），繼續設計單翼飛機。

希尼・坎姆爵士（1893～1966）
Sir Sydney Camm

受過木匠相關訓練，並在一戰前進入馬丁賽德公司（Martinsyde）。他在1923年成為霍克飛機公司資深繪圖員，之後迅速升任首席設計師。他設計過第一次世界大戰結束到第二次世界大戰爆發的戰間期、二戰和戰後年代英國最知名的幾款飛機，包括哈特式系列、颶風式、颱風式、海鷹式、獵人式和獵鷹式等等。他後來擔任霍克-西德利的設計總監。

李奧納多・達文西（1452～1519）
Leonardo da Vinci

已知最早的航空研究者。受到鳥類飛行的啟發，調查牠們的飛行特性，並努力設計出一系列撲翼飛機，不過人們現在已經知道他誤會了機翼的運動方式。也繪製出最原始直升機的設計素描，還設計出可運作的降落傘和滑翔機。

里昂・迪拉格蘭傑（1873～1910）
Léon Delagrange

原是一名雕刻家，也是無師自通的飛行員先驅。他向瓦贊兄弟買了一架飛機並在歐洲旅行，成為第一個在義大利境內飛行的人，也是第一個搭載女性乘客的人。他在1909年駕駛一架布萊里奧

飛機進行一趟破紀錄飛行，耗時兩個小時多一點飛行200公里。後來因為布萊里奧飛機在空中解體而喪生。

亞瑟·高居爵士（1890～1962）
Sir Arthur Gouge

一開始是休特兄弟公司的機械技師，1926年升任總設計師，1929年擔任總經理，影響了像是帝國式（Empire）、桑德蘭式這類經典水上飛機的設計。戰後加入桑德斯-羅伊公司，並指導該公司巨大的公主號水上飛機設計。

亞歷山大·卡特維利（1896～1974）
Alexander Kartveli

俄國人，在1917年俄國十月革命後移居法國，曾在布萊里奧和福克公司工作，之後再移居美國，進入塞維爾斯基公司（Seversky Aero Corporation，之後更名為共和飛機）。他擔任設計師組長的第一個重要計畫是P-35戰鬥機，也就是公司在更名成共和飛機公司之後才生產的知名機種P-47雷霆式戰鬥機的前身。戰後負責F-84、F-105等第一線機種。

亞歷山大·格蘭姆·貝爾（1847～1922）
Alexander Graham Bell

他發明電話，還創立了加拿大新斯科細亞和紐約哈蒙德斯波特（Hammondsport）的航空實驗協會。1908年時，貝爾的「六月金龜子號」因為首次在美國進行公開飛行而贏得科學人盃（Scientific American Trophy）。這個組織在1909年解散，但貝爾依然持續研發滑翔機、飛機和風箏。

亞歷山大·馬丁·李皮許（1894～1976）
Alexander Martin Lippisch

滑翔機的愛好者，之後把天分用於設計無尾翼飛機和火箭引擎，其成就的最高峰就是在二戰末期出現、充滿未來感的Me 163點防禦攔截機。他先是在德意志滑翔飛行研究所（DFS）工作，之後在1939年加入梅塞施密特公司。戰後移居美國，在超音速飛機領域繼續他的研究工作。

亞歷山大·普羅高菲夫·德·塞維爾斯基（1894～1974）
Alexander Prokofiev de Seversky

機械工程學系畢業，1915年加入波羅的海海軍航空勤務隊（Baltic Naval Air Service），因為墜機而失去一腿。由於革命，他在1917年前往美國並留在當地，再也不想回到祖國。他接受美國政府聘僱，發展一款新式轟炸瞄準器，之後創辦塞維爾斯基飛機公司。

亞歷山大·費多羅維契·莫扎伊斯基（1825～1890）
Alexander Fedorovich Mozhaiskii

就讀俄國海軍官校，有工程學背景。對載人飛行產生興趣，1870年代開始設計許多風箏。1870年代後期設計並建造一架大型蒸汽動力單翼機，但在1884年和一位機械技師搭機準備起飛時，飛機一離開地面就馬上墜毀。

亞歷山大·謝爾蓋耶維奇·雅克列夫（1906～1989）
Alexander Sergeyevich Yakovlev

滑翔機的實驗家，1927年建造第一架自己的動力飛機，因此獲准進入祖可夫斯基空軍學院

（Zhukovsky Air Force Academy）。1931年加入波利卡爾波夫的團隊，但不到三年就著手建立自己的設計局，集中全力發展輕型飛機。之後轉而研發軍用飛機，開發出Yak-1/3/9系列的快速輕型戰鬥機，並在戰後開始踏入噴射機的領域，一開始雖然不成功，不過之後開發出的Yak-25和Yak-28卻獲蘇聯軍方大量採用。

佩爾西·辛克萊·皮爾策（1876～1899）
Percy Sinclair Pilcher

英國最著名的早期航空先驅之一。1895～1896年和馬克沁合作，打造了一些滑翔翼。他研究李林塔爾的著作，決定嘗試在其下一個作品中採用三機翼布局並安裝一具引擎，藉此改善他的設計。不過由於皮爾策在操作他親手打造的早期滑翔機時不幸發生意外而罹難，那架飛機就再也沒有試飛的機會。

尚-馬利·勒布里斯（1817～1872）
Jean-Marie Le Bris

早期的滑翔機先驅，他的設計靈感來源是信天翁。他試著從馬匹拉動的馬車上讓他的滑翔機起飛，並設法騰空飛行了一小段距離。他在一場打鬥中遇害身亡。

帕維爾·奧西波維奇·蘇霍伊（蘇愷）（1895～1975）
Pavel Osipovich Sukhoi

自1920年起擔任圖波列夫設計局的設計師，領導設計團隊建造出ANT-5 雙翼戰鬥機、ANT-25和-27長程飛機，之後又為蘇聯空軍設計出Su-2偵察轟炸機。1939年創立自己的設計局，但一直要到第二次世界大戰以後，他的設計才備受青睞。他是噴射推進領域的先鋒，儘管他的設計局在1949至1953年間關閉，之後還是生產出某些二戰後蘇聯的傑出戰鬥機。

法蘭克·巴恩威爾（1880～1938）
Frank Barnwell

先是擔任造船學徒，之後加入斯特靈（Stirling）附近的一間工程公司，和他的兄弟在那裡打造出一些滑翔機和飛機。他在1911年成為英國及殖民地飛機公司（British & Colonial Aeroplane Company）的首席繪圖員，並在之後的幾年之間推出幾款傑出的軍用飛機設計方案，包括布里斯托M.1單翼戰鬥機和F.2B戰鬥機。他在1921～1923年加入皇家澳洲空軍的技術委員會，之後卻又回到布里斯托（英國及殖民地飛機公司更名），負責設計一些皇家空軍的前線機種，包括鬥牛犬式戰鬥機和布倫亨式轟炸機。1938年8月2日，他駕駛自行設計的輕型飛機時發生意外而喪命。

法蘭克·惠特爾爵士（1907～1996）
Sir Frank Whittle

在皇家空軍受訓成為飛行員，之後加入中央飛行學校（CFS）擔任教官，在此期間研究燃氣渦輪推進的原理，接著研發出以這些原理為基礎的引擎並取得專利。儘管官方態度冷漠，他堅持在1936年建立自己的動力噴射公司（Power Jets），設計實際可運作的噴射引擎。英國空軍部和他簽約，進而開發出W.1引擎安裝在格羅斯特E.28/39噴射試驗機上，於1941年5月15日在克蘭威爾（Cranwell）試飛，成為英國第一架噴射機。惠特爾繼續擔任空軍部的技術顧問一段時間，之後移民美國。

芮金納德・約瑟夫・米契爾（1895〜1937）
Reginald Joseph Mitchell
歷史上最傑出的飛機設計師之一。先是在一家蒸汽機車頭製造商擔任學徒，之後進入超級馬林公司，並迅速升任該公司的首席設計師。他負責設計在1931年為英國公開贏得史奈德盃的S.6系列水上飛機，還有一些成功的水陸兩用飛機，以及二戰期間不朽的噴火式戰鬥機。

阿貝托・桑托斯-杜蒙（1873〜1932）
Alberto Santos-Dumont
巴西人，1891年前往法國，並開始搭乘熱氣球，逐漸對設計和建造飛船產生興趣，1901年駕駛他打造的飛船環繞艾菲爾鐵塔。之後他又嘗試設計飛機，到了1906年時，他的14-bis試驗機在歐洲進行首次持續動力飛行，後來的少女號（Demoiselle）輕型單翼飛機也是成功的設計。不過他在1910年被診斷出罹患多發性硬化症，因此決定返家，最後在1932年自殺。

阿賀曼德・德佩杜桑（1864〜1924）
Armand Deperdussin
他和設計師貝歇羅（Louis Bechereau）設計了一系列早期的單翼機，其中一款在1912年贏得戈登・班尼特盃，另一架在安裝浮筒之後成為次年史奈德盃（Schneider Trophy）的得主。儘管有這樣的成績，他的公司依然經營不善。他在1913因為盜用公款被逮捕，但受到寬待，不過卻在1924年自殺。

阿道夫・卡爾・羅爾巴赫（1889〜1939）
Adolf Karl Rohrbach
曾先後為多家公司工作，包括布洛姆-佛斯（Blohm und Voss）造船廠、齊柏林工廠（他在那裡遇見多尼爾）和斯塔肯（Staaken）企業（他在那裡擔任總設計師）。他設計出概念創新的E.4/20，這是一款四引擎全金屬結構設計的飛機，在1920年首飛，公認是現代客機的先驅。

阿爾佛列德・維克多・威維爾（1890〜1970）
Alfred Victor Verville
1914年加入柯蒂斯的團隊，協助設計珍妮式（Jenny）教練機和其他飛機，之後加入政府的航空勤務工程部（Air Service Engineering Division）。曾前往歐洲學習歐洲大陸的飛機設計而受到啟發，返回後設計出VCP系列戰鬥機，其競速機型在1920年贏得普立茲盃（Pulitzer Trophy）。他之後設計的R-3單翼機於1924年又贏得普立茲競賽。他在1928年創辦自己的公司，但只營運了四年。

阿爾廷・伊凡諾維奇・米高揚（1905〜1970）
Artyem Ivanovich Mikoyan
畢業於伏龍芝軍事學院（Frunze Military Academy）和祖可夫斯基空軍學院，之後進入波利卡爾波夫設計局，最後則和古列維奇合作建立米高揚-古列維奇設計局。他們設計出一系列經典戰鬥機，從二戰時期的MiG-1、MiG-3，再來是早期的Mig-9和鼎鼎大名的MiG-15噴射機，直到今天的MiG-25、27與29。

阿赫芒・杜福（1883〜1941）和
亨利・杜福（1879〜1980）
Armand Dufaux & Henri Dufaux
這對瑞士兄弟就和許多先驅一樣，原本是腳踏車和摩托車的工程師，但他們卻把注意力轉向模型

直升機，並於1905年在巴黎展示一架。五年後他們又展示了一架更大的直升機／滑翔機，隨後把重點轉向定翼機設計，其中一架於1910年時沿著日內瓦湖（Lake Geneva）飛行。

保羅・瓦德・史賓塞・布爾曼（1896～1963）
Paul Ward Spencer Bulman

他比較令人熟悉的稱呼是喬治・布爾曼（George Bulman），是一戰結束到二戰爆發的戰間期裡的頂尖試飛員之一，首先是在英國法茵堡的皇家航空研究院（Royal Aircraft Establishment），之後則是在京斯頓（Kingston）的霍克飛機公司（Hawker Aircraft）。他之後成為霍克飛機公司的領導人，但在1945年放棄這個職位並創辦自己的事業。

保羅・科爾紐（1881～1944）
Paul Cornu

原是一名汽車銷售業務員，但對垂直起飛有興趣，而在20世紀初期開始設計模型直升機，之後在1907年設計出全尺寸可載人的機型，具備兩組旋翼，動力來源是一具24馬力的安托瓦內特引擎。據說1907年11月時曾在法國利雪附近升空，但飛行距離不長，它的可行性一直受到質疑。

哈利・霍克（1889～1921）
Harry Hawker

澳洲移民，因為對工程懷有熱情而前往英國，並在1912年進入索普威斯飛機製造公司工作，迅速成為該公司的試飛員，對他們的飛機設計投入相當多努力。1919年嘗試和海軍少校格利夫（Mackenzie Grieve）飛越大西洋，但最後在水上迫降並獲救。1921年7月試飛紐波特蒼鷹式戰鬥機時發生意外而喪命。

「威利」・艾密爾・梅塞施密特（1898～1978）
'Willy' Emil Messerschmitt

航空史上最赫赫有名的人物之一，設計過經典的Bf 109戰鬥機，以及世界第一架投入作戰的噴射戰鬥機Me 262。1913年開始建造並測試滑翔機，1923年開設自己的設計公司，1926至1938年間實際上的飛機生產工作則由巴伐利亞飛機製造廠（Bayerische Flugzeugwerke, BFW）負責。1969年時，他協助在西德成立梅塞施密特-博爾科-布洛姆（Messerschmitt-Bölkow-Blohm）公司。

威廉・山繆・漢森（1812～1888）
William Samuel Henson

1840年建造實驗性質的滑翔機模型，並在兩年後繪製出蒸汽動力飛機的藍圖。1843年成立空中蒸汽運輸公司（Aerial Steam Transit Company）而引發大眾猜測，認為「空中蒸汽客車」即將出現。漢森之後進行測試但以失敗告終，不過在他退休後，其夥伴史特林菲洛（John Stringfellow）接手研發工作。

威廉・布許內爾・斯托特（1880～1956）
William Bushnell Stout

先是擔任《芝加哥論壇報》（Chicago Tribune）的航空編輯，之後又創辦《航空時代雜誌》（Aerial Age）。1919年建立斯托特工程實驗室（Stout Engineering Laboratories），建造稱為蝙蝠翼（Batwing）的先進單翼機。接著又在

威廉·波音

奧維爾·萊特

1922年創辦斯托特金屬飛機公司（Stout Metal Airplane），開始設計大型懸臂式單翼機，最耀眼的成績是1928年的4-AT三引擎運輸機，不過這時斯托特已經把他的公司賣給福特了。

威廉·波音（1881～1956）
William E. Boeing

原是一名木材商人，在1916年創辦太平洋航空產品公司（Pacific Aero Products），並在次年更名為波音飛機公司（Boeing Airplane Company）。他在一戰結束到二戰爆發的戰間期裡生產了一些傑出的戰鬥機（F4B/P-12家族），但就在二戰前，他開始把重點集中在重型轟炸機，當中尤以B-17堪稱最優異的產品，成為整場大戰中美國陸軍航空軍轟炸機部隊的中流砥柱。接著是創新的B-29超級堡壘式，之後是噴射動力的B-47與B-52，後者直到今天依然在服役。從1933年的247型（Model 247）開始，波音就成為世界頂尖的客機製造商，之後又有堪稱里程碑的707，直到今日所見的747以及後繼機種。

威廉·塞夫頓·布蘭克爵士（1877～1930）
Sir William Sefton Brancker

民間航空領域的佼佼者之一，卻不幸死於R101飛船的意外悲劇。他曾在南非和印度服役，之後在1896年加入英國皇家砲兵。他在1913年學習飛行，並在一戰期間擔任多個重要行政職務。

威爾伯·萊特（1867～1912）和
奧維爾·萊特（1871～1948）
Wilbur Wright & Orville Wright

航空界偉人

他們設計並建造世界上第一架可以依靠動力和操控維持飛行的飛機，也就是1903年12月17日在北卡羅來納州基蒂霍克（Kitty Hawk，又稱小鷹鎮）成功飛行的飛行者。這架最早的飛機在1905年發展成飛行者三號，成為第一架有能力維持長時間且反覆飛行的飛機。他們又以原始設計為基礎開發出一系列機型，例如1908年的A型機就是世界上第一架軍用飛機。萊特兄弟的想法和布局在世界各地都有人頻繁仿效，但他們的事業卻因為不間斷的專利爭奪而飽受阻擾。

查爾斯‧金斯福德‧史密斯爵士
（1897～1935）
Sir Charles Kingsford Smith

一戰期間服役於皇家飛行兵團（RFC），之後進入西澳大利亞航空（Western Australian Airways）。他飛過數趟開拓航線的飛行，包括第一趟跨太平洋飛行，他駕駛福克F.VII南十字星號三引擎飛機從美國飛往澳洲。他在駕駛洛克希德牛郎星式（Altair）單引擎飛機從英格蘭飛往澳洲時，在緬甸附近墜機身亡。

查爾斯‧奧古斯都‧林白（1902～1974）
Charles Augustus Lindbergh

1922年學習飛行，接著先後加入飛行馬戲團、美國陸軍航空兵團以及航空郵件公司。當獎勵第一趟從紐約到巴黎中途不落地飛行的獎項公布後，他立即尋求資助，並勸說瑞恩公司打造聖路易精神號單翼機，最後在1927年5月20～21日完成這項壯舉，頓時成為世界名人。不過到了二次大戰初期，他因為強烈支持美國應該保持中立不涉入衝突，變得不受歡迎。他在戰後加入泛美航空擔任顧問。

查爾斯‧林白

珍‧巴滕（1909～1982）
Jean Batten

紐西蘭人，她在1932年前往英格蘭學習飛行。1934年5月，她耗時14天22小時30分鐘從林普尼飛往達爾文（Darwin），共計16,898公里，創下女性從英格蘭單飛前往澳洲的紀錄。次年又耗時17天16小時15分鐘往回飛，成為第一位單人駕機往返英格蘭和澳洲的女性。1935年時，她又成為第一位從英格蘭單飛前往南美的女性，1936年則首度完成英格蘭到紐西蘭不落地直飛的壯舉。

約翰‧史特林菲洛（1799～1883）
John Stringfellow

他是威廉‧漢森的夥伴，當威廉離開前往美國後

繼續承接工作，在1848年建造了一架蒸汽動力的單翼機，之後在1868年又建造一架三翼機，不過這些飛機都沒有辦法成功飛行。

約翰・艾爾卡克爵士（1892～1919）
Sir John Alcock

飛行員先驅，他和布朗首度成功駕機中途不落地飛越大西洋。拿到飛行員資格僅三年，他就在1914年從倫敦到曼徹斯特的飛行競賽中獲得第三名。一戰期間，他在英國皇家海軍航空服務隊（Royal Naval Air Service, RNAS）服役，並在愛琴海區域獲頒傑出服務十字勳章（Distinguished Service Cross, DSC），之後被土耳其軍俘虜。他在戰後進入維克斯公司，接著在1919年6月14～15日時和布朗駕駛一架經過改裝的維米式轟炸機從紐芬蘭飛往愛爾蘭，該成就使兩人受封爵士，而這項壯舉比林白更廣為傳頌的飛行早了八年。1919年12月18日，他駕駛維克斯維京式水陸兩用機在法國科泰夫拉爾（Cottévrard）試圖於濃霧中降落時不幸喪生。

約翰・努森・諾斯洛普（1895～1981）
John Knudson Northrop

1916年加入洛克希德兄弟的團隊，七年後則為道格拉斯工作，協助開發世界巡洋航機。之後轉換跑道，在1927年協助建立洛克希德公司。1932年成立諾斯洛普公司（Northrop Corporation），1939年成為完全獨立的諾斯洛普飛機公司（Northrop Aircraft）。到了戰後，這間公司生產了許多第一線機種，像是F-89蠍式攔截機和T-38/F-5教練機／戰鬥機系列，但該公司對全翼機（flying wing）概念的發展則是更加創新的貢獻，尤其是XB-35和當代的B-2轟炸機。

約翰・康寧漢（1917～2002）
John Cunningham

外號「貓眼康寧漢」（Cat's Eyes Cunningham），這是因為他在二戰期間擔任夜間戰鬥機飛行員而博得的傳奇名聲（擊落20架敵機）。他也是第一位在夜間擊落敵機的英軍飛行員。在戰後擔任德哈維蘭的首席試飛員，尤其是參與了跟彗星式噴射客機有關的工作，像是負責駕駛彗星式的處女航，之後還完成環遊世界的壯舉。

約翰・達德利・諾斯（1893～1968）
John Dudley North

自1912年起擔任格雷姆-懷特公司的首席設計師，並擔任奧斯汀（Austin）公司的航空部門經理直到1917年，然後又先後出任博爾頓-保羅飛機公司（BoultonPaul Aircraft）的首席設計師和常務董事。傳世的作品包括越界式（Overstrand）雙翼轟炸機、無畏式有砲塔戰鬥機，此外也參與了時運不濟的R101飛船的設計工作。

胡安・泰瑞・崔普（1899～1981）
Juan Terry Trippe

曾是轟炸機飛行員，在銀行業待了一年，之後陸續創辦長島航空（Long Island Airways）、殖民地空運（Colonial Air Transport）和艾夫科公司（AVCO），目的是要承接美國郵政的服務。最後他在1927年創辦泛美航空，並帶領這間公司成為美國客運／運輸產業首屈一指的公司。

航空界偉人

胡安・德拉・切爾瓦（1895～1936）
Juan de la Cierva

他製造滑翔機和動力飛機，但更有名的地方在於他也是旋翼機概念的投資人和研發者，也就是同時具備傳統推進裝置和旋翼的飛行器。他在1925年從西班牙遷往英格蘭，並和羅伊合作生產一系列旋翼機。他在1926年成立切爾瓦旋翼機公司（Cierva Autogiro Company），許多設計都透過授權在海外生產。他在1936年因墜機殞命。

胡果・容克斯（1859～1935）
Hugo Junkers

當其他飛機設計師正專注在運用木材和布料等材料來打造飛機時，受過良好訓練的工程師容克斯卻投入大量心血研發全金屬飛機，他的第一個作品容克斯J.1就是利用薄鐵片來生產的。之後又陸續打造了多款全金屬飛機，到了一戰後，他的公司生產了許多有瓦楞條紋蒙皮的全金屬客機，當中最引人注目的是Ju 52/3m三引擎運輸機，它是二戰期間德國空軍運輸機部隊的中流砥柱。這間公司還生產了這場戰爭中最知名的兩款飛機——Ju 87俯衝轟炸機和Ju 88雙引擎轟炸機。

迪厄多內・科斯特（1896～1973）
Dieudonné Costes

一戰期間的飛行員（曾擊落八架敵機），之後擔任寶璣的首席飛行員，並在1927年從塞內加爾飛往巴西，成為第一個飛越南大西洋的人，三年後又首度駕機完成從巴黎到紐約的中途不著陸飛行。他還飛過多趟其他破紀錄的飛行，當中包括從巴黎飛往西伯利亞。

韋利・波斯特（1898～1935）
Wiley Post

儘管任職石油公司鑽井時發生意外而瞎了一眼，但還是學習飛行，並成為石油巨擘赫爾（F. C. Hall）的私人飛機駕駛。赫爾贊助波斯特的環遊世界飛行，由蓋提（Harold Gatty）擔任領航員。他們在1931年6月駕駛一架洛克希德織女星式維尼梅號（Winnie Mae）單翼客機完成這項壯舉，僅耗時8天15小時51分鐘。波斯特在兩年後單獨駕駛同一架飛機環遊世界一圈。

唐納德・威爾斯・道格拉斯（1892～1981）
Donald Wills Douglas

他創辦的公司生產過幾款世界上性能相當優越的客機，包括戰前的DC-3，有許多依然服役至今。他的其他成就還包括：為美國海軍生產了許多表現相當亮眼的魚雷轟炸機；1924年時，四架世界巡航機（World Cruiser，之後改稱為DT魚雷轟炸機）首度進行環遊世界飛行，飛了將近42,398公里。二戰後，他的公司生產了一系列客機：DC-6、7、8、9和10，十分暢銷，此外也有一些第一線軍用機如活塞引擎的A-1天襲者式、A-3空中戰士式和A-4天鷹式等攻擊機。

埃爾默・史派利（1860～1930）和
勞倫斯・史派利（1892～1923）
Elmer Sperry & Lawrence Sperry

埃爾默發明陀螺穩定儀，其子勞倫斯在1914年時駕駛一艘柯蒂斯水上飛機成功驗證其功能。埃爾默接著發展出一套定向陀螺儀（directional gyro）系統和供儀器飛行使用的偏航儀（drift indicator，1929年首度驗證成功）。他的兒子另一個貢獻是發明可收回的起落架，但不久後他

就在一趟駕機巡迴歐洲宣傳途中墜毀於英吉利海峽而喪命。

庫特・瓦爾德馬・譚克（1898～1983）
Kurt Waldemar Tank

就讀柏林高等工業學院（Berlin Technical High School）電機工程時對滑翔機產生興趣，因而創辦大學飛行社（Akaflieg）。他和羅爾巴赫共事五年之後，在1929年加入梅塞施密特公司，1931年加入福克-沃爾夫公司，並在當年成為設計主任。最馳名的設計作品就是Fw 190戰鬥機與戰鬥轟炸機系列。戰後為阿根廷和印度設計飛機。

恩斯特・漢克（1888～1958）
Ernst Heinkel

起初打造早期的箱型風箏結構飛機，之後陸續進入航空交通公司（LVG）、信天翁飛機製造廠和漢莎-布蘭登堡（Hansa-Brandenburg）等公司，直到1922年才創辦自己的公司，專門研發生產教練機和戰鬥機、水上飛機等。這家公司生產過一些創新且傑出的飛機，像是He 176（世界第一架火箭動力飛機）、He 178（世界第一架渦輪噴射飛機）、He 111（二戰初期德國空軍轟炸機部隊主力）還有He 219貓頭鷹式（Uhu）夜間戰鬥機等。

格倫・哈蒙德・柯蒂斯（1878～1930）
Glenn Hammond Curtiss

原本是腳踏車製造商，不過加入了貝爾的航空實驗協會，開始為他們設計飛機，包括他曾在1908年駕駛過知名的六月金龜子號。最知名的貢獻是世界上第一架實用的水上飛機，以及一戰期間的JN「珍妮式」教練機。他在一戰結束前創辦自己的公司，並持續生產性能優異的飛機（包括著名的鷹式戰鬥機系列）直到二戰後。

格羅佛・克利夫蘭・洛寧（1888～1976）
Grover Cleveland Loening

第一個拿到美國航空科學碩士學位的人。1911年進入皇后飛機公司（Queen Aircraft Corporation），到了1914年則在聖地牙哥擔任美國陸軍的首席航空工程師。他在1917年創立飛機製造公司，專精於兩棲飛機（例如OL系列），不過當他的公司被柯蒂斯-萊特合併後，他就離開並另起爐灶，創辦格羅佛・洛寧飛機公司（Grover Loening Aircraft Company），但這間公司發展就沒有那麼好了。

海因里希・卡爾・約漢・福克博士（1890～1979）
Dr Heinrich Karl Johann Focke

一戰時期的德軍飛行員，之後在1924年時和沃爾夫（Georg Wulf）一起創辦福克-沃爾夫公司，生產了相當多性能表現良好的飛機，包括Fw 200客機／偵察機和Fw 190系列戰鬥機及戰鬥轟炸機。不過福克後來遭納粹逐出公司，接著創辦福克-阿赫吉利斯公司，集中精力設計並生產旋翼機，其中一款FA 223龍式直升機達到可投入生產的狀態。

海勒姆・史蒂文斯・馬克沁爵士（1840～1916）
Sir Hiram Stevens Maxim

美國人，1881年移居英國，並說服金主拿出資金，資助由一對蒸汽引擎驅動的巨大飛機設計方案。這個機械之後在鑽井架上進行測試，儘管它

確實升到空中，但由於缺乏有效的控制系統，最後導致它滑落並嚴重損壞。從此以後沒有人願意再提供資金，他的發明也就這麼煙消雲散，不過他發明的機關槍卻源源不絕地生產出來。

馬克·伯基特（1878～1953）
Mark Birkigt

西班牙-瑞士公司（Hispano-Suiza）的創辦人，剛開始時專注於生產汽車，但他在一戰時對航空引擎產生興趣並研發出幾款可靠的設計，尤其是為法國斯帕德戰鬥機和英國S.E.5a型單座戰鬥機開發的V8引擎。繼西斯帕諾之後，集中精力開發空用機砲，其20公厘機砲成為二戰期間及之後最廣泛使用的武器之一。

馬塞爾·布洛赫（1892～1986）
Marcel Bloch

布洛赫是法國航空史上最響亮的名字之一。早年他在一間航空實驗室工作，之後進入莫里斯·法爾曼的工廠。他在第一次世界大戰期間和波特茲合作，先生產飛機螺旋槳，之後生產飛機。他在1930年代創辦馬塞爾·布洛赫飛機公司（Avions Marcel Bloch），並提出幾款第一線戰鬥機的設計，像是MB.152。戰爭結束後，他把公司名稱改為達梭，之後成為歐洲最重要的飛機製造企業之一，生產了著名的幻象家族三角翼噴射機。

堀越二郎（1903～1982）
Jiro Horikoshi

東京大學畢業，1927年加入三菱電機公司，迅速升任設計總監，先後設計過96式（Type 96，盟軍代號Claude）固定起落架戰鬥機，不朽的A6M零式（盟軍代號Zeke）和J2M雷電式（盟軍代號Jack）等戰機。

理察·艾佛林·柏德（1888～1957）
Richard Evelyn Byrd

最偉大的極地飛行家之一，曾因為飛越北極而榮獲美國國會榮譽勳章（Congressional Medal of Honor），不過之後人們發現柏德和貝內特（Floyd Bennett）的福克三引擎（Fokker Trimotor/F.VII）飛機事實上根本就沒有到達目的地。柏德也參與了1919年駕駛柯蒂斯NC系列水上飛機飛越大西洋的計畫，不過還是比不上林白在1927年單獨飛越大西洋。1930年代，他把注意力轉向南極並在當地執行多場遠征探險。

理察·特拉維斯·惠特康（1921～2009）
Richard Travis Whitcomb

1943年接受美國國家航空諮詢委員會（National Advisory Committee for Aeronautics, NACA）的委託，研究超音速飛行以及伴隨而來的氣流問題，之後因為發現面積法則而榮獲科利爾獎（Collier Trophy）。他也率先研發超臨界機翼（supercritical wing）和翼尖小翼，降低阻力的同時改善快速噴射機的表現。

理察·費爾雷爵士（1887～1956）
Sir Richard Fairey

1911年加入鄧恩（J. W. Dunne）的飛機公司協助建造無尾飛機，之後又加入休特兄弟的飛機公司成為首席工程師。他在1915年創辦自己的公司，設計並生產一系列以海軍用為主的成功飛機，直到二戰後。費爾雷的知名產品包括：費爾雷III系列、劍魚式雙翼機、戰後的塘鵝式反潛／

早期空中預警機，還有打破飛行速度世界紀錄的三角洲2式研究用噴射機。

勞倫斯・哈格雷夫（1850～1915）
Lawrence Hargrave

發明箱型風箏，是許多最早期飛機採用的基本結構。他是英格蘭人，之後移居澳洲學習工程學，並開始生產以壓縮空氣為動力的模型，後來打造了旋轉引擎的原型。他的全尺寸滑翔機部分成功，但研發有飛行員操控的動力飛機卻失敗。

勞倫斯・戴爾・貝爾（1894～1956）
Lawrence Dale Bell

1912年加入格倫・L・馬丁公司（Glenn L. Martin），並晉升副總裁和總經理。1925年1月離開這間公司，三年後加入團結飛機公司。在1935年創辦貝爾飛機公司（Bell Aircraft），並在二戰期間生產P-39空中眼鏡蛇式、眼鏡王蛇式戰鬥機、噴射動力的P-59空中彗星式戰鬥機，以及二次大戰後的火箭動力X-1（世界第一架在水平飛行過程中超越音速的飛機）。這間公司之後把工作重點放在直升機上，生產出知名的噴射遊騎兵式、易洛魁式和休伊眼鏡蛇式等機種。

喬治・凱萊爵士（1773～1857）
Sir George Cayley

被譽為「飛機之父」，他建立了航空科學，並最早設計出符合空氣動力學、重於空氣的機器，包括動力和無動力，不過都不可載人。1849年時，他設計的一架飛機成功搭載一名兒童升空。他也是一名多產的發明家，有許多重要的創新設計如義肢、履帶曳引機等。

1837年時凱萊設計的飛船

喬治・愛德華茲爵士（1908～2003）
Sir George Edwards

1928年進入維克斯航空（Vickers Aviation），在首席設計師皮爾森（R. K. Pierson）領導下協助研發該公司的軍用機種，包括籠式機身設計的衛斯理式和威靈頓式轟炸機。1945年升任首席設計師，負責設計傑出的VC2子爵式客機，可說是最早的渦輪螺旋槳動力飛機。1963年擔任英國飛機公司（BAC，下轄維克斯）主席，並服務到1975年。

喬福瑞・德哈維蘭爵士（1882～1965）
Sir Geoffrey De Havilland

世界最知名飛機製造商之一的創辦人，生產過許多傑出的飛機：像是蛾式（Moth）輕型雙翼機、二戰期間多功能的蚊式轟炸機、DH.108單座噴射機（英國第一架超越音速的飛機）還有彗星式噴射客機。他在1908年就製造第一架飛機，名氣漸響之後，他甚至取得官方身分在法茵堡皇家飛機工廠擔任設計師和試飛員，生產多款知名機種如B.E.1和F.E.2轟炸機。在創辦自己的公司之前，他還曾經為艾爾科（Airco）設計過幾款成功的飛機，例如DH.2戰鬥機、DH.4和DH.9轟炸機等。

湯馬斯・奧克塔夫・默多克・索普威斯爵士（1888～1989）
Sir Thomas Octave Murdoch Sopwith

原本是熱氣球駕駛員，之後開始把興趣放在重於空氣的航空器上，1912年創立索普威斯飛行學校（Sopwith Flying School），隨後又開設索普威斯飛機公司（Sopwith Aviation Company），而該公司的「轟動小報」（Tabloid）飛機贏得

湯馬斯・索普威斯爵士

1914年的史奈德盃競賽。這項成就給他帶來動力，研發出一系列非常成功的軍用機，像是幼犬式、駱駝式等戰鬥機。一戰後這間公司陷入低迷，絕大部分資產都被新設立的霍克工程公司（H. G. Hawker Engineering Company，之後的霍克飛機）接收，而索普威斯則成為聯席董事總經理。

萊茵霍德・普拉茨（1886～1966）
Reinhold Platz

原是技巧純熟的焊接工人，1912年進入福克公司工作，把他的金屬加工技術帶進這間公司，而福克也開始相信用鋼管結構打造飛機的優點，因此使該公司揚名立萬的軍用單翼機和雙翼機都採用了這種工法。他迅速升任首席設計師，領導團

隊生產出傳奇性的Dr.I三翼戰鬥機和D.VII雙翼戰
鬥機。

萊瑪・荷坦（1915～1994）和
華爾特・荷坦（1913～1998）
Reimar Horten & Walter Horten

無尾翼滑翔機（飛行翼）的設計師和製造商，成
就的巔峰是有動力的單座Ho IX（Go 229）型戰
鬥機。Go 229 V2配備渦輪噴射引擎，並曾經以
這種狀態短暫飛行，達到時速966公里。不過隨
著戰爭結束，這款飛機的量產計畫也跟著中止。

費利克斯・杜坦普（1823～1890）
Félix Du Temple

法國航空先驅，早在1850年代中期就成功製造
出發條和蒸汽驅動的飛行機械模型，當中有一組
還配備了最早的可收回式起落架。1874年時，
更大且能夠載人的單翼機成功起飛，但無法持續
飛行、也不能加以控制。

隆納德・艾瑞克・畢曉普（1903～1989）
Ronald Eric Bishop

最初在德哈維蘭公司當學徒，日後升任公司的設
計主任。他負責多種飛機的設計，包括著名的雙
引擎蚊式轟炸機和大黃蜂式戰鬥機、吸血鬼式
（最早的噴射戰鬥機之一）和彗星式噴射客機。
目前的寧錄式海上偵察機就是從彗星式衍生而
來。

雅各・克里斯提安・漢森・埃勒哈默
（1871～1946）
Jacob Christian Hansen Ellehammer

丹麥發明家，早在1905至1906年間就建造並

測試一架無人飛機，和一架更大的三翼機。自
1907年起成功地在多種場合公開展演，此外還
建造了許多實驗飛機。

塞繆・阿列克謝耶維奇・拉沃契金
（1900～1960）
Semyon Alekseyevich Lavochkin

在莫斯科學習工程，之後進入中央設計局，接著
又進入新設計局（Bureau of New Design）。
1938年和戈爾布諾夫（V. P. Gorbunov）及古
德科夫（M. I. Gudkov）合作，設立另一間獨立
的設計局，並生產出LAGG-1戰鬥機，甚至以這
架飛機為起點生產出一系列成功的戰鬥機，最
顛峰的成果就是La-11。到了戰後，這間設計局
設計並建造蘇聯第一架配備後燃器的噴射機La-
150M、第一架有後掠翼的噴射機La-160，但設
計局在1960年關閉。

奧克塔夫・沙努特（1832～1910）
Octave Chanute

原本是受過訓練的土木工程師，但逐漸培養出對
航空的興趣，著有《飛行機械的進步》（Progress
in Flying Machines）一書，於1894年出版。他對
飛機發展的主要貢獻在於懸掛式滑翔領域，像是
普拉特（Pratt）桁架支撐系統就是由他所創。他
和萊特兄弟互動密切，當歐洲的飛行愛好者正開
始汲汲於從事早期飛行活動時，他就把萊特兄弟
的成果引進歐洲。

奧斯瓦德・博爾克（1891～1916）
Oswald Boelcke

第一次世界大戰期間技巧最高超、最知名的戰鬥
機飛行員之一。他發展出一系列空戰「規則」，

奧斯瓦德‧博爾克

愛蜜莉亞‧艾爾哈特

成為所有胸懷大志的德國戰鬥機飛行員都必須學習的教範。他曾獲頒鐵十字勳章（Iron Cross）和功績勳章（Pour le Mérite），之後在1916年10月死於一場飛行意外。

奧圖‧李林塔爾（1848～1896）
Otto Lilienthal

普魯士出生的李林塔爾是公認的偉大航空先驅，他是《鳥類飛行作為飛行藝術的基礎》（*Der Vogelflug als Grundlage der Fliegekunst*）一書的作者，自1890年起開始實驗滑翔翼，最重要的成果是1894年的11號單翼滑翔機。他的滑翔機相當成功，為世界各地其他飛行先驅生產了不少滑翔機。他日後在駕駛滑翔機飛行的途中因墜機而身亡。

愛蜜莉亞‧艾爾哈特（1897～1937）
Amelia Earhart

也許是有史以來最受歡迎的女性飛行家。她在1927年時成為第一位飛越大西洋的女性（儘管是以乘客身分），之後獨立締造各項飛行紀錄。她是第一位駕機橫跨美國東西岸的女性，並在1932年成為第一位飛越大西洋的女性。1937年時，她駕駛洛克希德伊萊翠式輕型客機以環繞世界一圈為目標，但就此失蹤，據推測已經喪生。

愛德華‧亨利‧海涅曼（1908～1991）
Edward Henry Heinemann

1926年加入道格拉斯擔任製圖員，之後進入諾斯洛普，又再回到道格拉斯，進入設計辦公室。他迅速崛起，負責二戰期間和戰後初期道格拉斯

大部分軍用機的設計，包括SBD無畏式轟炸機、F3D空中騎士式戰鬥機以及A-4天鷹式輕型攻擊轟炸機等。

詹姆士・史密斯・麥克唐納（1899～1980）
James Smith McDonnell

1925年獲得航空工程學位，1920和1930年代為多個組織或單位工作，直到1939年創辦自己的麥克唐納飛機公司（McDonnell Aircraft Corporation）。這間公司成長迅速，設計並生產了FD/FH（美國海軍第一款艦載噴射機）、F2H女妖式戰鬥機，以及大獲成功的F4F/F-4幽靈II式系列戰鬥機。

詹姆士・艾倫・莫利森（1905～1959）
James Allan Mollison

1923年加入皇家空軍服役，學習飛行後在1928年退伍，並加入位於阿得雷德（Adelaide）的澳洲航空俱樂部（Australian Aero Club），之後進入澳洲國家航空（Australian National Airways）。曾創下多項紀錄，像是澳洲–英格蘭單人飛行（1931年）、英格蘭–開普敦（1932年）和大西洋東–西（1932年）等飛行。他和艾米・強森結婚。

詹姆士・杜立德（1896～1993）
James H. Doolittle

美國航空史上最卓越顯赫的人物之一。1922年成為第一個完成橫越美國不落地飛行的人，三年

詹姆士・麥克唐納　　　　　　　　詹姆士・杜立德

之後駕駛柯蒂斯水上飛機贏得史奈德盃。他在1932年創下新的飛行速度世界紀錄，還成為儀器飛行（對應目視飛行）的先驅。最留名青史的事蹟是1942年的「杜立德空襲」：率領一隊由航空母艦搭載的米契爾式轟炸機空襲日本，之後還指揮了第15和第八航空軍。

賈桂琳·科克倫（1906～1980）
Jacqueline Cochran

1953年駕駛F-86軍刀式戰鬥機突破音障，成為第一位駕駛飛機突破音障的女性而聞名。原本是一位美容師，但在1932年學習飛行，隨即參與飛行競賽，並在1938年贏得班迪克斯盃（Bendix Trophy）。她協助建立女子航空勤務飛行隊（Women's Air Force Service Pilots, WASPs），在第二次世界大戰期間負責國內的飛機渡運作業。

路易·布萊里奧（1872～1936）
Louis Blériot

布萊里奧身為在1909年7月第一位飛越英吉利海峽的飛行家而聞名。在進入航空領域前，布萊里奧有許多年的時間擔任動力車輛車燈的設計師和製造商，他把這項事業的營收拿來投資飛機生產，並和瓦贊兄弟合作，生產一系列實驗機種（當中大部分都失敗），之後才完成飛越海峽的壯舉。在創下這項歷史性紀錄後不久，他就放棄飛行，但他創辦的布萊里奧航空公司（Société Blériot Aéronautique）依然繼續營運了好幾年。

路易·寶璣（1880～1955）
Louis Bréguet

自1907年起擔任飛機設計師和製造商，最知

路易·布萊里奧

名的產品是一戰時的寶璣XIV偵察機。他創辦航空通信公司（Compagnie de Messageries Aériennes），這間公司之後成為法航，在1971年和達梭合併。目前的飛機中，寶璣有和英國合作生產推出美洲豹式戰鬥轟炸機。

雷蒙·索尼耶（1881～1964）
Raymond Saulnier

工程師，1908年時受雇於布萊里奧公司，負責在1909年首度飛越英吉利海峽的布萊里奧XI飛機研發工作。他之後創辦公司，但以失敗告終。接著和莫蘭兄弟、波雷一起經營事業，當波雷離開後就成立莫蘭-索尼耶公司，生產一系列單翼機和第一線戰鬥機，直到二戰。

漢斯·格拉德（1879～1946）

Hans Grade

1909年5月，成為第一個在德國境內駕機飛行成功的德國人。1911年開設漢斯‧格拉德飛機製造廠（Hans Grade Fliegerwerke），但沒多久就被更大的飛行家公司併購。

漢斯‧馮‧奧海恩（1911～1998）
Hans von Ohain

這位先驅對航空發展所做的貢獻經常被人遺忘。他在1930年代埋首研究渦輪噴射推進，並在1937年9月獲得漢克的贊助，成功用一部引擎進行基準功能測試，直接促成世界第一架渦輪噴射機He 178的誕生。戰後他移居美國，成為航空推進實驗室（Aero Propulsion Laboratory）的首席科學家。

維吉尼斯‧E‧克拉克（1886～1948）
Virginus E. Clark

美國海軍學院（United States Naval Academy）的工程師，在1917年進入美國國家航空諮詢委員會（NACA）負責設計、研發改良的機翼，當中值得注意的是「克拉克Y翼」（林白的聖路易精神號就使用這種機翼）。其他比較知名的貢獻包括：研發飛機的低阻力引擎整流罩；發明一種由塑膠和木材製成、稱為杜拉模（Duramold）的複合材料，可應用在飛機製造領域。

赫伯特‧辛克勒（1892～1933）
Herbert Hinkler

澳洲人，一戰時在皇家海軍航空隊服役，之後進入阿夫羅公司擔任試飛員。他曾飛過幾趟開拓航線的飛行，其中一趟是從英國克羅伊登到拉脫維亞首都里加（Riga）的不著陸飛行（1,931公里），以及單獨從英格蘭飛往澳洲，是第一位單獨飛越南大西洋的人。他在另一趟從英格蘭飛往澳洲的航程途中喪命。

齊格蒙特‧普拉斯基（1901～1931）
Zygmunt Pulawski

波蘭最重要的設計師之一。曾就讀華沙技術大學（Warsaw Technical University），之後移居法國為寶璣公司工作。返國後加入國營航空廠擔任設計師，設計出一系列成功的戰鬥機，從鷗式翼的波蘭國家航空工程（PZL）P.1開始逐漸發展到靈活刁鑽的P.11戰鬥機。

歐雷格‧安托諾夫（1906～1984）
Oleg Antonov

18歲時打造他的第一架滑翔機，並在列寧格勒理工學院（Leningrad Polytechnic Institute）繼續

歐雷格‧安托諾夫

他的工作。他在1930年代成為莫斯科滑翔機製造廠（Moscow Glider Factory）的首席設計師，之後在1938年加入雅克列夫的團隊進行研究輕型飛機的工作，隨後遷往沙拉托夫（Saratov）在當地參與A-7運兵滑翔機的研發工作。二戰後，他在新西伯利亞（Novosibirsk）建立自己的設計局，之後搬遷到基輔。在戰後的年代裡，這間設計局生產了一系列知名運輸機：An-2、An-10、An-12、An-22、An-24、An-124和An-225等。

諾埃爾·彭伯頓·比林（1881～1948）
Noel Pemberton Billing

1909年時在英國艾塞克斯（Essex）的范布里奇（Fambridge）打造了一架小型飛機場。他和亨德利·佩吉打賭可以在一天之內學會飛行，結果贏得賭注，然後就把贏到的500英鎊拿來設立自己的公司，生產水上飛機。他在一戰期間曾經協助英國皇家海軍航空隊策畫攻擊位於腓特烈港的齊柏林飛船機庫，不過沒多久便放棄飛機設計的事業，轉而從政、進軍國會，他的公司幾經轉變後來成為知名的超級馬林飛機製造廠（Supermarine Aviation Works）。

霍芮斯·倫納德·休特（1872～1917）、
阿爾貝爾特·尤斯塔斯·休特（1875～1932）
和休·奧斯瓦德·休特（1883～1969）
Horace Leonard Short & Albert Eustace Short
& Hugh Oswald Short

阿爾貝爾特和休學習熱氣球飛行，並迅速展開自己的生產事業，但是到了1908年時對重於空氣的航空器愈來愈有興趣，於是開始轉型成設計、生產飛機，此時霍芮斯加入他們的行列。他們

專精於水上飛機，包括一戰的184型、827/830型和320型。1914年7月27日時，休特水上飛機121號進行了世界上第一次魚雷空投。這間公司不斷成長茁壯，生產出二戰期間的斯特靈式重型轟炸機和傑出的桑德蘭式水上飛機。戰後，該公司設計並生產像是S.C.1垂直起降噴射機、空中貨車式輕型客機等尺寸較適中的飛機。

霍華德·休斯（1905～1976）
Howard Hughes

休斯因為行徑古怪而聞名。1927年學習飛行並參加飛行競賽，還專門創辦公司來從事這項活動。1935年駕駛他的H-1競賽飛機締造新的飛行時速世界紀錄——566.6公里；1938年駕駛洛克希德14型超級伊萊翠式運輸機打破環遊世界紀錄，僅耗時91小時17分鐘。二戰後，他建造H-4水上飛機（雲杉鵝），這是世界上最大的飛機，但只飛過一趟。

霍華德·休斯

謝爾蓋‧弗拉迪米洛維奇‧伊留申（1894～1977）
Sergei Vladimirovich Ilyushin

1917年加入俄國陸軍並成為合格飛行員，1926年空軍工程學院畢業後擔任設計師，進入蘇聯空軍的行政部門，最後升任主管。1931年進入中央設計局，致力於設計長程轟炸機：像是TsKB-56雙引擎轟炸機、TsKB-26長程轟炸機，以及作品當中最知名的TsKB-57衝鋒式對地攻擊機（更廣為人知的稱呼是伊留申II-2攻擊機，是世界上生產數量最多的飛機）。他的公司在戰後設計並生產II-28雙噴射引擎轟炸機和一些成功的客機。

羅伊‧查德威克爵士（1893～1947）
Sir Roy Chadwick

1911年時擔任羅伊（A. V. Roe）的個人助理，並在後者的公司於1913年成立時加入。他在一戰期間步步高升，到了1919年時已經是該公司的首席設計師，隨後參與了所有機種的設計工作。他最有名的作品是阿夫羅蘭卡斯特式轟炸機。1947年8月時，因為都鐸式客機的原型機墜毀而喪生。

羅伊‧費登爵士（1885～1973）
Sir Roy Fedden

原本是汽車工程師，之後負責為英國的巴西-斯崔克（Brazil-Straker）公司監督授權生產的飛機引擎製造過程。這間公司在1920年時被布里斯托合併，他當時擔任技術總監負責1930和1940年代的水星式、海克力斯式等星型引擎產品。二戰後期，他擔任英國政府飛機生產部（Ministry of Aircraft Production）的技術顧問。

羅伯特‧布萊克本（1885～1955）
Robert Blackburn

布萊克本飛機暨引擎公司（Blackburn Aeroplane & Motor Company）的創辦人，這間公司在航空領域占有一席之地。從1909年草創時期開始，就專注在各類型海軍用飛機的研發工作，一戰結束到二戰爆發的戰間期裡還發展水上飛機。知名設計包括飛鏢式、里朋式（Ripon）和巴芬式（Baffin）魚雷轟炸機、二戰期間的賊鷗式戰鬥轟炸機，以及戰後堪稱是該公司最偉大產品的海盜式艦載攻擊機。

羅伯特‧恩諾-佩爾特里（1881～1957）
Robert Esnault-Pelterie

法國航空先驅，自1904年起開始建造滑翔機。1907年建造了一架有動力的單翼機REP 1，次年又造出REP 2，後者曾進行過多趟驗證飛行。他的創新之一為導入配備翼尖控制面的飛機。

羅蘭‧塞甘（1883～1944）和
路易‧塞甘（1869～1918）
Laurent Seguin & Louis Seguin

路易和他同父異母的弟弟羅蘭在1905年合作生產汽車引擎，之後兩人和他們的諾姆引擎公司（Société des Moteurs Gnome）著手設計一種全新概念的引擎——供飛機使用的星型引擎。第一款星型引擎在1908年生產，隨後這個概念廣受各方喜愛，因為它的重量輕且不需要散熱器。這種引擎迅速普及，一戰時有許多飛機都有配備。

飛機的武器裝備

火砲

在最早的時候，飛行員和觀察員都會配備手槍和步槍並帶上飛機，之後就開始將這些武器安裝在轉軸座上成為機槍。不過真正的突破是1915年同步裝置的研發，讓機槍發射的子彈得以穿過螺旋槳旋轉的範圍，卻又不會打壞螺旋槳，如此一來可以讓整架飛機對準目標而非只有機槍對準而已。最早的戰鬥機（或是最早人們所知的偵察機）因此誕生，也就是第一種設計專門用來戰鬥的飛機。絕大部分戰鬥機都配備一或兩挺步槍口徑的機槍，有各種不同的配置方式；轟炸機則擁有一個或更多防禦位置，全都配備安裝在轉軸座上的機槍。

到了1930年代初期，飛機的速度只有微幅提升，武裝也稍微加強，基本上依然是依循雙翼機的設計。此時開發的新式戰鬥機不論是外型、速度還是能力都大不相同。噴火式和颶風式的八挺步槍口徑機槍武裝、以及梅塞施密特Bf 109的兩門20公厘機砲及兩挺機槍武裝都是最典型的配置；轟炸機則開始配備多座可動力操控的多連裝槍塔，配備步槍口徑的機槍。

隨著戰爭進行，不論是轟炸

上：福克Dr.I戰鬥機上的兩挺斯潘道機槍，是一戰期間的典型配置方式。

下：可以看到這架B-17空中堡壘式轟炸機的強大的防禦火力——四挺12.7公厘機槍。

右：美國海軍航空兵的軍械士正在為一架F/A-18C大黃蜂式戰鬥機的20公厘M61A1旋轉加特林機砲裝填彈藥。

機還是戰鬥機都裝上愈來愈重的武裝。到了戰爭結束時，絕大多數皇家空軍戰鬥機都配備四門20公厘機砲，美軍戰鬥機則配備六到八挺12.7公厘機槍，德軍戰鬥機則配備20或30公厘的武裝。此外也開始運用原始的空對空無導引火箭，但成功機會不大。轟炸機開始攜帶更多、更重的防禦武器，除了一般的手動槍塔還多了遙控槍塔。

最初兩代的噴射戰鬥機配備了如同大戰後期戰鬥機所攜帶的傳統武裝，美軍戰鬥機通常採用六挺12.7公厘機槍或四門20公厘機砲，英軍戰鬥機配備四門20或30公厘機砲，蘇聯則是37及23公厘機砲混和搭配。到了1960年代，每分鐘可發射多達6,000發砲彈的旋轉式加特林機砲開始安裝到飛機上。

雖然火砲在越戰期間證明依然寶刀未老，但其地位愈來愈低落，隨著作戰飛機配備飛彈的作戰效率愈來愈高而逐漸成為備用武器。

飛彈

　　響尾蛇空對空飛彈早在1950年代就開始研發，並在1953年9月11日首度試射成功。它第一次派上用場是在1958年9月24日中華民國空軍F-86F和中共米格MiG機之間的一場小規模空戰中，宣稱擊落了四架米格MiG機。這種飛彈是以敵機的熱信號來導引，並由尾翼和紅外線感應單元合作操控，飛往目標飛機。沒有比使用空對空飛彈更簡單的方式與戰鬥機整合，因為它不需要機載雷達協助引導來飛向目標。有類似設計和表現的飛彈還有俄國的環礁飛彈與法國的魔術飛彈。

　　典型的中程和長程空對空飛彈則以美國的麻雀和鳳凰（Phoenix）飛彈為代表，它們是以掛載機的機上雷達負責導引。在雷達上取得目標參數並確認是敵方飛機之後，雷達就會鎖定在攻擊模式，然後發射飛彈。在飛彈飛行途中，雷達需要維持雷達接觸，直到目標被擊中或逃逸。麻雀中程飛彈和射程較短的響尾蛇飛彈是同一個時代的產物，長程的鳳凰飛彈則是在1974年首度部署。

　　先進中程空對空飛彈是研發用來取代麻雀之類的飛彈，它擁有內建主動雷達尋標器，因此可以獨立找出目標並加以攻擊，發射它的飛機就能自由離開或活動。

　　空射巡弋飛彈（air-launched cruise missile, ALCM）可配備核子或傳統高爆彈頭，由B-52和B-1B之類的飛機發射。

　　反艦飛彈在最近幾十年裡嶄露頭角，最戲劇性的莫過於福克蘭戰爭期間阿根廷軍機發射的飛魚飛彈攻擊英國軍艦，也在兩伊戰爭的油輪攻擊中大出鋒頭。魚叉飛彈在1980年代美國海軍和利比亞海軍的衝突中首度派上用

這架F-16戰機掛載先進中程空對空飛彈（最外側）和響尾蛇飛彈（中間），加上反雷達用的高速反輻射飛彈（最內側），使這架令人畏懼的戰機打擊力量更加完備。

一架法國超級軍旗式戰機從法國航空母艦福煦號（Foch）飛行甲板上起飛的景象。該機右翼派龍架上掛載的就是AM-39飛魚反艦飛彈。

場。這種飛彈的款式非常多，大小各異，從重達4.5公噸、射程241公里的俄國彩虹設計局（MKB Raduga）的Kh-41蚊式（Moskit）長程反艦飛彈，到可以由輕型直升機掛載的輕量化海賊鷗（Sea Skua）飛彈等。反艦飛彈的射程平均介於48到97公里之間，早期的型號使用目視導引，像是電視資料鏈接，但是更現代化的飛彈一般都是透過飛彈上的主動雷達導引來飛向目標。

在今日的空戰中，摧毀敵方雷達、雷達控制的高射砲以及地對空飛彈至關重要。伯勞鳥式飛彈和高速反輻射飛彈都是這種空射武器的典型代表，專門用於反雷達攻擊。伯勞鳥式飛彈在1960年代中期的越戰期間開始使用，其後繼者高速反輻射飛彈首先在1986年對利比亞的空襲中立下戰功，之後在波灣戰爭中對伊拉克及北約在科索沃的作戰中廣泛運用。2018年4月制裁敘利亞杜馬化武襲擊的行動中，美軍、英軍和法軍使用戰斧巡弋飛彈和類似飛彈攻擊敘利亞境內的目標。

AGM-86空射巡弋飛彈大幅強化B-52轟炸機的攻擊能力。這款飛彈曾在1991年、1998年和2003年對伊拉克、以及1999年對塞爾維亞的作戰中派上用場。

炸彈

傳統炸彈的尺寸和類型差距頗大，從一戰前可以用手拿起的榴彈，到二戰期間重達10公噸的「大滿貫」炸彈都有。在過去50年間，常見的炸彈尺寸通常介於227公斤（500磅）到454公斤（1000磅）之間。在二戰期間，雙方也投下非常大量的小型燒夷彈，它們如雨點般落在歐洲和日本的城市裡，把市區燒成一片廢墟；在戰爭後期階段，凝固汽油彈也開始出現在戰場上，隨後在韓戰與越戰中廣泛使用。另外一種是集束炸彈（2010年《集束彈藥公約》生效，禁用集束炸彈），會在半空中分離並彈射出一定數量的次彈械（小炸彈），分散落在較大的區域中，目的是殺死敵方人員並摧毀車輛。

把時間往回推到二戰後期階段，德國空軍曾使用弗里茨X型反艦導引滑翔炸彈，獲得不少值得注意的成功。雷射導引炸彈最早是在越戰期間開始使用，但一直要到多國聯軍攻擊伊拉克、科索沃和在阿富汗的作戰期間，雷射導引炸彈才大量部署。若是航空部隊適度裝備這種武器，就能夠把準確度和破壞力提升到新的層次，唯一需要做的就是安裝導引系統和可控制的飛行翼面到傳統炸彈上，根據估計其效益可提高達百倍之譜。

在一戰初期，空勤人員用手把炸彈從飛機側邊投下。

唯一曾在戰鬥行動中投擲的原子彈，就是投擲在廣島和長崎的原子彈，是用投擲傳統炸彈的方式投擲。在投彈的當下，B-29轟炸機迅速地下降並急轉155度，盡可能遠離瞄準點。當炸彈在預定高度爆炸時，飛機已經在安全距離，離目標大約17.7公里。這種方式成為1950年代此類炸彈的既定投放辦法；各種其他形式的攻擊，像是上仰投彈（拋擲轟炸）和低空投彈技術等也都可以運用。

上：在二戰期間，德軍地勤人員在把炸彈掛到Me 262戰鬥機上時，要先設定炸彈的引信。
下：一架美國空軍A-10C雷霆II式投擲一枚227公斤的GBU-12鋪路II型雷射導引炸彈。

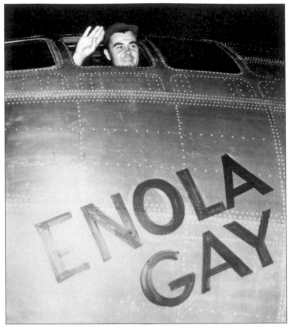

1945年8月6日，在廣島投下原子彈的B-29轟炸機艾諾拉‧蓋號的飛行員蒂貝茨上校在起飛前從駕駛艙中揮手致意。

上：一架B-1B槍騎兵式轟炸機投擲Mk 82減速炸彈（retarded bomb），其炸彈艙最多可掛載84枚這種炸彈，當然也可以掛載其他傳統炸彈、集束炸彈和水雷。

右：一架美國海軍F-14A雄貓式戰鬥機發射一枚長程AIM-54鳳凰飛彈。這種飛彈最高可達5馬赫（相當於時速6,174公里），射程超過161公里，彈頭為61公斤重的高爆炸藥，其導引系統是半主動及主動雷達導引。鳳凰飛彈在1974年首度服役，並在2004年自美軍退役；伊朗空軍也有鳳凰飛彈，宣稱在1980至1988年間的兩伊戰爭期間擊落一些敵機。

索引

索引

293

..

索引

297

索引

303

【世界飛機系列 8】

航空大百科
從鳥人到超音速客機的飛機演進史

作者／安東尼‧伊文斯、大衛‧吉本斯
特約主編／王存立
翻譯／傅士哲、甘錫安、于倉和
編輯／蔣詩綺
發行人／周元白
出版者／人人出版股份有限公司
地址／231028新北市新店區寶橋路235巷6弄6號7樓
電話／(02)2918-3366（代表號）
傳真／(02)2914-0000
網址／www.jjp.com.tw
郵政劃撥帳號／16402311人人出版股份有限公司
製版印刷／長城製版印刷股份有限公司
電話／(02)2918-3366（代表號）
香港經銷商／一代匯集
電話／(852)2783-8102
第一版第一刷／2023年8月
定價／新台幣900元
港幣300元

國家圖書館出版品預行編目資料

航空大百科：從鳥人到超音速客機的飛機演進史/
安東尼‧伊文斯、大衛‧吉本斯著；
傅士哲、甘錫安、于倉和翻譯 . -- 第一版 . --
新北市：人人出版股份有限公司, 2023.08
面； 公分 . --（世界飛機系列 8）

譯自：The history of aviation
ISBN 978-986-461-342-7（平裝）

1.CST：航空史 2.CST：飛行器

557.99 112010176

Originally published in English under the title The History
of Aviation
© Worth Press Ltd, Bath, England, 2019
著作權所有 翻印必究